相互保险

开启保险新方式

陈辉◎著

Mutual Insurance

Open A New Insurance Mode

中国经济出版社
CHINA ECONOMIC PUBLISHING HOUSE
北京

图书在版编目（CIP）数据

相互保险：开启保险新方式 / 陈辉著．
北京：中国经济出版社，2017.5
ISBN 978－7－5136－4701－4
Ⅰ.①相… Ⅱ.①陈… Ⅲ.①保险业—研究—中国 Ⅳ.①F842
中国版本图书馆 CIP 数据核字（2017）第 101394 号

责任编辑　张梦初
责任印制　马小宾
封面设计　久品轩

出版发行　中国经济出版社
印 刷 者　北京力信诚印刷有限公司
经 销 者　各地新华书店
开　　本　710mm×1000mm　1/16
印　　张　22.75
字　　数　310 千字
版　　次　2017 年 5 月第 1 版
印　　次　2017 年 5 月第 1 次
定　　价　68.00 元
广告经营许可证　京西工商广字第 8179 号

中国经济出版社 **网址** www.economyph.com **社址** 北京市西城区百万庄北街 3 号 **邮编** 100037
本版图书如存在印装质量问题，请与本社发行中心联系调换（联系电话：010－68330607）

《相互保险丛书》编审委员会

《相互保险丛书》从四个层次展开了对相互保险的研究，分别是：《开启保险新方式》《定义保险新方式》《创新保险新方式》和《开创保险新未来》。《相互保险丛书》编审委员会办公室设在众惠财产相互保险社，陈辉博士担任《相互保险丛书》策划统筹、编审委员会办公室主任。

谨此鸣谢为积极推进我国相互保险顶层设计、规范创新发展付出过心血和智慧的：

中国保监会发展改革部、财产保险监管部等；中国保险学会、中国保险行业协会等；深圳保监局、北京保监局等；国家工商总局企业注册局、深圳市市场监督管理局等；北京市金融工作局、深圳市前海深港现代服务业合作区管理局、深圳市人民政府金融发展服务办公室、宁波市人民政府金融工作办公室等；等等。

谨此鸣谢为本丛书撰写编辑和付梓出版付出过极大心血和辛勤劳动的：

中央财经大学保险学院博士研究生陆静、陈翠霞；清华大学经济管理学院博士研究生陈泽；众惠财产相互保险社全体成员；北京大学法学院；中央财经大学保险学院、中国精算研究院；普华永道咨询公司；深圳市前海金融控股有限公司；零壹研究院；互保未来网；等等。

谨此鸣谢为本丛书编写给予精心指导和热情呵护及支持的我国经济界、法学界、互联网界的著名专家：

中央财经大学副校长李俊生教授；中央财经大学郝演苏教授；北京大学法学院刘燕教授；中国保险报业股份有限公司董事长赵健；网信金融集团首席执行官盛佳；零壹财经首席研究员李钧；等等。

感恩这个时代、感恩互联网、感恩中国、感恩保险业、感恩相互保险，感恩监管部门和业界专家、感恩合作方和同业伙伴、感恩众惠相互会员及员工，我们将坚守初心、砥砺前行，坚持“会员共有、会员共治、会员共享”的理念，开启保险新方式，呵护向善的力量。

零壹智库书系序言

“零壹智库”：探索新金融的广度与深度

“零壹财经”是一个专注于互联网金融研究的团队。我们希望“零壹财经”的每一本书都淳朴、大方、谦卑、有力量。

这是三年前我为“零壹财经书系”所写序言的最后一句话。三年来，“零壹财经书系”出版了近20本“互联网金融+”专业书籍，很多朋友跟我说，这些书籍已经成为金融领域最有吸引力和影响力的阅读品牌之一。

但是，我们变了。

第一，零壹财经作为一家机构，它的业务已经从互联网金融研究升级为“新金融成长服务”（当然，互联网金融研究依然是我们的一项核心工作）。

第二，与之相应，零壹财经的研究范畴，扩大到“新金融”——在技术革新和市场变迁中不断诞生的新型金融业务及其伴生服务。

第三，我们成立了“零壹智库”，在零壹财经自身研究团队基础上，建立了学术委员会、特约研究员、青年学者计划等丰富的学术研究平台，共同打造一流的新金融智库。除了零壹财经研究团队的专业著作以外，我们也出版智库其他学术成员的优秀著作。

我们也没变。我们坚持“01思维”：

第一，在研究和思考问题时，回归到无的状态（0），清零先入之见，用数据、事实描述事物的基本面目；

第二，关注事物的初始状态（1），尽最大努力厘清它的来龙去脉，注重基础，探望前沿。

大脑和心胸就这样敞着，沉浸于这新金融世界，求其变，知其不变。

我们现在这样向您介绍：我们是专注于新金融研究，但不仅仅是一个团队，而是智库平台，但我们依然希望，零壹智库的每一本书，都淳朴、大方、谦卑、有力量。

零壹财经创始人兼CEO　柏亮

2016年12月于北京

主编总序

保险是市场经济的重要组成部分，承担着促进改革、保障经济、稳定社会和造福人民的重要职责。改革开放以来，我国保险业得到了快速发展，年均增长速度约20%，是国民经济中发展最快的行业之一。2016年，全国保费收入超过3万亿元，保险业总资产超过15万亿元。保险业紧紧围绕经济社会发展的实际，为国民经济发展、社会进步和人民生活水平的提高作出了积极贡献。

相互保险是国际上两大主要的保险组织形式之一，是全球保险市场体系的重要组成部分。2014年全球相互保险保费收入1.3万亿美元，占全球保险市场的27.1%，覆盖人群9.2亿人，相互保险组织总资产超过8万亿美元。我国要完善多层次现代保险市场体系，不应让相互保险缺席！引入和发展相互保险，有利于突破保险业现有商业模式的局限，改变当前市场主体类型相对单一的现状，打造更加专业化、差异化、特色化、多元化的保险市场格局。

近年来，党中央、国务院高度重视、明确要求加快发展相互保险。2014年8月，《国务院关于加快发展现代保险服务业的若干意见》（国发［2014］29号）提出“鼓励开展多种形式的互助合作保险”。2015年6月，国务院第93次常务会议审议通过《关于大力推进大众创业万众创新若干政策措施的意见》，进一步明确“加快发展相互保险等新业务”。2016 年 4 月，国务院正式批准同意开展相互保险社试点并进行工商登记注册。2016 年 6 月，中国保监会通过了众惠财产、汇友建工和信美人寿等三家相互保险社的筹建申请。

《相互保险丛书》，围绕相互保险这一保险业改革与发展中的重要问题，对国内外保险特别是相互保险的历史沿革和发展完善状况进行了全面、系统地回顾和总结，是我国保险业、经济学界及等其它相关行业对相互保险研究的理论成果汇编和实践经验集成。相信对于关心保险业、研究保险业以及从事保险业的同志不无裨益。

让我们共同努力，积极探索新时代的相互保险，大力推动相互保险的发展，为建设我国多层次保险市场体系做出新的更大的贡献！

中国保险学会党委书记、会长　姚庆海

2016 年 12 月于北京

序一

党的十八届五中全会通过了十三五规划建议，描绘了我国未来五年经济社会发展的壮丽宏伟蓝图，提出了创新、协调、绿色、开放、共享五大理念，也对保险业下一步改革发展提出了多方面要求。其中，“共享”的发展理念是第一次写入国家重要文件，旨在让全体国民分享经济社会发展成果，增进人民福祉，提高群众获得感。

相互保险作为保险的组织形式之一，是我国保险事业多层次保险市场体系的重要组成部分。相互保险在发挥“补短板、填空白”上具有重要作用，特别是在保险渗透度较低、保险服务不充分的专业领域和高风险行业，与现有主体将进行差异化、错位化竞争。鉴此，相互保险有望成为现有股份制保险合理而必要的补充，主要作用是“补台”，总体上不会对现有市场造成冲击。

相互保险探索已经进入了全新阶段，要积极推进我国相互保险规范创新发展。具体来说：

一是有利于对接“十三五”经济社会发展对保险业的要求。要紧密结合人民群众实际保险需求，开发便捷、实惠，具有相互特色的保险产品，提高保险服务的覆盖面、可得性和满意度。着眼于经济新常态，加大对中小微企业、科技创新企业等新兴市场主体和“三农”领域等薄弱环节的保险服务力度；着眼于惠民生，加大对中低收入人群和其他弱势群体的保险服务力度，让更多群众享受惠而不费的优质保险服务。

二是有利于通过差异化发展形成各类市场主体优势互补、相互促进的良好局面。着重补短板，发挥相互保险互助共济、风险保障程度高的特点，集中发展人民群众亟需的保障类险种；着重填空白，与股份制保险进行错位竞争；与现有市场主体相互促进，相互补充，加强双方在经营管理、产品开发、技术和客户等方面的合作。

众惠财产相互保险社是保监会批准筹建的国内第一批相互保险组织，相互保险组织的设立和发展将会对我国建立多层次保险市场体系产生重大的促进作用。在筹建期间，众惠财产相互保险社联合中央财经大学组织国内的专家、学者、保险业资深人士共同制定了《相互保险丛书》编写计划，并开始实施这套丛书的研究、编写工作。该丛书涉及国内外相互保险的历史、法律法规、基础理论、保险品种、监管体系、经典案例、发展前景等多方面的介绍、分析和研究，开创了我国相互保险系统性研究工作的先河，为今后我国相互保险的发展提供了具有重要参考价值的知识性、理论性和经验性的研究成果。希望众惠财产相互保险社和中央财经大学的同志和丛书编写人员继续努力，搞好丛书的编写工作，为我国相互保险的发展做出贡献。

中央财经大学保险学院院长　李晓林
2016 年 12 月于北京

序二

众惠财产相互保险社（以下简称“众惠相互”）是我国首批获得相互保险牌照的三家相互保险社之一，落户于“特区中的特区”——深圳前海。众惠相互由深圳市前海金融控股有限公司（以下简称“前海金控”）与其他多家机构及自然人共同发起设立，于2016年6月22日正式获得中国保监会批准筹建，这标志着我国多层次保险市场体系建设迈出了全新步伐，相互保险这一国际传统、主流的保险组织形式在我国开启新一轮的实践探索，将在国内形成良好的创新示范效应，推动我国保险行业创新发展。

2010年8月26日，国务院正式批复了《前海深港现代服务业合作区总体发展规划》，2011年3月，国家正式将深圳前海开发纳入“十二五”规划纲要。开发建设前海，是国家在深圳经济特区成立三十周年的历史结点上所做出的一项重大战略决策。前海以“创新、市场化、与国际接轨”为指导思想，坚持开放合作、互利共赢，体制创新、科学高效，高端引领、集约发展，统筹规划、辐射示范的原则，在“一国两制”框架下，努力打造粤港现代服务业创新合作示范区。前海的功能定位为现代服务业体制机制创新区，现代服务业发展集聚区，香港与内地紧密合作的先导区，珠三角产业升级的引领区。重点发展金融、现代物流、信息服务、科技服务及其他专业服务四大产业。到2020年，建成基础设施完备、国际一流的现代服务业合作区，具备适应现代服务业发展需要的体制机制和法律环境，形成结构合理、国际化程度高、辐射能力强的现代服务业体系，聚集一批具有世界影响力的现代服务业企业，成为亚太地区重要的生产性服务业中心，在全球现代服务业领域发挥重要作用，成为世界服务贸易重要基地。

2014年8月13日，国务院出台《关于加快发展现代保险服务业的若干意见》（以下简称“新国十条”），明确提出了“鼓励开展多种形式的互助合作保险”，正式将互助保险的发展提上议程。2015年1月23日，保监会下发《相互保险组织监管试行办法》，为相互保险的设立、运行提供了法规依据，扫除了相互保险的法规障碍。为积极贯彻落实国家政策，推动我国保险行业创新发展，前海金控与永泰能源、大连先锋等多家机构及李静女士共同发起了众惠相互，引导国内第一批相互保险组织落户前海。2016年6月22日，众惠相互正式获得中国保监会批准筹建，成为国内首批获得相互保险牌照的相互制保险机构。

众惠相互为三家试点机构中唯一一家互联网相互保险社，依托价值链和大数据的风险管理手段，在发展初期主要针对特定产业链的中小微企业和个体工商户的融资需求，开展信用保证保险业务等特定业务。社内会员分为主要发起会员、核心一般发起会员及一般发起会员，在筹建初期，众惠相互征集了500余名中小微企业及个人会员，覆盖了能源、交易平台、信息技术、物流及供应链管理等众多行业。

众惠相互保险的落地，一是有利于切实服务实体经济，支持中小微企业发展。众惠相互切实服务于实体经济，为供应链或封闭组织内的中小微企业群体提供全生命周期的风险管理服务，建立信用生态圈，降低融资成本，解决中小微企业融资难的现状，支持我国中小微企业的健康发展。二是丰富我国保险业组织形式，弥补行业市场空白。众惠相互的落地，丰富了我国保险业的组织形式，有助于更好地引进国际上先进的保险人才、经营管理模式、保险产品、市场机制等保险专业资源，对拓宽我国保险业服务领域、缩小相互保险市场与我国经济发展的差距起到积极作用。三是发挥相互保险独特优势，推进我国保险业创新发展。与股份制保险公司相比，相互保险机构形式可以更好地拓宽产品范围、满足客户需求，更好地实现会员与公司的利益共享，更好地保持经营策略的相对稳定性及降低保险公司的经营成本。相互保险凭借其独特的、无法比拟的优势能够使保险产品更好的服务于民众，增强我国保险市场的竞争活力，对推动我国保险行业创新及现代保险服务业发展具有重大意义。

相互保险是发达国家经历市场经济几百年发展形成的市场各方利益平衡的产物，具有非常高的严密性和科学性。我们应当大胆借鉴，吸收其先进经验，求真务实走出一条具有中国特色的相互保险新机制，由此可以这样看，发展相互保险在我国是一项前所未有的改革和创新的事业。应该说，这套丛书是众惠财产相互保险社为努力建立我国相互保险机制以坚韧不拔的精神进行的探索、研究、实践的突出成果，这些成果对我国的相关立法、政策制定、理论研究以及实践将起到积极的影响和推动作用。我祝贺本丛书的出版，我向一直关心我国相互保险事业的各界人士推荐本书，希望有更多的同行、专家、学者热心投入这项事业的研究创新和实践开拓，期望全社会都来关心这项事业，支持这项事业，促进这项事业的发展。

深圳市前海金融控股有限公司董事长　李强

2016 年 12 月于深圳

序三

2016年6月22日，中国保监会正式批准众惠财产相互保险社、汇友建工财产相互保险社和信美人寿相互保险社筹建，标志着相互保险这一国际传统、主流的保险组织形式即将在我国开启新一轮实践探索，我国多层次保险市场体系建设迈出了全新步伐。同时，这也是保险业贯彻中央决策部署，推进供给侧结构性改革和服务“大众创业、万众创新”战略的重要举措。

相互保险是国际上主要的保险组织形式之一，发展历史悠久，目前仍在全球保险市场中占据重要地位。近年来，党中央国务院高度重视、明确要求加快发展相互保险。2014年8月，《国务院关于加快发展现代保险服务业的若干意见》（国发［2014］29号）提出“鼓励开展多种形式的互助合作保险”。2015年6月，国务院第93次常务会议审议通过《关于大力推进大众创业万众创新若干政策措施的意见》，进一步明确“加快发展相互保险等新业务”。2016年4月，国务院正式批准同意开展相互保险社试点并进行工商登记注册。

按照党中央、国务院的部署和要求，保监会从加强研究、完善政策、优化环境、加强宣传等方面着手，不断加快探索相互保险的步伐。2015年1月，在充分借鉴国际经验和紧密结合我国实际的基础上，制定出台了

《相互保险组织监管试行办法》（以下简称《试行办法》），初步确立了相互保险发展和监管的基本理念和核心原则。随后，依据《试行办法》及其他保险法律法规，按照总体一致、适度区别、鼓励创新和风险可控等准入审核原则，从发起会员资质、发展定位、业务模式可持续性、服务经济社会功能作用以及风险防范措施等多个方面对申请材料进行了认真审核，并指导筹备组按照要求上报补正材料、完善筹建方案。2016 年 5 月，中国保监会第 6 次主席办公会议审议通过了众惠财产、汇友建工和信美人寿等三家相互保险社的筹建申请。2016 年 6 月 22 日，中国保监会正式批准众惠财产相互保险社、汇友建工财产相互保险社和信美人寿相互保险社筹建。2017 年 2 月 10 日，中国保监会正式批准众惠财产相互保险社开业。

至此，我国相互保险发展揭开了新的一页，开始与国际惯例接上了轨。呈现在读者面前的这套《相互保险丛书》，不愧是这一接轨过程的理论成果和实践经验的荟萃。

“不积跬步，无以至千里；不积小流，无以成江海”。正是过去十年乃至二十年保险人的孜孜不倦、锲而不舍的辛勤耕耘，才有了今天这样令人鼓舞的进展。

但是，我们也必须看到，“积跬步”才刚刚开始，“积小流”才刚刚发端，其任也重，其道也远。相互保险制度的建立，必须有一系列相应的法律、法规、制度以及由此而生成的各种机制作保证。

据资料显示，2014 年全球相互保险保费收入 1.3 万亿美元，占全球保险市场的 27.1%，覆盖人群超过 9 亿人，而我国相互保险业务才开始起步。这一方面表明了我们与国际的差距还很大，与我国 2016 年超过 3 万亿的保费规模也很不相称；另一方面则表明了我国相互保险业务的市场潜力很大，亟待我们去开拓。

党的十八届五中全会通过了十三五规划建议，描绘了我国未来五年经济社会发展的壮丽宏伟蓝图，提出了创新、协调、绿色、开放、共享五大理念，也对保险业下一步改革发展提出了多方面要求。其中，“共享”的发展理念是第一次写入国家重要文件，旨在让全体国民分享经济社会发展成果，增进人民福祉，提高群众获得感。在国务院、中国保监会等领导的关心和重视下，“积极推进相互保险规范创新发展”已成为既定的方向。再加上互联网的发展，我国发展相互保险事业的条件已日臻成熟。

从我国来看，发展相互保险组织，使其成为股份制保险公司的合理和必要的补充，可以突破保险业现有商业模式的局限，改变我国保险市场组织形式过于单一、保险产品竞争力有待提升的现状，促进保险市场专业化、差异化、特色化、多元化发展，增强保险市场发展活力，为丰富完善保险市场体系增添新的力量。

但是，在我国建立相互保险制度，不可能是一蹴而就的事情，需要一个长期的研究、探索、试点、推广的过程。本丛书将收录我国保险业、经济学界、法学界等多年来力图建立符合国际惯例、符合市场经济规律要求的相互保险理论成果和实践经验的文章。他们的努力对我国相互保险制度的建设起到了积极的影响和推动作用。

加快相互保险事业的发展在中国是一项十分艰巨、富于挑战性、具有历史意义的工程。我相信，通过全社会的努力，这项新兴事业一定会得到超常规成长和跨越式发展，为建立健全我国保险市场体系作出应有的贡献。

相信在今后几年中，我国的相互保险将会开创出一个新的局面，跃上一个新的台阶。让我们为之奋斗。

是为前言。

众惠财产相互保险社董事长　李静

2016 年 12 月于北京

前言

相互保险是世人所熟知的国际保险组织形式之一，也是市场经济条件下本着“会员共有、会员共治、会员共享”这一核心理念，充分保障会员参与组织治理的民主权利的一种机制性安排。

相互保险是全球保险市场体系的重要组成部分，2014 年全球相互保险保费收入 1. 3 万亿美元，占全球保险市场的 27. 1%，覆盖人群 9. 2 亿人。相互保险具有独特的发展活力和竞争优势，有望成为保险业增长的新引擎，可以提供简便灵活的保险服务，从而扩大保险覆盖面，提升服务经济社会能力。发展相互保险，是保险业落实“大众创业、万众创新”战略的重要举措，是推动现代保险服务业发展的新途径，也是完善保险市场体系的重要内容，有利于打造更加专业化、差异化、特色化、多元化的保险市场格局。

中国早在 20 世纪 90 年代初，邓小平“南方讲话”以后就确立了建立社会主义市场经济的体制目标，按国际惯例办事、按市场经济的游戏规则办事，应该不是什么高深莫测的理论，而是具有普世价值的常识。但是，“知易行难”。1 + 1 = 2，一年级小学生都会齐声答对，若依成年人观点，事情恐不会如此简单。小小的等号之上，承载着太多的负荷，孕含着太深的意蕴。

中国经济改革的任务有时并不像外国人想象的那么复杂，中国改革是从联产承包制起步的，联产承包制的道理其实很简单，就是相信农民会种田。农民会种田，这是最普通不过的常识性问题了，农民不会种田谁会种？这种常识是无须证明的普世真理。农村改革尚且如此，其他领域的改革又何尝不是这样？只要回到常识，回到原点，从股份制保险公司单一组织形式回到“一人为众、众人为一”新时代相互保险，按照经济规律办事，按照国际惯例办事，中国相互保险规范创新发展离成功之时就应该指日可待了。

曾有一句流行语：“前途是光明的，道路是曲折的”，恐怕只有亲身体尝过改革进程种种酸甜苦辣者才会如此痛切地感悟：承认 1 + 1 = 2，承认实践是检验真理的唯一标准，承认尊重经济规律远非喝茶聊天那么简单，有时真是需要耗费极大的、非过来人难以想象的周折、劳困、忧心及无奈，甚至包括“衣带渐宽终不悔，为伊消得人憔悴”的韧性和毅力。

庆幸的是，历史总是要掀开第一页的。不论是“荜路蓝缕”，还是“以启山林”；不论是“耗十年磨一剑”，还是“费百杵炼一针”，百川向海，殊途同归，过程高于结果，耕耘重于收获，所谓“正其谊不谋其利，明其道不计其功”。本丛书或许正是一批先行者心路历程的袒露与写照。

发展相互保险事业，不仅仅是哪个单位、哪个部门、哪个行业的事情，它有赖于全社会的共同努力。中国保监会按照“循序渐进、风险可控”的原则，审慎选择符合条件、准备充分、有较好发展前景的三家市场主体开展试点，将有利于不断完善审核标准和准入机制基础，有利于分阶段有序推进相互保险准入，有利于打造“遵循基本规律、符合国际惯例、体现相互特色”新型相互保险监管体系。与此同时，希望通过《相互保险丛书》的研究和探索，指导参与试点的相互保险组织努力走出一条符合中国国情的相互保险发展道路。

本书由陈辉编著，清华大学经济管理学院陈泽及滕越、李艳，中央财经大学保险学院陆静、陈翠霞及王文倩、张梦蝶、李丽明、范岳璐等参与了本书部分章节的资料整理和部分章节的撰写，由陈辉统一修改定稿。

本书在编写过程中，参考了国际国内的相关著作和案例，中央财经大学中国精算研究院、众惠财产相互保险社的多位专家学者提出了许多有益的修改意见，在此一并表示感谢。由于时间紧迫和编者水平有限，书中疏漏、错误之处在所难免，敬请读者批评指正。

好的开头，就是成功的一半，坚信我国相互保险事业一定会披荆斩棘、高歌猛进！

中央财经大学助理研究员

众惠财产相互保险社副总经理　陈辉

2016 年 12 月于北京

目　录

第一篇

现 状 篇

第一章　保险公司组织形式研究

第一节　中国保险业发展整体回顾

保险是现代经济的重要产业和风险管理的基本手段，是社会文明水平、经济发达程度、社会治理能力的重要标志。改革开放以来，我国保险业快速发展，服务领域不断拓宽，为促进经济社会发展和保障人民群众生产生活做出了重要贡献。“新国十条”不仅要求保险业保证自身发展，还强调了保险业在国民经济社会发展中承担着巨大责任。“新国十条”指出，要加快发展现代服务业，充分发挥保险行业社会“稳定器”和经济“助推器”的作用，推进完善现代金融体系，带动扩大社会就业，促进经济提质增效升级，创新社会治理方式，保障社会稳定运行，提升社会安全感，提高人民群众生活质量。

中国自 1805 年成立第一家保险公司以来，已经走过了 200 多年的历程。自 1949 年中华人民共和国成立以来，中国保险也经历了初步发展（1949—1958 年）、停办（1958—1979 年）、恢复发展（1979 年至今）三个阶段。从总体上看，虽然我国保险业仍处于发展的初级阶段，与现代保险服务业的要求尚有不小的差距；但是，自 1979 年恢复以来，我国保险业快速发展，取得了长足进步。根据最新可得的国际比较数据显示，2015年，中国保险业保费收入达到2.4万亿元，总资产达到12.4万亿元，市场份额占世界保险市场份额的7.74%。保险密度271.77美元/人，同比增长19.44%，保险深度为3.59%，同比增长0.41个百分点。保险业为全社会提供风险保障1718万亿元，同比增长54.2%；赔款和给付8674.1亿元，同比增长39.6%。保险业增速达20%，是2010年以来增速最快的一年。全年保险行业投资收益率达7.56%，创2008年以来新高。保险行业的国际地位大幅提升，世界排名从2010年的第6位上升至2015年的第3位，对国际保险市场增长的贡献度达26%，居全球首位。

第二节　保险公司组织形式研究

一、国家经营保险组织

国家经营保险组织是指由国家、地方政府或者其他公共团体发起，并由政府等机关代表该国全体公民经营保险业务的一种保险组织形式。

国有保险公司是国有企业的一个重要组成部分，国有保险公司的概念分类以及发展改革与国有企业基本类似，以下是对国有保险公司的整体概述。

关于国有保险公司的定义，理论界主要有两种不同的观点。一种观点是从保险公司的所有权结构和控制权结构的性质出发，认为只要国家在保险公司的所有权和控制权中占主导地位，该保险公司就可以界定为国有保险公司。另一种观点是从保险公司的组织形式出发，认为国有保险公司就是国有独资保险公司。所谓国有独资保险公司，是指国家授权的投资机构或者是国家授权的部门单独投资设立的保险有限责任公司，即国家以投资者的身份参与保险业的经营，并担负着经营政策性保险业务的重要职能的一类保险公司。其中政策性保险业务是指国家为了实现一定的保险保障目标，由特定保险公司或者是经营特定保险业务的一般保险公司所开展的业务类别。例如，我国政策性保险公司是指中国进出口信用保险公司等。另外，一般保险公司经营的政策性保险业务是指政策性农业保险、健康保障制度等业务，这是国家经营保险业务的一种重要方式。本书中，国有保险公司特指国有独资保险公司。根据这种定义，结合我国国有保险公司的体制改革，可知国有保险公司目前是我国保险公司的主要组织形式之一，在我国保险市场上占有重要地位，国内有四大副部级保险公司，分别为中国人保、中国人寿、中国出口信用保险、中国太平保险。

根据国有企业的分类及当前我国国有保险公司的经营性质，我国国有保险公司可以分为两类：一类是以营利为目的的国有保险公司，其经营涉及各个竞争性保险领域，在法律地位上与其他非国有保险公司无异。这种国有保险公司即为国家参与企业，是目前我国国有保险公司的主要形式，包括中国人保（集团）公司、中国人寿保险（集团）公司、中国再保险（集团）公司和太平洋保险（集团）公司。这四家国有（集团）公司以集团控股的形式，通过控股股份制保险子公司来实现国有资产的保值增值。集团控股的子公司采用现代公司治理结构，与其他非国有保险公司在各个保险领域展开同台竞争。另一类是以政策的实施为宗旨，为配合国家的产业政策而运行的公司，其经营范围主要为非竞争性保险领域。这类国有保险公司更接近于国家主办企业。目前我国以该种形式存在的国有保险公司仅有中国出口信用保险公司（以下简称“中国信保”）。中国信保是我国唯一承办出口信用保险业务的政策性保险公司，其资本来源为出口信用保险风险基金，由国家财政预算安排。在组织结构上，中国信保只设监事会、总经理及党委等机构，并不设董事会、股东大会。此外，中国信保不参与诸多的竞争性保险领域，政策性在其主要任务上得以体现。即积极配合国家外交、外贸、产业、财政、金融等政策，通过政策性出口信用保险手段，支持货物、技术和服务等出口，支持中国企业的海外投资，为企业开拓海外市场提供外汇风险保障，并在出口融资、信息咨询、应收账款管理等方面为外经贸企业提供快捷、完善的服务。因此，中国信保是完全不同于其他四大国有保险（集团）公司的国有企业。

国有控股公司对授权范围内的国有资产进行自主经营，国家对控股公司实施监督和管理。国家对其批准设立的国有控股公司以其授权的国有资产额（出资额）为限承担有限责任，对控股公司的国有资产拥有最终调度权。国有控股公司通过全部或部分拥有其他公司包括为改制企业的股份，对其他公司控股或参股，享有对其出资企业的资产收益、重大决策和选择管理者等权利。

二、公司经营保险组织

公司是企业组织形式发展的高级形态。在现代企业形式中，公司是有典型意义的、占有资产最多、经营规模最大的一种企业组织实体。对于保险业来说，公司也是目前采用最普遍的商业保险组织形式。各国因受法律传统和文化传统的影响，所确立的公司类型有很大的差别。在大陆法系国家，一般公司分为无限公司、有限公司、两和公司、股份有限公司以及股份两合公司等；在英美法系国家，有私人公司和公共公司、封闭型公司、开放型公司、保证公司、有限公司等。此外，对于股份有限公司，又从立法和学理上区分为股票上市公司和不上市公司，等等。

本节主要根据国内外公司法的相关规定以及保险公司特有的性质，将保险公司形态主要分为两类，即股份保险公司和相互保险公司。下面对两种保险公司形态进行具体阐述。

（一）保险股份有限公司

保险股份有限公司即采用股份有限公司的组织形式的保险公司，一般简称为保险股份公司。保险股份公司是世界上保险公司的主要组织形式，也是我国《保险法》规定的保险公司的组织形式之一。保险股份有限公司又称“股份保险公司”。保险股份有限公司最早出现于荷兰，之后由于其组织较为严密健全，适合保险经营而逐渐为各国保险业所普遍采用。

1. 保险股份公司的性质

保险股份有限公司的性质为组织资本性、资本股份性。股份有限公司的资本以股东购买股票的形式募集资金，股东以领取股息或红利的办法分配公司的利润，并以自己认购的股份为限对公司的债务负责。

保险股份公司的法律在很大程度上与普通股份有限公司相同。在我国，主要有《保险法》和《公司法》予以规范。保险股份公司有其他保险企业形式所不具有的法律特征，是典型的合资公司。股东是公司的股票持有者，任何愿意成为股东者都可以成为股东，没有资格、入股资金、人员数量限制。股东以其所持有的股份份额承担责任，即使公司破产，股东所承担的债务也只以其出资所认购的股份为限，即有限责任。股份公司的股份是均等的一股一权，因此便于计算股东权益。股东不得少于法定人数。

2. 保险股份公司的优点

对保险经营者来说，根据精算收取收费，承担对保险参加者损失的补偿责任，无形中成为保险参加者的几何中心；对保险参加者来说，以缴付约定的保险费为定价，通过保险经营者作为中介，达到风险分担的目的。保险股份公司以股票的形式集资，容易募集到巨额资本，使保险人拥有雄厚的财力，财力越雄厚，赔付能力越强，经营风险就越小，被保险人的利益就越能得到充分的保障，因此其优点十分明显。

3. 保险股份公司的缺点

由于公司实行按股行使表决权的制度，公司的决策权益被大股东控制。由于保险业具有特殊性以及为防止因股份过于集中导致少数大股东操纵或者控制保险股份公司、保护其他股东的利益和被保险人的利益，有些国家规定了每个股东所持股份的限额；保险股份公司的会计信息必须分开，不易保密；公司所有权和经营权分离会带来委托—代理问题，从而影响保险公司的经营效率，这也是保险股份公司最显著的一个缺点。尽管如此，保险股份公司仍然是各国保险市场最主要的组织形式。

4. 保险股份公司的组织结构

保险股份有限公司的治理结构可以简要地概括为：以股东大会为最高权力机构；以董事会为决策系统；以监事会为监察系统；以总经理为首的行政管理人员为执行系统。董事会和监事会向股东大会负责；总经理向董事会负责；同时，监事会对董事会和以总经理为首的领导班子进行监督。这些方面相互联系、相互制约，组成了以董事会领导下的总经理负责制的管理模式。

保险股份公司是我国保险公司主要的组织形式，我国新成立的中资保险公司基本上采取这种组织形式。近年来由于世界股票市场不断壮大，使股份公司资本易于筹集的优势更加明显。因此我国保险公司组织在进行多元化时应充分考虑这一组织形式。

（二）相互保险公司

相互保险公司是指未上市，并没有股票股东的保险公司，由所有参加保险的人自己设立的保险法人组织，其经营目的是为各保单持有人提供低成本的保险产品，而不是追逐利润。所谓相互保险公司，实际是投保人基于相互保障的原则设立并共同拥有，为投保人自己经营保险业务的法人组织。相互保险公司是一种重要的保险组织形式，它是经济发展的产物，是保险经济发展的组织形式，它的渊源是原始社会的共济活动，即依靠会员间共济来抵御灾害，保护自己。当生产发展形成剩余产品时，人们开始建立风险补偿的储备保障。随着社会生产力的发展，原始的共济互助活动逐步向相互保险公司发展，相互保险公司大体经历了创始、发展、停止、恢复和发展的阶段。

1. 相互保险公司的性质

相互保险公司尽管也叫作公司，但是并没有资本股权和股东，在这种组织形式下，公司的保单持有人叫会员，同时是投保人、所有者、保险人和被保险人的统一体；董事会由会员投票选举，产权关系和利益关系十分特殊。相互保险公司的所有权是不可转移的，但是通过消除股东的利益冲突，所有者与消费者之间潜在的冲突，如发生在红利、投资、保单上的冲突可以在内部解决。从技术层面来说，相互保险公司的资产和收入是由公司持有的，而保单持有人被视为契约上的债权人，依法享有选举董事的权利；在相互保险公司中，保单持有人的地位与股份制保险公司中的股东地位类似，是相互保险公司的实际所有者，所以相互保险公司的基本特点是较明显的互助性，因而在有的国家和地区，相互保险公司除依据《保险法》外，还依据相关法律法规。因此，相互保险公司是公司保险与合作保险相结合的一种形式，参与者是保险合同当事人，公司的所有社员，既是保险人，也是投保人和被保险人。

2. 相互保险公司的内在机制

（1）化解利益冲突

股份制保险公司治理面临的主要问题之一就是所有权人和保单持有人之间的利益冲突：所有权人投资保险公司的主要目的是股东价值的最大化，而保单持有人投保则追求费率和风险最小化。所有权人和保单持有人之间的关系通过风险分配、资本提供以及剩余索取权等方面决定。在相互制保险组织下，风险在保单持有人之间分担、保单持有人提供资本并且拥有剩余索取权。而在股份制保险组织下，股东提供资本并享有剩余索取权，但基于股东有限责任，其风险在股东和保单持有人之间分担。所有权人与保单所有人之间存在信息不对称，逆向选择和道德风险问题随之产生。在相互制保险公司，保单持有人既是公司所有权人，又是公司的保险客户、保险消费者，这使得股份制公司存在的所有权人与保单持有人之间的利益冲突融合、消除。公司经理人所有追求所有权人利益最大化的行为，始终保持与实现保单持有人利益最大化、客户利益最大化、消费者利益最大化的目标一致。

相互制保险公司依据相互制保单持有人持有的保单确定投票权，在一般情况下，一份保单对应一个投票权，打破了股份制公司遵循的资本多数决定的规则，任何一个取得投票权的单一保单持有人都不可能取得对公司的控制权。这种制度安排，化解了股份制公司所存在的所有权人之间的利益冲突，也弱化了所有权人对公司经营的干预。

（2）解决逆向选择

相互保险公司所有经营风险全部由保单持有人承担，但在股份制保险公司，风险是由股东和客户（保单持有人）共同承担。因此，当保单持有人面临的综合风险较高时，就会理性地选择股份制组织形式以转移部分风险给公司股东。而当保单持有人的综合风险较低时，就会选择相互制保险公司，因为其化解风险的成本更低。由此产生的结果就是，股份制保险公司所承保的业务较多地出现在风险较高的行业，相互制保险公司所承保的业务较多地出现在风险较低的行业。股份制保险公司更多业务来源于风险较高的渠道和地区，且保单更多地分散在多个业务渠道；而相互制公司保单来源的渠道则相对集中。

在相互制下，所有权人的逆向选择类似于保单持有人的逆向选择，因为在相互制下所有权人和保单持有人处于相同的位置。在股份制下，由于所有权人无法掌握投保人的私人信息，其可能就不会投资于承保风险太高或不可预测的行业。如此对投保人而言，相互制就成为唯一可供选择的组织形式。Doherty & Dionne（1993）在解释“责任险危机”时也指出，当风险不可分散而外部资金成本很高时，保险客户只能选择自己承担风险，这就是为什么相互制保险在具有特定风险类行业（如医疗风险、农业及畜牧业类风险）非常普遍的原因。另一方面，当风险可预测并且外部资金容易获得时，股份制公司则是更优的组织选择。

（3）降低道德风险

隐藏信息问题常常被称作逆向选择，隐藏行动问题常常被称作道德风险。道德风险是一个最初来自于保险的概念，是指保险申请人在与保险人签订保险合同、取得保险人对合同约定事件发生时予以赔付的承诺以后，往往会采取不利于保险人利益的行动，保单持有人或者不会再像以前一样小心谨慎地以避免保险合同约定事件的发生，或者当合同约定事件发生时，不采取能够采取的有效措施以降低保险标的损坏程度。研究表明，由于保单持有人承担公司经营风险，因此相互制公司比股份制公司能够更好地控制道德风险。保险中的道德风险概念，常常被应用于企业管理中，指行为人在追求个人价值最大化的过程中会采取有利于自己而不利于委托人的行为，如在缺少有效监督机制下消极怠工、偷懒耍滑或侵占他人利益等。在股份制下，大股东由于拥有对公司的控制权，在利益分配方面会做出有利于自己的决定，从而侵犯小股东、经理人的利益，并最终影响保单持有人的利益。经理人在追求个人利益最大化、股东利益最大化的过程中，对于保单持有人的理赔申请，可能会采取拖延赔付、减少赔付、拒赔等违背诺言、背离保单持有人合理期待的行为。保险公司销售管理的保险合同多数具有长期性。长期合同安排，会增加资产运作的风险，并加大杠杆、促使保险公司实施更具风险的项目，这对于公司所有权人、经理人来说，存在着榨取保单持有人利益的风险。这种潜在的利益冲突，通过相互制所有权形式得到了缓解。相互制保险公司在经营保险合同期限较长的业务方面具有优势。在相互制公司中，保单持有人作为公司所有权人，不存在取得控制权地位的所有权人对于其他所有权人的利益侵占，经理人不会在理赔过程中损害保单持有人的利益。在相互制保险公司，不存在股东获取不利于保单持有人的利益的问题。

（三）保险股份有限公司与相互保险公司的比较

1. 企业主体

从企业主体上看，保险股份公司的主体是股东，相互保险公司的主体是全体会员。股份公司的股东并不限于保险加入者，而是因投资关系而成为股东。在相互制保险公司中，其成员的会员资格只有通过缴纳保费成为公司会员，而保险合同一旦解除，会员资格也就随之消除。

2. 经营资金

从经营资金来看，股份公司的资金来源于股东认购股本；相互公司则为基金，其来源不限社员，可向外人借入，但偿还时必须支付利息。相互保险公司的基金系债务性质的基金，于创立时借入，必须偿还并支付利息。

3. 公司决策地位

从在公司决策的地位来看，有的国家（如日本）的相互保险公司会员的地位是平等一致的，实行社员每人一票的表决权；有些国家则将其会员分为公司发起时的初始会员与后来加入的会员两类。会员与会员大会上各有一票表决权，这与股份有限公司区别较大，股份有限公司的股东主要是依据股份多少对公司进行管理，一般来说公司由大股东控制。

4. 公司的组织机构

股份公司的最高权力机关是股东大会；相互保险公司的最高权力机构则为社员大会或社员代表的大会，即由保单持有人组成的代表大会选举董事会，由董事会任命公司的高级管理人员。相互保险公司的组织机构类似于股份公司。股份公司的董事会与监事会限于股东，而相互保险公司的理事和监事人则以会员为限。

5. 权益转让

从权益转让来看，股份公司的股东有权对股本所有的权益加以处分，可自行转让其股份，无须公司同意；相互保险公司的会员如要转让，其所持的权益必须经公司同意。

上述保险股份公司与相互保险公司的差异比较如表 1 –1 所示：

表 1 –1　保险股份公司与相互保险公司的比较

项目	保险股份公司	相互保险公司
法律上的性质	营利法人	不以营利为目的的中性法人
企业主体	股东	会员 = 投保人
经营资金	股东支出的股本	会员支出的基金以及出资人支出的基金
决策机关	股东大会	会员大会或会员代表大会
权益归属	股东	会员
保险关系	基于保险合同而取得	与会员关系同时基于保险合同而取得

三、非公司经营保险组织

合作互助性质保险组织是利用保险的形式，把面临相同风险的个体联合起来共同抵御灾害、减少损失的一种组织形式。合作互助性质的保险业企业主要包括相互保险公司、相互保险社以及保险合作社。相互保险公司以公司形态存在，但是后两者是以非公司形态存在。相互保险制度是参与保险的成员之间相互提供保险的制度，是合作互助型保险组织的主要表现形式。该制度来源于早期的海上保险。

（一）相互保险社

1. 相互保险社的发展

相互保险社是最早出现的保险组织，也是最原始的相互组织形式，其保单持有人即为社员，社员不分保额大小均有相等的投票选举权。通常安排专职或兼职受领薪金的负责人处理业务并管理社内事务。其保费的收取采取赋课的方式，即出险后由社员分担缴纳。目前相互保险社在欧美仍普遍存在。其经营范围十分广泛，涉及海险、火险、人寿及其他有关险种。通常由一名具有法人资格的代理人代为经营，负责处理有关保险的一切事务。

目前，欧洲的船东互保协会是相互保险社的典型范例。其中，伦敦保赔协会、利物浦保赔协会等实力雄厚，已组成了国际分保集团。美国加州洛杉矶农民相互保险社和联合服务汽车保险协会的规模甚大，联合服务汽车保险协会是全世界最大的汽车保险人之一。

2. 相互保险社的特点

相互保险社是同一行业的人员，为了应付自然灾害和意外事故造成的经济损失而自愿结合起来的集体组织。相互保险社具有以下特征：

①参加相互保险社的成员之间互相提供保险，真正体现了“我为人人，人人为我”；

②相互保险社无股本，其经营资本的真正来源仅为社员缴纳的分担金；

③相互保险社保险费采用事后分摊制，事先并不确定；

④相互保险社的最高管理机构是社员选举出来的管理委员会。

3. 相互保险社的组织与经营

相互保险社的组织与经营非常简单，其保单持有人即为该社社员。各保单的保险金额并无多大差别，故每人有相等的投票权选举理事和高级职员。对承保业务保险费的计算，并无数理基础以及保险精算，而是采用共同分摊的方式，即保险费由各社员分摊，随着社员人数的增加，保费分摊额逐渐减少。各社员所预缴的保险费理论上虽依照实际所需，不足补缴，剩余返还，但事实上返还的情形比较少。

相互保险社的收入是会员缴纳的保费，收入的会费扣除赔款和各项开支后的结余由全体成员均分，赔偿不足时，由全体会员追缴。就其经营而言，相互保险社通常由一名具有法人资格的代理人代为经营，代理人是在社员提出要保书时取得社员授权的。他是相互保险社的主要管理人，负责处理有关保险的一切事务，例如，选择风险、制定费率、分配契约、处理赔偿等等。代理人通常受社员选举出来的委员会控制，代理人的报酬有时为一定的薪水，通常为所收保费的一定比率。

4. 相互保险社的缴费方式

相互保险社主要有以下两种缴费方式：

①社员投保时，仅需缴付极少的保险费用。当事故发生时，按照实际所需的费用，由各个社员共同分担缴纳；

②社员投保时，先预缴小部分保险费（有时称之为保证金），用于支付业务费用和小额赔偿，此外还由社员订立一定金额的保险凭单。当保险事故发生时，如果实际所需费用超过预缴保险费，则由各社员按照凭单规定的责任范围，补缴其应该分摊的部分。

5. 国内外相互保险社发展的典型事例

（1）国际船东保赔协会集团（International Group of P&I Clubs）

①互保责任

船东互保协会（Ship - owners Mutual Assurance Association）是指船东互保协会规定承保范围，由船东组成，为可能承担的责任范围提供金融保障。作为船东面临同类性质风险的结果，船东互保协会在风险放在同类业务量这一互助的基础上运作；每年度102保险费的溢价将汇入根据风险暴露程度确定的共同基金，而损失将利用该共同基金进行对外补偿。

国际船东保赔协会集团是出于分保目的和解决大多数成员关心的问题而组成的联营体，是非法人团体并且由某一成员协会的代表进行管理，现任的集团主席是来自布列塔尼亚保赔协会的Grantley Berkeley。集团在伦敦设有办公室，日常事务由秘书来管理。另外，集团还下设分委会并由分委会解决大部分问题。

集团目前主要的13个成员协会为世界上大约90%的远洋船舶提供责任险，且每个协会都是一个独立的、非营利的互保组织。协会为其船东和承租人在船舶操作和使用方面提供保险以对抗可能承担的第三方责任。每个协会的管理者都是由通过董事会或委员会的选举产生的。协会涵盖了广泛的责任险，如船员、在船旅客或其他个人的伤亡赔偿、货物的灭失或损坏赔偿、清除沉船费用和码头损坏赔偿等。同时协会也为其成员在索赔、法律问题和损失预防等方面提供了种类繁多的服务，且经常在伤亡事件的管理中发挥主导作用。

②分保作用

国际船东保赔协会集团扮演的主要角色是运作和监管协会的互保协议。按照联营协定中协会对超过900万美元的索赔联营协议，集团内协会对所有符合条件的超过900万美元的索赔都是互担的。大多数集团成员的工作均涉及对联营协议覆盖范围及互保指南或规则的制定和改善。

互保协议是在集团所布局的涉及广泛的市场分保计划的支持下运作的。随着船东面临索赔的情形越来越复杂，为支付必要的索赔而进行现金积累成为一种需要。会员们开始被要求按照由会员们共同制定的、以入会吨位为标准的费率提前缴纳会费。这些会费是分开的，分为在保险年度开始缴纳的部分（预缴会费）和在保险年度结束后缴纳的余额（溢额会费），以上统称为“预计全部会费”。

③互保协议

虽然集团成员在业务上相互竞争，但是由于风险互担原则，对保赔集团下参保的所有船东来说是有好处的。风险互担的原则是由互保协议规定的，其内容规定了风险可以互担的条件以及参与成员协会之间所要分摊的损失。在协会之间互保协议是一个按年度更新的协议，通过互保的形式相互进行再保险。在该协议下协会成员不需要进行溢价付款，索赔的分担也是根据简单的公式各自承担一定比率的损失。

由于保赔集团成员通过互保系统分担赔款，在损失的预防和控制方面以及所有会员质量维护标准方面，他们有着共同的利益。互保协议规定的内容有：索赔共担的原则、适用索赔共担的赔付种类、不适用索赔共担的赔付种类、互保中赔款的计算方法、公式的用处、补偿条款。

（2）中国船东互保协会

中国船东互保协会（以下简称“中船保”），是经中国政府批准的船东互相保险的组织，于1984年1月1日在北京成立。依照中华人民共和国国务院颁布的《社会团体登记管理条例》规定，中国船东互保协会作为全国性社会团体在中华人民共和国民政部注册登记，依法享有社团法人资格，接受交通部的业务指导和民政部的监督管理。协会旨在维护与保障其会员的信誉与利益，并为之提供各项专业性保赔业务与补偿服务。

中国船东互保协会对入会船舶的保障范围主要包括3大类：船员的人身伤害、疾病和其他相关人员的人身伤害；船舶及船上其他财产的损失；船东或经营人的相关责任和费用风险。协会以会员费形式收取保费，会费分预付会费、追加会费和巨灾会费3种。预付会费由经理部按照协会有关规定与投保人在入会或续费时根据入会船舶的情况商定。在每一保险年度中的任何时候或者保险年度过后的一定时间内，董事会可以决定对该保险年度向会员征收一次或数次追加会费。当发生巨大灾害，其损失超过相关数额时，协会将收取巨灾会费。协会经理部在董事会授权范围和金额内，可对协会的部分资金进行投资，投资收入分置于相关保险年度的风险基金中。

（二）保险合作社

1. 运作原理

保险合作社既非公司，也非个人合伙，是否具有法人资格由法律来规定。合作社由社员或社员代表大会选出合作社委员会作为决策机构，在其指导下，聘任理事来经营保险业务。每一名合作社成员应交的保险费是其同意分摊的预期损失加上经营费用的总和。盈余可以分到每一个成员的账户中，亏损则由成员就其分摊部分补交，直至达到合同规定的最大限额。保险合作社的原理是互助共济，大家一起为自己提供经济保障，不以营利为目的。优点是可以有效降低成本，通过这种利益合作，可以实现相互监督，减少或避免道德危险的发生。

目前全球具有影响力的保险合作社有美国的蓝十字与蓝盾协会（Blue Cross and Blue Shield Association）等。这种组织形式分布于30多个国家，其中，英国的数量最多。

2. 保险合作社的特点

保险合作社是由一些对某种风险具有同一保障要求的人，自愿集股成立的保险组织。它具有以下特点：

（1）保险合作社是由社员共同出资入股设立的；

（2）只有社员才能作为保险合作社的被保险人，但是社员也可以不与保险合作社建立保险关系；

（3）保险合作社采用固定保费制。

3. 保险合作社的运作模式

保险合作社为非营利性组织，其社员结合的目的是以较低的成本获取最大的保险保障。合作社强调“人”的组合，而非“资本”的结合，因此保险合作社社员的结合具有一定的伦理性。保险合作社一般实行“自愿互利、民主管理、合作经营、独立核算、自负盈亏”的管理体制。其运作遵循以下具体内容：

（1）社员入社要具备一定的条件。具有一定财产的企事业单位或有一定规模的经济组织或个体，在承认和遵守章程、接受合作社的监督指导，按规定缴纳股金和保险费用的前提下，均可以自愿申请入社。保险合作社纯以谋取社员的福利为目的，不得接受非社员投保。

（2）组织管理形式。管理上实行民主管理，实行社员代表大会制，保险合作社以一人一票的原则确定投票权，重大事项由社员代表大会决定，由其产生的社务委员会及社长主持日常工作。

（3）资金来源。保险合作社可分为出资和非出资两类，其中前者更为常见。非出资的保险合作社多为农村或地方的小型保险合作社，此类组织通常采取无限责任制。至于出资保险合作社，由社员认缴本金构成保险合作社的主要资金来源。然而社员通常仅认购义务性的一股，致使股本金无法筹足达到法定最低资本额，所以需寻求其他筹措资金的途径。

（4）分配方式。在盈余分配上实行利益均沾、风险共担、逐步积累的方式。年终盈利一部分转作公积金，一部分作为分红基金，按投保额和股金分配，剩余部分可作为奖励基金，奖励保险合作社的员工以及有贡献的社员。合作社是经济能力较弱的自助互助组织，而保险合作社作为非营利性组织，社员盈利分红属于退费性质，而非利润分享。

4. 国内外相互保险社发展的典型事例

（1）日本农业互助合作社组织

日本农业互助合作社组织是基层组织和分层次的组织架构。日本的农业保险组织分为三个层级：市、町、村一级的农业共济组合；府、县一级的农业共济组合联合会；设在农林省的农业共济再保险特别会计处。

日本农业保险最典型的特点是由非营利性互助组织经营农业保险、自愿保险。这种组织形式本身具有的非营利性经营目标和成员之间的利益均衡机制，有利于降低农业保险的费率成本和信息不对称程度。日本农业保险受到政府的大力支持，主要表现在①无论强制保险还是自愿保险，都享受政府的补贴。②对农业保险提供再保险。主要有两种：一是联合会为农业共济组合提供再保险；二是代表国家的再保险特别会计处为联合会提供再保险。③农业共济基金对农业再保险组织提供信贷支持。④政府承担联合会的全部费用和农业共济组合的部分费用。

在我国，在农业小户分散经营、各地经济发展水平不均衡及风险差异较大的特殊情况下，构建农业保险经营体系不可简单仿效日本或其他西方国家。

（2）中国职工保险互助会

中国职工保险互助会成立于1993年，是由中华全国总工会创办，经原劳动部（现人力资源和社会保障部）批准，在民政部注册登记的全国性非营利社会组织，是各级工会组织和职工自愿参加、自筹资金、自我管理、自我服务、自我保障、非营利性的全国性互助保障社团组织。实行统一组织、统一法人、统一产品、统一管理、统收统支的管理模式。它的主要职责是开展与职工生、老、病、死、伤残或发生意外灾害、伤害等有关的互助保障业务，与社会保险、商业保险共同构成我国的社会保障体系。中国职工保险互助会的宗旨：遵守宪法、法律、法规和国家政策，坚持“为改革开放，发展生产力服务、为职工群众服务、为推进工运事业服务”的三为服务方针，适应社会主义市场经济发展的需要，促进社会保险事业的改革和发展，更好地维护职工群众的基本经济利益，从事不以营利为目的的职工互助保障活动。

中国职工互助会不以营利为目的，是职工自筹资金、自我管理、自我服务的群众性社会互助互济合作保险组织，通过工会，组织职工依靠自己和集体的力量，用互助合作的办法，解决职工生活中的困难，作为国家基本保险的补充。其业务接受国家有关主管部门的指导。中国职工保险互助会保险基金主要是由各会员筹集而成，会员入会依法享有相应的权利并履行相应的义务。

互助会设全国理事会和监事会。秘书长为法定代表人。互助会在全国设立派出机构——办事处，办事处由当地工会申请组建，并由互助会在民政部进行注册登记，成为国家认可的社会组织分支机构。互助会目前在全国 15 个省、自治区、直辖市设立了 37 个派出机构。为加强对办事处的监督管理，互助会在办事处所在地工会设立了职工互助保障工作管理委员会。

四、个人经营保险形式——劳合社（Lloyd’s Association）

从保险历史上看，个人承办保险曾有过相当长的时间，但随着社会经济的发展，保险金额日渐扩大，而个人承保能力又非常有限，因此个人承保经常出现不能胜任的局面。个人保险在英国最为流行，这主要是由英国的经济发展特点，特别是英国以判例制度为特点的法制发展史等综合因素所决定的。美国仅在得克萨斯、纽约和新墨西哥三个州有个人保险，而且其地位也不像英国那样重要。劳合社（Lloyd’s），位于伦敦的英国劳合社总部大楼，是英国最大的保险组织。劳合社本身是个社团，更确切地说是一个保险市场，与纽约证券交易所相似，但只向其成员提供交易场所和有关的服务，本身并不承保业务。英国议会于 1871 年专门通过了一个法案，批准劳合社成为一个保险社团组织，劳合社通过向政府注册取得了法人资格，但劳合社的成员只限于经营海上保险业务的主体。直到1911年，英国议会取消了这个限制，批准劳合社成员为可以经营包括水险在内的一切保险人。

（一）劳合社的演变体系

劳合社（Llyod's of London）是从1688年在伦敦泰晤士河畔开设的咖啡馆发展起来的，主要经营非寿险业务，是世界上最古老的保险市场，也是目前首屈一指的国际保险和再保险中心。劳合社最初只允许承担无限责任的个人投资者进入。他们逐渐以辛迪加的形式组织在一起，并分化形成专业化、富有经验的承保和管理力量，实现了保险资本和技术的完美结合。1994年劳合社实施改革，允许法人资本进入，引起了对伦敦保险业务垂涎已久的美国和百慕大公司的兴趣，大量资本涌入劳合社。

劳合社目前由三大类市场主体组成：（1）成员/会员（Member），即出资人，主要包括英国公司、有限责任合伙等；（2）辛迪加（Syndicate），即劳合社的承保单元，由独家或多家成员组建；（3）管理代理公司（Managing Agent），即辛迪加的业务经营机构，是拥有承保技术和经验的专业公司，可以管理一家或多家辛迪加。在此基础上，保险资本、人才、技术等要素以单独或组合的多种形式流入劳合社，可选择成员、成员+辛迪加、成员+辛迪加+管理代理公司（LIV，即一体化劳合社）三种模式。此外，劳合社市场独特的分销体系包括经纪人、承保代理人（Cover Holder）和服务公司（Service Company）等。

（二）劳合社的承保范围

目前，劳合社成员的承保业务大体分为4大类，即水险、非水险、航空和汽车保险。这些险种的占比以及承保的具体范围主要为：

1. 水险。劳合社的水险业务约占劳合社总业务的21%。世界上约有

13%的海上保险业务是由劳合社承保的，劳合社承保的水上风险范围很广，从游艇到超级油轮及其货物，从海岸供给船到大型石油钻井机，世界上几乎所有的远洋船舶的责任风险都在劳合社办理了再保险。

2. 非水险。非水险业务在劳合社业务中所占的比例约为51%。劳合社承保的非水险风险包罗万象，从火灾到暴风雨，从地震到盗窃抢劫，从产品责任到职业过失，从影星的眼睛、钢琴家的手指到可怕的疾病。只要市场上对某种风险产生了保障需求，富有创新进取精神的劳合社承保人很快就会设计出相应的险种。劳合社的非水险市场也承保短期寿险业务。劳合社不承保的风险种类只有长期寿险和信用风险两种。

3. 航空保险。航空保险业务约占劳合社业务的11%。目前，劳合社的航空保险业务约占世界该类业务量的25%。劳合社的航空承保人被认为是承保航空器实体损害风险和责任风险方面的杰出专家。世界10大航空公司中有9家以及前9名最大的航空器制造商都在劳合社购买了保险。

4. 汽车保险。汽车保险在劳合社业务中约占17%。许多其他的汽车保险都要求只有标准化的汽车才能投保，但劳合社的汽车承保人却乐意承保非标准化的高价值汽车，甚至为电动自行车这样小的保险标的也办理保险，劳合社因此在汽车保险领域名声大噪，世界上最大的7家汽车制造商都在劳合社购买了保险。

（三）劳合社监管制度的构建与发展

《劳合社1871年法案》经由英国议会通过，赋予了劳合社法律上的地位。《劳合社1982年法案》规定，成立劳合社理事会，负责对劳合社事务进行管理和监督，同时对劳合社业务进行监管和指导，确立了劳合社的监管权威。《2000年金融服务和市场法案》进一步理清了劳合社与英国金融服务局（FSA）的监管关系：（1）FSA是劳合社、管理代理公司、公司会员等市场主体的最高监管部门；（2）但是在FSA的许可下，劳合社可自行实施监管措施；（3）劳合社应按照 FSA 的规定上报有关监管信息。2003 年，劳合社在管理委员会下设立了特许经营委员会，加强了对市场主体的监管。劳合社监管的目标是，维护好市场体系，保障成员开展保险业务并实现长期回报的最大化。

劳合社的监管特色是特许管理，主要涵盖资本管理、业绩管理和风险管理等。特许经营委员会和管理代理公司是联结监管和市场的重要纽带。其中，劳合社理事会是市场战略和规则、监管制度的制定者，特许经营委员会是监管意图的执行者，管理代理公司则是监管工作的载体。因此，劳合社虽然不是官方的监管者，但是它通过严格的治理结构，基于市场需求和规律构建了严谨的监管制度，在保险业务不断扩大的同时，成功复制劳合社交易模式，达到了以监管促发展的目标。劳合社监管制度集中体现在三个方面：一是构筑资金安全链，形成多层次偿付能力，加强市场财务实力；二是实施严格便捷的准入和退出规则，加强保险要素流动，吸纳最合适的资本和人员经营保险市场；三是运用全面绩效管理框架，针对辛迪加制定指引和标准，评定和调控其业务计划，提高市场整体绩效。

第二章　相互保险及相互保险组织概述

第一节　相互保险及相互保险组织

一、相互保险概念及内涵

（一）相互保险的概念

相互保险是保险业中一种历史悠久且具有代表性的企业组织形态，是具有同质风险保障需求的人群按照平等互助原则组织起来、为成员提供自我保险服务的一种制度安排，其主要围绕着满足会员的保险需求而不是获得投资上的回报来开展业务。从本质上说，“相互”（Mutual principle）作为一种组织体原则，强调的是由成员拥有，为成员利益服务，而非以商业利润为目的的团体组织运作原则，它本可以在各行业中获得应用，如农业互助（合作）社、住房互助（合作）社等。不过，该原则蕴含的“同舟共济”理念，与“保险”这种“共同分担风险”的商业模式具有内在的高度一致性，因此在实践中，基于相互原则组织起来的团体或者经营实体在保险行业中获得了最大程度的应用，不仅与股份制保险公司平分秋色，成为保险企业的两种基本形态，甚至有“相互制是保险业的内在基因”的说法。

相互保险组织与股份制保险公司最大的不同，在于前者由投保人所有，后者由出资人所有。两种不同的所有权结构决定了相互保险组织并不如股份制公司那样遵循“资本决定权力”的逻辑，也不会基于“资本多数决”来进行企业治理，而是奉行成员平等、互信、共治的运作理念。早期的相互保险组织并不允许向成员/会员以外的人出售保单，因而全部成员都是保单持有人。随着保险行业的发展与新业务模式的出现，目前各国基本上都认可相互保险组织向非会员出售保单，只是这类非会员业务占比很小，且通常需要得到保险监管机构的批准。因此，从总体上看，相互保险组织依然可以概括地称为所有权人为保单持有人的企业。

国外相互保险发展较为成熟，以德、日、美为最盛。这三个国家法律对相互保险公司概念的界定比较典型。

德国保险监督法规定：“社团法人按照相互的原则保障其成员，并获得主管监督机关授权经营业务而以法人组织形式存在者，称为相互保险公司”；日本保险业法规定：“相互保险公司是指投保人作为法人的组成人员即成员，以从事相互保险为目的设立的公司，以成员向公司缴纳保险费，公司对此进行保险给付的形式从事保险事业，出现盈余金时，对成员进行分配”；美国华盛顿州保险法规定：“相互保险公司由其现有股东或成员所有，现有股东或成员有权选举董事并有权从公司净收益中取得红利。根据法律相关规定，投保人在相互保险公司解散或转化为股份保险公司后也享有特定权利。”

总体来讲，相互保险是指有着相互合作、共保风险的性质，不以营利为目的，秉持着互相帮助的原则，由需要某类同质风险保障的个体或组织联合起来采取相互合作的方式进行保险经济活动，交纳保费形成基金，发生灾害时用这笔基金来弥补灾害损失，实行“共享收益、共担风险”。

（二）相互保险的特点

相互保险的组织形式由来已久，最初起源于西欧，在中世纪大量流行，其中较为著名的是德国的“共助金库”，这也是早期互助保险组织的雏形。如今相互保险在全球保险市场占有举足轻重的地位，是世界保险市场最主要的形式之一。其主要的特点是成员自发性，投保人、保险人的合一性（股东会员合一性），非营利性，纯风险保障性。其中，只有会员没有股东是相互保险社的最大特点。

1. 自发性

相互保险组织的社会成员是基于自愿自发所形成的保险组织，是一群自发的、有着共同风险保障需求的人群。相互保险的成员可以是特定的人群，如同一所大学的学生，也可以是特定的风险，如癌症早期患者等，他们互相帮助，贯彻落实“共享收益、分摊风险”。所有成员支付形成的保费资金作为“基金”，在灾害发生时补偿灾害损失。

2. 投保人与保险人的合一性

相互保险公司会员兼具投保人与保险人双重身份，并且双重身份同时存在。相互保险公司没有股东，保单持有人的地位与股份制保险公司的股东类似，公司为他们所拥有。因此，投保人具有双重身份，既是公司所有人，又是公司的顾客；既是投保人或被保险人，同时又是保险人。他们只要缴纳保险费，就可以成为公司会员，而一旦解除保险关系，也就自然脱离公司，会员资格随之消失，即保险关系与会员关系同时存在。

相互保险公司采取的是“自己投保、自己承保”的方式。经营盈余或者亏损全由公司成员自行承担，因此公司内部有足够的动力去进行费用成本管理，降低运营成本；同时，相互保险公司不以营利为目的，展业压力小，公司成员之间互相了解也能提高定损的精确性。这些特点都保证了相互保险公司较低的运营成本。相互保险公司由于没有外部股东，投保人同时是被保险人、保险人和公司成员，因此不存在投保人与保险人的利益冲突，既避免了投保人不履行如实告知义务的道德风险，也可避免保险人的不当经营。此外，公司内部成员之间一般相互了解，而且利益相关，能够很好地克服信息不对称的问题，产生道德风险的可能性也相对较低。

3. 非营利性

相互保险的主要目的在于满足成员多元化的保险需求，为成员提供更好的服务，而不是获得投资上的回报。因此从组织形式上来说反映了保险分摊风险的职能，是一种微型保险的原型。其在高风险领域如农业、渔业和中低收入人群风险保障方面得到了广泛应用。

4. 纯风险保障性

相互保险公司的组织形式是自发的，成员间是互助共济的关系，建立的基金在于风险保障没有营利性，因此，成员间并非股份制公司间的股东关系，资金同样没有盈利分配的问题存在，是一种纯粹保障每个成员发生风险时进行赔付的职能。由于互助是微型保险，多应用于高风险领域，因此风险的损失往往高于基金总量。

（三）相互保险分类

相互保险组织形式主要有：保险合作社、交互保险社、相互保险公司（类相互保险）。其中最成熟的是公司形式。

1. 保险合作社

保险合作社是由一些对某种风险具有同一保障要求的人自愿集股设立的保险组织。保险合作社以合作原则从事保险业务，一般以人身保险为主。保险合作社是同股份保险公司和相互保险公司并存的一种保险组织，一般属于社团法人，是非营利机构，以较低的保险费来满足会员的保险需求，会员与投保人是一体的。最早的合作保险组织是1867年英国的合作保险公司，迄今已有30多个国家和地区有保险合作社这种组织，其中以法国保险合作社数量最多。在美国、日本和新加坡，保险合作社业均有一定的影响力。

2. 交互保险社

在今天的欧洲和美国还相当普遍存在的交互保险社是社会保障的原始形态。在德国，它也被称为小互保协会，而相比之下，相互保险公司只是组织大一些。交互保险社的经营不是那么简单易处理的，不同地区、不同职业为其业务的范围，所有保单的保险金额都非常接近，因而各个会员选举高级职员都拥有一样的投票权。通常交互保险社的实际负责人是设置了专职或兼职秘书来担任。赔偿保险费用和成员共同管理的所有款项，由会员共同分担，而保费计算还没有确定的数理基础。

3. 相互保险公司

这是一种独特形态的保险公司，基于大部分的特定风险可能会发生，为实现保障的共同目标而组成的非营利性组织。这是一个非营利性的共同保障体公司，而不是一个公共服务公司，或以营利为目的的保险公司。会员大会（会员代表大会）就是相互保险公司的最高权力机构，但其领导人也经常聘请公司外部的人员，并不限于会员，这样可从各种非会员理事的社会关系中受益，便于推广业务。

（四）相互保险参与方

相互保险公司由发起人建立，之后会员陆续加入，会员与发起人有着同样的地位，因此，相互保险的参与方统称为会员。其中，主要发起会员与一般会员在权利责任义务上略有差别。

按照中国保监会《相互保险组织监管试行办法》规定，相互保险组织会员是指承认并遵守相互保险组织章程并向其投保的单位或个人。相互保险组织会员享有下列权利：参加会员（代表）大会，并享有表决权、选举权、被选举权和参与该组织民主管理的权利；按照章程规定和会员（代表）大会决议分享盈余的权利；按照合同约定享受该组织提供的保险及相关服务的权利；对该组织工作的批评建议权和监督权；查阅组织章程、会员（代表）大会记录、董（理）事会决议、监事会决议、财务会计报告和会计账簿的权利；章程规定的其他权利。

相互保险组织会员应履行以下义务：遵守组织章程；执行会员（代表）大会和董（理）事会的决议；按照保险合同约定缴纳保费，并以所缴纳保费为限对该组织承担责任，章程另有规定的除外；不得滥用会员权利损害相互保险组织或者其他会员的利益；章程规定的其他义务。主要发起会员的权利、义务可由相互保险组织章程规定。

相互保险组织应当设立会员（代表）大会，决定该组织的重大事项。会员（代表）大会由全体会员（代表）组成，是相互保险组织的最高权力机构，原则上采取一人一票的表决方式。除章程另有规定外，会员（代表）大会的权力和组织程序参照《中华人民共和国公司法》有关股东大会的规定。

会员（代表）大会选举或者作出决议，应当由出席会议的会员或会员代表表决权总数过半数通过；作出修改章程或合并、分立、解散的决议以及制定支付初始运营资金本息、分配盈余、保额调整等方案应当由出席会议的会员或会员代表表决权总数的3/4以上通过。

相互保险组织应当设立董（理）事会、监事会。一般相互保险组织董（理）事会应建立独立董（理）事制度。除章程另有规定外，相互保险组织的董（理）事会、监事会适用《中华人民共和国公司法》关于股份有限公司董事会、监事会的规定。相互保险组织召开会员（代表）大会、董（理）事会，应提前7个工作日通知保险监督管理机构，保险监督管理机构有权列席会议。会员（代表）大会、董（理）事会决议应在会后7个工作日内报保险监督管理机构备案。

相互保险组织可以申请设立分支机构。根据业务发展需要，相互保险组织也可以通过提供初始运营资金和再保险支持等方式，申请设立经营同类业务的相互保险子组织，并实施统一管理。具体设立条件和方式由中国保监会另行规定。

二、相互保险组织

（一）概念、特征及分类

保险实质上是一种相互关系，相互保险正是反映了这种分摊风险的互助关系，有着保险最主要也是最基本的风险分散的作用。我国保险业的发展滞后于发达国家，由于我国保险业发展是基于国外企业的模式起步的，因此相互保险的发展滞后于股份制保险公司的发展。目前我国相互保险处于萌芽阶段，相互保险在我国的发展开始于农业保险，例如，我国第一家相互保险公司“阳光农业相互保险公司”。互助的制度促进了农业保险的发展，也为这个灾害巨大的险种提供了发展的新思路。较为成熟的相互保险公司也只有“阳光农业相互保险公司”一家。

国内学术界对相互保险公司的界定并不一致。比较典型的有：（1）“相互保险公司是由被保险人以互助合作的方式为自身提供保险的公司形式”；（2）“相互保险公司是由具有相同保险保障需要的社会成员作为投保人，以交纳保费的方式建立基金会，同时，又均作为被保险人，相互之间通过保险公司接受保险保障的保险组织”；（3）“相互保险公司是指所有参加保险的人自己设立并为自己提供保障的法人组织。”

相互保险公司按保费收缴方式不同可划分为：

（1）纯粹追收保费的相互保险公司。公司在保险期开始时不预收保费，损失发生后再追收。由于追收保费的困难，这种公司现在已经很少见。

（2）预付并可追收保费的相互保险公司。公司在保险期开始时收缴保费，一般均保证第一次收费足以支付所有经营费用和赔偿损失，盈余以红利形式返还保单持有人。在第一次保费收缴不足的年份里，追收附加保费，但追收额一般有限制。

（3）预付且不可追收保费的相互保险公司。投保人在保险期一开始就缴纳全部保险费，预缴保费足以应付所有损失和费用，意外的亏损和费用支出在公司累积盈余（公积金）中摊销。这是相互保险公司中最常见的形式，而且组织规模较大，经济实力也较雄厚，具有与经营相同业务的股份公司相当的财务能力。这种相互公司与股份公司最大的不同是其保费不固定，没有明确订明；相似之处是，理论上保单所有人拥有相互公司，实际上除公司清算时外，保单所有人没有任何既定权利，这与在有许多个人股东的大股份公司中股份所有人理论上的控制权差不多。

（二）法律监管

1. 美国

美国是一个联邦制国家，历史形成了股份有限公司、互助保险公司（相互保险公司）、个人或合伙制公司等多种保险机构的组织形式，对保险业实行联邦政府和州政府双重监管制度，联邦政府和州政府拥有各自独立的保险立法权和管理权。一般联邦保险局只负责洪水保险、农作物保险和犯罪保险等特定业务的监管，而遍布全美的55个州保险局则对几乎所有的商业保险机构进行监管。但在全美保险监督官协会（NAIC）的努力下，尽管有55部保险监管法律，但其内容已无多大的区别。

（1）互助保险公司在申请开业或收取保费前必须获得许可证。在设立互助保险公司时，法律规定其名称必须包括“互助”一词。其获得许可证的程序和股份保险公司大致相同，仅增加了一项规定：互助保险公司必须以现金或其他监管者可接受的形式建立金额等同于其初始盈余基金的保证基金。一旦得到许可证该保证基金即可领回。获得许可证后，互助保险公司有权为达到对初始盈余基金的最低要求收取钱款，为筹集盈余基金借款，并设账簿接受满足成员资格要求者的投保申请，投资或支付创办费用，但不得超过许可证上规定的费用限额。

（2）无论股份公司还是互助公司，在完成创立和募集资金工作后，都必须取得监督者签发的允许经营某类保险业务的营业执照。对互助保险公司来说，要取得营业执照，监管者往往要求其提供满足以下要求的证明：

①公司完全遵守法律中适用的条款；

②以现金或其他允许的投资方式存在的规定的初始盈余；

③成员名单与事实相符；

④符合善意投保申请的最低份数要求及法律规定的最低投保总额要求；

⑤每个成员已用现金交付申请投保险种的保费并愿意在领取执照后 60 天内接受保单。

（3）通过立法对互助保险投资实行比例结构管理。根据 1945 年的 Mc-Carran Ferguson 法案，美国保险公司主要在州一级受到监管，每州都制定了法规以保证保险公司在本州从业的安全性和合理性。其主要规定有：

①有资格作投资对象的证券类型；

②向监管部门报告证券价值如何确定。为了保证保险资金的安全性，根据各州具体情况对保险公司的各种投资方式设定了严格的投资比例。美国保险公司在股票上的投资最低。对于合格的投资活动，美国州监管部门也会规定分配于普通股的资金少于资产的 10% （某些州可为 20%）或盈余的 100% 。对所投资的债券和优先股也有一定的质量登记要求，“一篮子条款”通常允许将 5% 的资产投入任何不被法律禁止的金融工具。由于寿险和非寿险的资金来源不同，其对于流动性、收益性和风险承受能力的要

求不同，投资结构也不相同。由于寿险是长期保险，带有储蓄性，更强调安全性，因而，一般可用于安全性和盈利性高、但流动性较低的投资，如不动产等；非寿险是短期保险，要求流动性强，不宜过多投资于不动产投资。同时，从风险控制上看，寿险公司投资的比例在主体方面要严于非寿险，从而保护了被保险人的合法权益。寿险公司负债的性质决定了其将大部分资金分配到长期债券上。财产险公司由于其负债的性质，更多地投资于股权而较少投资于债券。为了保证保险资金的有效安全运用，美国在相关法规中作出明确规定，对保险资金的多种投资方式、投资比例、产险寿险投资结构的差异和资产检查进行了细化。

例如，被保险公司定期进行资产检查，确保技术准备金在任何时期均有相当数额的资产所体现，合同所涉及的货币应由货币资产担保，确保公司投资的安全性、收益性和流动性，确保投资多样化和分散化。资产检查的内容主要有：一是对允许持有的资产种类的限制，不同业务范围、不同性质的公司允许持有资产的种类和数额是不同的；二是对资产负债表上投资项目的价值评估；三是对资产所在地域的限制；四是对资产与相应负债匹配的规定。

（4）互助保险公司偿付能力的监管。在美国，保险公司的偿付能力是保监会对保险公司进行监管的最重要目标。对保险资金运用的监管，除检查投资领域和投资比例外，还通过定期检查保险公司偿付能力来对资金运用进行间接控制，对保险公司根据其风险的性质计算资本金要求，即风险资本金要求。美国将资产和负债用特定百分比（风险权重）进行加权来决定风险资本金数额。例如，美国政府债券的风险因子为 0.0%，AAA 级的公司债券为 0.3%，违约级债券为 30.0%，普通股为 15.0%，房地产为 10.0%。

风险资本要求从两个方面影响保险公司：

①较低的法定盈余限制了保险公司对高信用风险资产的投资；

②将资金分配于特定种类资产的规定不仅取决于某种资产的潜在收益，还取决于风险资本金要求。由于美国对保险投资的严格管理，从而确保了寿险公司的偿付能力。在第二次世界经济危机中美国无一家寿险公司破产。而英国的寿险业在投资政策上不受任何法规限制，英国保险公司法只规定寿险公司的特别资金予以分离运用，年终时按规定编报并公布。在实际投资结构方面，英美相似，但各有所侧重。据 1990 年 *Sigma* 分析，1989 年英国寿险业中有价证券、不动产、贷款和存款的投资比例分别为 72.3%、17.4%、5.5%和 4.8%。美国在有价证券上的投资则为 83.6%，其投资结构依次为有价证券、贷款、其他和不动产。

2. 日本

日本传统的保险政府监管机构是大藏省保险部。1997 年 6 月，日本通过了《金融监督厅设立法》，1998 年 6 月，根据该法成立了负责对经营金融业的民间企业实行检查、监管的金融监督厅，大藏省保险部的部分监管、检查职能也转移到金融监督厅，共同实施对保险业的监管。日本自 1900 年颁布第一部保险业法后，对保险业法规进行了一系列的调整。近年来，日本对 1939 年开始实施的旧保险业法进行了全面修改，1996 年 4 月开始实施新的日本保险业法，其中对有关互助保险公司的规定也进行了修改。

（1）互助保险公司与股份制保险公司的比较。日本保险业法规定，互助公司是指投保人作为法人的组成人员（即成员）以从事相互保险为目的设立的公司，以成员向公司交纳保险费，公司对此进行保险给付的形式从事保险事业，出现盈余年金时，再分配给成员。

（2）互助公司设立条件。日本的互助保险公司在成立之初有公司发起人和普通投保人之分。公司发起人需要缴纳一定数量的资金作为注册基金，注册基金的多少由各个公司自行认定，但是注册基金总额不得少于股份制公司章程之规定。对成员人数限制为最低 100 人。在互助保险公司成立的数年内，首先需要返还公司发起人的注册资本金及利息。

（3）互助公司成员的权利和义务。成员的义务以交保险费为限，成员退出公司的条件是保险关系消失或合同条款规定的事由发生。特别值得注意的是，新保险业法删除了旧保险业法关于互助公司在必要时须同意削减保险金额的规定。从此，互助公司的投保人与股份有限公司的投保人在这方面的权益相同，使投保人的权利得到了保护。

（4）互助公司的机构安排。互助公司原则上由其成员组成相当于股份有限公司股东大会的成员大会，成员大会是互助公司的权力机构。但由于大型互助公司的成员多达 1500 万人，召开成员大会是不现实的。因此，允许成员代表大会行使成员大会的职权。

（5）筹集基金及发行公司债。新保险业法规定：互助公司成立后，可修改其章程增加基金总额，重新募集基金，经董事会决议可发行公司债。

（6）组织变更。股份有限公司可向互助公司转换，转换后，其基金总额应达到规定的最低限额，基金总额的全部或一部分可在变更组织时通过提存准备金代替。同时，互助公司也可变更为股份有限公司。

（7）对互助公司会计的特别规定。对互助公司的会计规定，原则上准用商法及监察特例法中有关会计的规定。但保险业法对互助公司会计有特别规定，主要包括弥补损失准备金、基金偿还准备金和盈余金的分配。互助公司以达到基金（包括基金偿还准备金）的总额（公司章程规定的金额超过此额时，以公司章程规定的金额为准）为止，应在每个决算期提取盈余金支出金额的 3‰以上存入弥补损失准备金，在偿还基金的同时，还必须提取相当于该偿还金额存入基金偿还准备金。通过制定上述规定，提高最低基金总额，在一定程度上保证了互助公司拥有一定的财务基础。另外，为了保证盈余金分配的公正和均衡，必须按照总理府令、大藏省令规定的标准进行分配。大藏省令规定了资产分配方式和三差利源方式。

3. 中国

对于我国有关相互保险公司的法律法规尚处于整体缺失的“真空”状态，实践中主要适用《保险法》对保险公司监管的一般规定，未突出相互保险公司的特点，无法起到有效监管的作用。相互保险公司与股份公司相比存在着固有的缺陷，即管理层负有的责任和动机、利用资本市场能力有限。保险监督机构在对其进行监管过程中，应结合互保公司的特点及我国的实践，加强对其公司治理、财产的监管，同时注重对其成员利益的保护和管理层权力的约束。

据了解，各国对相互保险公司的监管与股份制保险公司并无明显区别，基本采用同样的监管措施和规则。但考虑到相互保险公司的固有弱点和在我国的实践状况，笔者认为对相互保险公司的监管应注重对其成员（投保人）权益的实现和保护以及财产监管这两方面。

（1）成员权益的实现和保护。如前面指出的那样，相互保险公司管理人员与成员之间的利益动机难以达到一致，其在控制双方的冲突方面明显不足。在公司的日常经营中，其决策与支配权往往落入管理人员手中，这样可能会损害其成员的利益。基于这一点，各国在法律上都明文赋予了成员所有人的地位和权利。而我国对此方面立法尚属空白。笔者认为，为了更好地保护相互保险公司成员的权益，一方面我们应当在立法上对相互保险公司的内部关系作出明确规定，另一方面对其管理人员和成员权利的行使进行监督，从而增强公司治理的透明度。具体来说，可从以下方面进行。

①内部关系

相互保险公司的内部关系是监管的重要内容，对此各国立法也侧重于对成员权益的保护，我们可以参照国外的法律对此作出规定。相互保险公司的内部关系主要包括：

A. 组织机构

相互保险公司的组织机构一般包括成员大会、董事会和监事会。其中成员大会是最高权力机构。由于现代相互保险公司成员众多且一般分布比较分散，实践中通常根据章程的规定从成员中选举成员代表，组成成员代表大会，行使成员大会的职权。如德国《保险企业监督法》规定，相互保险公司最高权力机构由章程确定，既可以采取成员大会形式，也可以采用成员代表大会形式，如果选择后者，章程中应该规定确定成员代表的方式。

我们可以参照德国的立法经验，将相互保险公司组织机构的设置规定为成员大会或成员代表大会、董事会以及监事会。若采用成员代表大会作为最高权力机构，其选举方式以及职权应当在章程中明确规定。因为，结合我国的实际情况，相互保险公司成员人数众多，表决权相对分散，且文化素质参差不齐，设置成员代表大会一方面可以使成员更好地参与到公司的经营决策中，提高效率，另一方面也赋予了公司一定的自治权。

B. 成员的权利

对董事会和监事会的选举权。这两项权利是相互保险公司成员权利的重要体现。董事会和监事会的运作对于一个公司来说至关重要，因此，笔者认为，我国法律应当规定选举权可以由成员大会或成员代表大会来行使。且与股份公司中股东享有的表决权不同，对于相互保险公司，每一成员或成员代表，都享有表决权，并通过成员或成员代表大会参与公司经营。这样就可以实行平等选举，从而更好地维护公司中小股东的权益。

C. 盈余分配权

它是会员所有权的重要体现。在盈利分配上，各国都强调平等性原则。对此，我们可以借鉴国际上的做法，对盈余分配作原则性的规定（平等原则）同时设有比例上的限制。即对相互保险公司累计的最高额度设有限制。倘若盈余超过上限，公司必须依法支付红利，对这部分可分配的盈余，成员根据分摊原则有权按比例分享。若盈余未超过上限，是否分配收益、分配的数额以及分配方式均由公司决策机构决定。即平等性与强制性相结合，既使公司享有一定的自治权，又保护了成员的利益。

D. 知情权

它的行使也直接关系到成员的切身利益及公司治理的透明度，因此也是成员非常重要的权利之一。对此，相互保险公司必须建立和完善经营相关的信息披露制度。阳光公司提供虚假的农业保险理赔资料和退还保费资料的违规行为，就与其对成员信息披露制度不健全有关。就信息披露方面，笔者认为可以采取以下方式：通过开成员代表大会、邮件或在网站上发布消息等方式，此外公司也可以建立董事报告制度，定期向成员公布董事会经营结果或做年度报告。

②对章程的监管

相互保险公司章程的制定和修改直接关系到公司的经营与成员的切身利益。尤其是在我国现行立法对相互保险公司的法律地位、公司治理等方面未做明确规定时，保险监督机构对公司章程的监管非常重要。

在国际上，多数大陆法系国家将相互保险公司的章程内容条款区分为绝对、相对、任意记载事项来对保险公司的章程进行规范。监管机构在对章程进行审查时，重点关注的是绝对必要记载事项。在英美法系国家，公司章程大纲是需要在公司注册登记时提交给监管机构的文件。从对相互保险公司章程的要求可以看出，日本更注重公司基金条款的规定，即第三人的利益保护。由于基金是相互保险公司以外的第三人提供的，是公司的负债，关系到第三人的利益问题。而美国则注重章程中对公司经营治理的条款，即成员及公司利益的保障。由于我国相关的法律相对不规范，因此对其章程的监管应更加严格。对此，可以结合日本和美国立法的规定，有关基金条款和公司治理条款应当属于绝对必要记载事项。公司章程的制度和修改都必须经过保险监督机构批准后才能生效。这样可以使公司更好地置于社会公众的监督之下，增强公司治理的透明度，保护第三人及成员的权益。

（2）相互保险公司财产的监管

如前文所述，相互保险公司利用资本市场的能力有限，不能通过发行股票来迅速筹集资本，在筹集大量资金方面遇到的困难限制了相互保险公司的灵活性。因此，在对其财产的监管方面要区别于股份公司。笔者就相互保险公司在财产方面的监管规则进行一些简要的探讨。

①保险投资是监管的重要内容

因为通过投资可以提高资金运用的收益和流动性，正好可以弥补相互保险公司不能发行股票向社会公开募集资金，融资能力差这一缺陷。

保险投资行为监管有两方面的内涵：

A. 投资方式的监管

即监管部门对保险公司的可用资金用途所作的限定。目前我国《保险法》规定的投资方式主要有：银行存款、债券（国债、金融债、企业债等）、证券投资基金、不动产、股权投资。

B. 投资比例的监管

即保险投资监管部门对保险公司资金投资比例的限定。这几种投资方式都各有其特点。其中不动产投资的流通性较差。债券投资，安全性较高，盈利性较低。股票属权益型投资，收益高同时风险也大。

由于相互保险公司在筹措资金方面存在本质缺陷，其往往更加追求高风险、高收益的投资，会给公司带来较大的经营风险。对此，笔者认为，股份制保险公司的投资方式可用于相互保险公司，但考虑到投资的安全性，对于风险较大及流动性较差的投资方式保险监督机构应当对其予以严格的限制，可以通过限制其投资比例的方式。如各国对股票投资都有严格限制，一般不允许超过保险投资总额的20%。当然，具体比例还需要监管部门在实践中进一步作出规定。

②再保险的监管

再保险业务一般分为两类：

A. 分出保险。即将自己承保的保险再就其保险责任的一部分转由其他保险公司承保，它是减轻保险公司责任的一种办法。

B. 分入保险。即承保由保险公司分出的一部分保险责任，它是增加保险业务的一种方法，也相应加重了保险人的责任。在我国的实践中，阳光公司为了提高其赔付能力和抗风险能力，其分公司向总公司办理了再保险，通过这一途径有效地降低了分公司的风险。笔者认为，相互保险公司的分包方案也应报保监会批准，此外，由于分入保险加重了保险人的责任，保险监督机构可以要求相互制保险公司不得接受除内部总公司承保分公司以外的保险业务其他分入保险业务（即其他保险公司的分入保险业务）。这样可以保证相互保险公司的偿付能力，更好地维护投保人的利益。

③偿付能力监管

相互保险公司是一种内部互助互济的组织形式，一般情况下不存在偿付能力不足的问题。因此，相对于股份保险公司，相互保险公司需要提取更多准备金，从而为保险人提供更好的保障。至于提取的办法可以由保险监管部门提出要求，并在立法上予以明确。对此，可以借鉴阳光相互保险公司的成功经验。

另外，若公司发生经营亏损，相互保险公司一般按照盈余公积金、“资本”公积金的顺序予以补偿，如果仍然不足以弥补亏损，还可以采取向外借款、减额赔付或补缴保费的方式，而股份保险公司在任何时候都不可以采取减额赔付和补缴保费的方式，因为这会违法合同的约定，这也是两者的重要区别，笔者认为有必要在立法时进行明确规定。

按照目前的《保险法》以及其他相关法规的规定，相互保险公司的监管可以纳入保险公司监管体系，如果仅有的相互制保险公司在经营中出现不规范行为，则保险监督管理机构可以通过单独发文的方式对其进行处罚、整顿。当然，从长远的角度来看，我们应对相互保险公司这一特殊的经济组织在立法层面进行规范，从而可以对其更好地监管。

（三）制度优势、劣势

简单来说，相互制保险公司的优势：投保人保险人一体化，降风险降成本，纯风险保障使保障具有彻底性与有效性。

1. 成员管理民主

根据公司章程的规定，只要在保险业已经成为一个相互保险公司，在同一时间就将拥有选举权和被选举权。董事会管理委员通常会选择直接参与相互保险公司的管理决策。

2. 信息公开透明

相互保险公司的经理是被保险人（公司）监管的，信息披露严格按照法规执行，由于民主管理的主要成员全部由选举产生，所以相互保险公司成员的公共账户透明度很大。

3. 逆向选择和会员间的道德风险比较低

由于相互保险是互保互助组织，成员往往集中在一个特定群体，这一群体对自己的风险有更清晰的认识和评价，能够克服信息不对称的问题，从而更好地防止不良选择。其次，成员和利益相关者之间的相互了解，有较强的道德氛围，发生道德风险的可能性比较低，从而避免了“骗保”等风险。

4. 产品价格低廉

首先，相互保险公司不以营利为目的，投保人不持有保险公司的股票；其次，因为普遍受到人们的追捧，从而减少了符合条件的客户运营成本；再次，由于信息相对对称，很多相互保险公司可以节省承销费用；最后，由于逆向选择和道德风险比较低，相互保险公司在定价时不必过多假设这种风险，从而可以让利给会员。

5. 分红更透明、更直接

由于相互保险公司的会员就是企业本身的“主人”，因此可以更直接地分享利润。股份制保险公司的股票，虽然有一定的价差回归保险产品，但被保险人会认为，归根结底，价差是股份制公司的股东红利分配后的剩余部分，而相互保险公司对分红更透明、更直接。

6. 相互保险公司经营稳定

作为公司的一员，稳定的权利和利益限制，会使公司更易逐年扩大。在重大灾害发生时，损失可以通过调整保费被成员消化。只要没有重大经营决策的失败，是不容易破产的。

相互保险公司的制度劣势：增加资本有困难，公司经营要求技术含量高。相互保险的弊端在于国家在这方面的立法还处于空白状态，政府给予的支持不足，操作难度大，要想建立均衡的内外部制度难度很大。具体来说，公司治理结构和委托—代理问题方面的困难有：

（1）互助保险公司的所有权和投票权在其顾客中被广泛地分散，顾客往往对于公司的事务不了解，从而不能很好地行使他们的投票权，在实际中公司的控制权往往落在了管理者手中。股份公司的管理者对公司的所有者就更负责一些。私人所有的有限公司有一个所有者或一个人数少得多的所有者集团，他们能够对公司进行控制。公开上市公司被投资分析师监督，并且要关心他们公司的股价。

（2）互助保险公司不能用股票或股票期权对管理层进行激励。股份制保险公司对经营者的报酬激励由固定薪金、股票与股票期权、退休金计划构成。与股份制保险公司相比，相互保险公司对经营者的激励缺少股票与股票期权，但是相互制保险公司经营者的薪金水平是由他们自己确定的。股东为了获得高额的利润，常常承诺将一部分剩余支配权让给经营者，以激发其积极性。由于相互保险公司不以营利为目的，所以它的经营者没有这方面的激励。但是，与股份制保险公司经营者相比，相互公司的经营者有更大的经营控制权，享有更大的职位特权，享受了更多的在职消费（如豪华的办公室）。声誉机制在股份制和相互制中的差别不明显。相对而言，股份制保险公司的经理面临着更大的外部（资本市场的）压力和来自股东要求盈利的压力，所以股份制保险公司的聘用和解雇激励机制发挥的作用更明显（相互保险公司组织形式研究）。

（3）互助保险公司的架构、章程使得兼并异常困难。股份制保险公司与相互制保险公司外部治理的最大差别可能是证券市场对它们的影响的不同。证券市场对股份制保险公司的治理主要有兼并、敌意接管和资产剥离等形式。例如，20 世纪初，美国许多股份制保险转制为相互制保险公司就是为了避免被接管。而20 世纪末美国许多相互制保险公司转制为股份制保险公司的原因之一就是为了进入证券市场，筹集资金，以便兼并和收购。

第二节　相互保险组织发展形态

一、相互制保险组织的基本形态

作为会员/社员/成员（member）持有型的保险组织，相互保险主要是源于西欧社会的一种组织形态。由于各国的历史文化与社会经济发展背景不同，相互保险在自然演进中呈现的形态也是多种多样的。在主流的相互保险公司之外，互助社、交互社（Reciprocal Insurer）、友谊社（Friendly Societies）、互惠社、合作社、自保公司（Captive Insurance Company）、风险自留团体（Risk Retention Group，RRG）、自主相互基金（Discretional Mutual Fund，DMF）等在不同国家中不同程度上扮演着相互保险提供者的角色。

相互保险的渊源可以追溯到古希腊罗马慈善团体进行的健康方面的互帮互助活动。在古罗马时代，工匠、士兵甚至角斗士都会组成某种团体或俱乐部组织并向其捐款，团体则在成员生病时提供必要的帮助，或者为故去成员的孤儿寡母提供生活费用，特别是葬礼费用。11 世纪后，类似的互助需求主要由行会组织（Guild，又译作基尔特）来满足，其成员多为特定行业的从业人员。此外，也有由不同职业成员组成的兄弟会组织（Fraternity），其更多地与宗教传统相联系。M. 福瑟吉尔・罗宾逊对英国历史上行会组织的研究指出，行会组织最初成立的主要目的是基于宗教和社会上的需求，此后才演变为贸易行会和手工艺人行会。

17 世纪英国出现的友谊社继承并发展了中世纪行会组织互帮互助的理念。友谊社对处于生病和生活窘迫的会员提供援助，减轻了教会的压力。当然，早期友谊社虽然被称为社团（Society），但非成熟稳定的组织体，而是成员基于互帮互助的理念，在从传统的农牧业社会向工商业社会发展背景下逐渐形成的分摊风险的松散联合。另一方面，1666 年的伦敦大火导致 20 万人无家可归，也构成了推动相互类保险组织诞生的一个重要契机。

18 世纪后，随着精算技术的出现，早期的会员互助团体开始向现代相互保险组织转型。现存最古老的会员持有型保险组织，都是在这一时期诞生的，如 1752 年在美国成立的费城贡献组织社（非寿险），英国 1762 年成立的公平人寿保险公司（寿险），丹麦 1761 年的 KAB（商业保险）以及法国1781年成立的特立尼达慈善协会（健康保险）等。

可以说，在相互保险组织演变为现代保险行业主要组织形式的过程中，各国不同的政治、经济、法律与文化传统都影响了它的发展历程。这也使得各国相互保险组织在名称与立法模式上各具特色。如英国除相互保险公司外，还有友谊社、工业和互助社等；德国的相互保险组织不称为公司，而称为互助社。此外，由成员所有，专为成员或者主要为成员提供保险服务的组织不仅限于名为“相互保险公司（社）”的实体，也包括其他合作组织为成员提供的保险服务，如日本在相互保险公司之外，还存在农协、渔协等农业合作组织为成员提供的保险服务，尽管后者并不作为金融机构接受监管，而是适用相关的合作社法。美国则更加多元化，仅以纽约州为例，其《保险法典》就在相互保险公司之外，列举了交互保险社、非营利财产/事故保险公司、合作保险/事故保险公司、自保公司等多种具有相互保险特征的组织形态；此外，该州还有基于联邦立法组建的风险自留团体（RRG）。可以说，相互保险组织发展到当代，并没有一个适用于所有国家的单一组织形式标准；在不同法域下，许多组织形式都符合相互保险的理念，可以纳入到广义的相互保险组织的范畴之中。

图2－1展示了历史上存在过的会员持有的保险组织，它们都具有广义相互保险的一些特征。

我国目前引入相互保险组织的试点，是为了改变以资本出资为主的公司制保险公司单一垄断的格局，增加不同企业组织的市场竞争，以便向社会大众提供更多的保险产品与更好的保险服务。从这一目标出发，我国引入的相互保险组织是域外比较成熟的、主流的相互保险组织形态——如美国、英国、日本的相互保险公司以及德国的大型保险互助社等。因此，本报告的研究对象被限定为域外专门的相互保险公司，而不包括兼营相互保险业务的合作社。

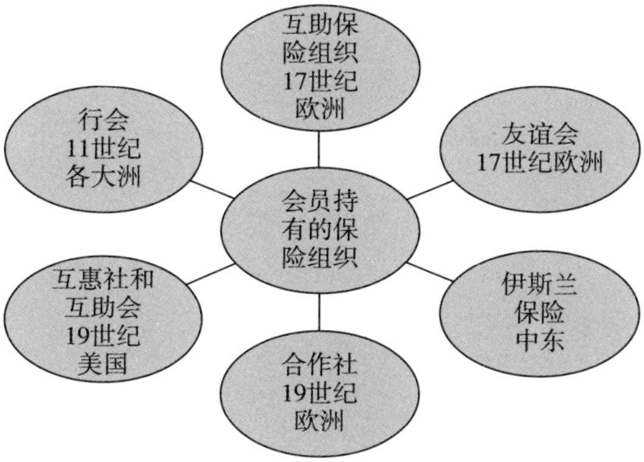

图 2－1　历史上由会员持有的保险组织

二、相互保险组织与合作社

明确相互保险公司组织的法律定位，首先需要澄清它与合作社之间的关系。在会员持有型的组织体中，相互保险组织与合作社在运作理念上最具共通之处，由此导致两者之间的界限也比较模糊。

合作社是 19 世纪中期西欧的合作社运动中产生的一种经济组织形态，其晚于相互组织。当今的国际合作组织将“合作社”定义为人们自愿联合来满足共同的经济、社会、文化的需求与愿望所形成的共同拥有和民主控制的企业。一般认为，合作社有以下几个原则：①资源和开放的会员；②成员民主的控制；③成员的经济参与；④自主以及独立；⑤教育、培训以及信息；⑥合作社之间的互助；⑦对社区的关注。

从合作社的上述定义及其原则可以看出，相互保险与合作社的共性在于，两者都强调成员的自愿联合、民主管理以及互帮互助。虽然合作社通常有股本，会员入社需要认缴股份作为出资，有别于相互保险组织无股本、无股东的特点，但是，若一家合作社单纯办理保险业务（即保险合作社），且仅对会员出具保单、提供保险服务，会员缴纳的股本与保费在功能上并无太大的区别。合作社的分红通常也基于会员认缴的股本以及对合作社的惠顾（类似于相互保险下的保费）两方面来进行，并非纯以股本为依据。在部分国家，将相互保险组织视为一种合作社，也未尝不可。如英国的工业和住房互助社（Industrial and Provident Society），在组织类型上被划分为合作社，但在法律上归为互助社，与相互保险组织提供相同的保险业务。此外，在美国，虽然相互保险公司与合作社在立法与实践上都泾渭分明，但学者在对相互保险公司的法律性质进行解读时，都认同其性质为“合作社”。相互保险行业代表性的国际组织——ICMIF——也命名为“国际合作社及互助保险联盟”，体现了合作保险与相互保险之间的共通性。

不过，由于历史演进的自然路径，大部分国家的立法都将合作社区别于保险领域中与股份保险公司二分天下的相互保险组织，两者构成各自独立的企业组织形态，适用不同的法律。从事保险业务的合作社一般适用合作社自身的组织法，如日本的《农业合作社法》《渔业合作社法》等，保险业务只是其经营的附属业务之一。在德国，相互组织被定位于“社团法人”——互助社——而非“公司”，但这种“互助社”由《保险法典》单独确认，并非合作社。德国法明确规定保险领域只能采取相互保险社、股份公司以及公法上的企业三种组织形态，不能采用合作社的形式。归纳起来，从本研究报告处理的样本国家的法律规定上看，只有在对组织形式的边界划分并不十分明确的英国，互助社中的工业和互助社、欧洲经济区互助社才可以视为合作社；在其他国家，相互保险组织与合作社都被视为两种不同的企业组织形式。

三、相互保险组织与非营利组织

相互保险组织与非营利组织之间的关系也是一个比较复杂的问题。这主要是因为，各国对“非营利”和“非营利组织”并没有一个统一的定义，而且法律语境下的“营利与非营利”之分与日常语境中的“营利与非营利”的表述具有完全不同的含义。因此，关于相互保险组织是否为营利或者非营利组织的问题也难有一个整齐划一的结论。

例如，在日本，相互保险组织尽管被称为“公司”，但相互保险公司的年报中通常把自己定位于“非以营利为目的的法人”或“中间法人”。在英国，一些政府文件将相互保险定位为不以营利为目的的组织。相反，在美国，相互保险组织通常被视为营利性组织，与股份公司并无差异；只有极少部分相互保险组织因历史原因为非营利组织。在德国，区分主流的大型相互保险组织与小型相互保险组织，前者（大型互助社）等同于商人，为营利组织；而小型互助协会则属于社会经济（Social Economy）的一部分，强调其既非国有，也非私有，体现公民社会自治而非营利性的一面。

本研究报告认为，目前某些学理或者相互保险组织自身关于“非营利性”（Non - profit）或“不以营利为目的”（Not - for - profit）的表述，只是一种组织体的运作理念方面的宣告，并不具有法律意义。更进一步，与其说相互保险组织主要是为会员服务，而非“以营利为目的”，毋宁说保险业本身就有这个特点，即它是以分散风险、应对灾害为主要目的，而不是以经营获利、赚投保人的钱为主要目的。当然，保险业、特别是相互保险组织的这种定位并不意味着其运作中就不考虑成本核算；若持续亏损，保险事业也无法持续下去。换言之，不以营利为目的与收益—成本核算是不矛盾的。对此，ICMIF 的一份报告中有清晰的说明，兹引用如下：

“应该注意的是，相互制的商业结构与以利润为导向的管理原则是不冲突的。所有相互保险机构都应追求积极的财务表现，创造年度盈余以维持公司的财务能力或支持公司发展。相互保险机构与股份制公司之间的区别是主要的基本运营目标不同：对于相互保险机构而言，盈利不是其唯一或主要的目标。这实际上意味着相互保险公司不会像股份制保险公司一样追求利益最大化。”

从目前来看，具有法律意义的“非营利性”主要是从税法角度来界定的，它意味着税法上的免税待遇；相应地，这类组织体也需要满足税法所要求的某些特征。以美国为例。纽约州《保险法》在相互保险公司之外确立了一种特殊的“非营利性财产/事故保险公司”，后者可以享受税法上免税的优惠待遇，但前提条件是该保险公司仅接受非营利组织的投保，且公司不能向其成员分配利润。有美国学者指出，非营利性组织最核心的特征是不存在利润分配，即组织体运作的盈利不向成员分配，而是直接用于扩大或改进服务。而一般所说的相互制组织的非营利性，则指的是相互保险公司不以营利为唯一或主要目的，而是致力于为投保人提供更好的保险服务，包括盈利分配。从这个角度来看，相互保险组织的法律定位还是属于营利性组织，与一般的商业法人并无不同。

四、相互保险组织与保险互助社

公司形式与互助社形式的相互保险，是国际上主要的两种相互保险组织。从外在形式来看，两者之前的关系在不同国家呈现出不同的状态。在英国，由于组织法本身的多元化，两者是一种并存的关系，既有相互保险公司（Mutual Insurance Company），也有保险互助社（Mutual Society）；在德国，由于法律定位相互保险组织是“社团法人”而非“公司”，因此，只有保险互助社（Mutual Society），没有相互保险公司。其中，对于小型相互保险组织，则称为小型互助协会（Small Mutual Association）。

虽然两者名称不同但运作的基本原理一致，保单持有人为企业的所有权人，且保单持有人按照章程和法律的规定行使权力，履行义务。

此外，以德国为例，虽然在保险行业的相互组织只有互助社，没有相互保险公司，但除监督部门所认定的小型互助协会外，大型互助社的公司治理都适用于《德国股份公司法》的相应规定，只不过股东大会变成了成员大会或者成员代表大会。并且，根据德国《保险企业监督法》的规定“互助社仅以互助社资产对其债权人负责；互助社的成员不对互助社债权人负责”。因此，公司形式与互助社形式的相互保险组织，两者在运作原理上是接近或者趋同的。

五、大型相互保险组织与小型相互保险组织

从相互保险组织的历史来看，相互保险的产生及自然演进通常是围绕着特定地域、特定行业或者暴露于特定风险项目的人群所展开的，小型互助社成为这一组织类型的常态，且数量众多。

在德国，存在着诸多非常有特色的小型互助社，如从事宠物保险或丧葬金保险的小型互助协会。这些小型互助协会虽然社会员数量不多，但满足了人们各式各样的保险需求，它们是大型、特别是股份制保险公司所不愿意或者因成本过高而难以覆盖的保险领域。此外，围绕特定专业人士（如教师或者牙医），以及特定行业群体进行服务的相互保险公司、自保公司也广泛地分布于英国、法国和美国。可以说，小型互助社在满足人们或者企业的特定保险需求上与大型互助社相比毫不逊色，甚至填补了大型相互保险公司或者股份制保险公司的产品空白。

在相互保险组织的治理方面上，小型互助社由于其业务集中于特定的人群或者区域、行业，因此人合性更强，更能体现成员民主管理、共治、互信等相互组织的本质特征。相比之下，大型相互保险组织因其业务范围广泛，投保人多元化且分布地域广泛，“成员利益”很难统一，民主监督也很难进行。因此，大型的相互保险企业在治理方面与股份制保险公司几无差别。这一特点也体现在部分样本国家的法律规定上。如在德国，大型

互助社为商人，在公司治理上适用于《德国股份公司法》的相应规定，建立起了监事会及董事会机构等治理机构，小型互助协会的治理则适用《德国民法典》的规定，可以不设监事会。在日本，相互保险公司存在于寿险行业，且规模庞大，在治理上也与股份制保险公司一样建立起了董事会、监事会等治理机构。

现实中，域外新近成立的一些相互保险组织大多是围绕特定行业成立的自保公司。这些自保公司的成员多集中在某一特定行业（如医疗与健康护理），有着同质的风险与保险保障需求，通过汇集同行业的成员，既可以实现成员企业间的相互监督，也能够对风险做到更为精准的控制。它们也提供了相互保险组织自然发展路径的一些个案。

最后需要说明的一点是，大型相互保险组织与小型相互保险组织之分并不对应于“公司”与“互助社”的区分，后者更多地受制于各国不同的法律传统对商主体的定位。例如，在德国，无论是大型相互组织还是小型互助社（被称为小型互助协会），在法律上都属于“互助社”而非“公司”；相反，在美国，即使是小型的相互保险组织也多为公司类型。

第三章　相互保险发展现状及历程

第一节　相互保险发展现状

一、市场发展

（一）经营主体

本部分首先从相互保险的产生与发展进行介绍，之后再具体介绍其经营范围以及经营模式，旨在对相互保险进行基本的概述。

1. 发展历程

（1）萌芽与成长

13—16 世纪的西欧，人们饱受疾病与灾害的困扰，个体家庭对于灾害脆弱的抵抗力使得互助与合作成为人们共同的信仰，一些基尔特组织就在这样的时代背景下应运而生。基尔特社团会在会员遭受疾病或死亡时，为他们的家人提供必要的经济补助，这样的互助行会在中世纪大为流行，比较著名的有英国的“友爱社”与德国的“扶助金库”等，这也正是早期互助保险组织的雏形。

然而，基尔特组织缺乏精算基础的善款给付方式往往使得自身资金的维护陷入困境。1756 年，伦敦公平保险公司诞生并在使用保险精算技术的基础上，首次以相互保险的组织形式来经营保险业务，这也标志着现代相互保险制度的正式形成。19 世纪德国的柯达生命相互保险公司首创了“会员民主自治”理念，这直接影响到日本相互保险公司的发展，矢野恒太凭借这样的理念创办了第一生命保险相互公司，让相互保险从西欧走入了亚洲。

（2）发展与波折

进入 20 世纪，相互保险的发展迎来重要的历史机遇。20 世纪上半叶，一系列媒体与政府的调查活动开始进行，人寿保险行业长期存在的欺诈交易与管理层的自我放纵式内幕交易得以曝光。加之此时的相互保险恰逢取得法律认可的黄金时期，例如，德国、日本在 20 世纪初分别制定了《保险企业监督法》与《保险业法》为互助保险公司的组织形式正名。一时间，股份制保险公司掀起了一股避难式的相互化浪潮，最著名的莫过于当时美国保险三巨头的大都会、保平和保德信均转制为相互保险公司。然而，好景不长，20 世纪末随着保险业全球化竞争的加剧，资本市场发展的进一步成熟，股份制公司借助资本市场迅速筹集资金帮助企业抢占市场，扩大份额的组织优势开始凸显，这一时期许多相互保险公司不顾股份化的复杂流程与法律风险而坚定地走上了非相互化的道路。

（3）走入中国

相互保险在我国的发展较为迟缓，改革开放伊始时，股份制保险公司作为一种成熟的组织形式，自然而然地获得了引入建立的优先权，但我国对于相互保险的尝试却也从未停止。1984 年 1 月 1 日中国船东互保协会成立，作为中国政府批准的船东互相保险的组织依法享有社团法人资格，开创了新中国相互式保险的先河。而于 2005 年成立的阳光农业相互保险公司则是我国首家相互制农业保险公司，采用的是会员制，追求社会效益和会员利益的最大化，对我国相互保险的发展起到了重要的试点作用。

2. 经营范围

相互保险组织的经营范围既包括寿险业务，也包括非寿险业务（含健康险）和再保险业务。如表 3－1 所示，可以看出其经营范围与一般股份制保险公司并没有太大的区别。以英国的利物浦维多利亚公司（Liverpool Victoria）为例（虽然利物浦维多利亚公司没有进保险公司世界前 50，但作为英国最大的保险公司之一，其经营范围仍旧具有一定的代表性，故此处以其为例），它主要提供两方面的金融服务：一是在寿险领域，既提供针对人们寿命和生活的保障型产品与退休产品，也提供储蓄型和投资型产品；二是在非寿险领域，承保人们钟爱的有形物品，如车、房子、业务、宠物。

表 3－1　2014 年排名世界前 50 的保险公司中相互保险公司的情况

排名	公司名称	寿险	非寿险	再保险	国家
15	Nippon Life Insurance Company	经营	—	—	日本
17	Zenkyoren（JA－Kypsairen）	经营	经营	经营	日本
25	New York Life	经营	经营	—	美国
26	TIAA Group	经营	—	—	美国
30	Northwestern Mutual	经营	—	—	美国
32	State Farm	—	经营	—	美国
34	Old Mutual	经营	—	—	美国
36	Massachusetts Mutual	经营	—	—	美国
39	Nationwide Mutual Insurance	经营	经营	—	美国

资料来源：平安证券研究所.

我国《相互保险组织监管试行办法》第 25 条规定：相互保险组织的业务范围由保险监督管理机构依法核定。可以看出，我国对此也并没有做出明确的限制，也就是说，只要符合保险经营原则并经保监会核准的保险产品，我国相互保险组织均是可以经营的，而无论其属于何种类别。

3. 经营模式

总的来说，相互保险有以下三种经营模式：

一是直接承保模式，它是相互保险经营的典型模式。如图 3－1 所示，字母 A，B，C，D，E，F，G，H…代表的是众多的被保险人，他们在向相互保险组织投保之前还必须成为其中的会员，缴纳保费后才可与相互保险组织建立关系，继而享受由相互保险组织直接提供的承保、理赔、行政和监管等服务。

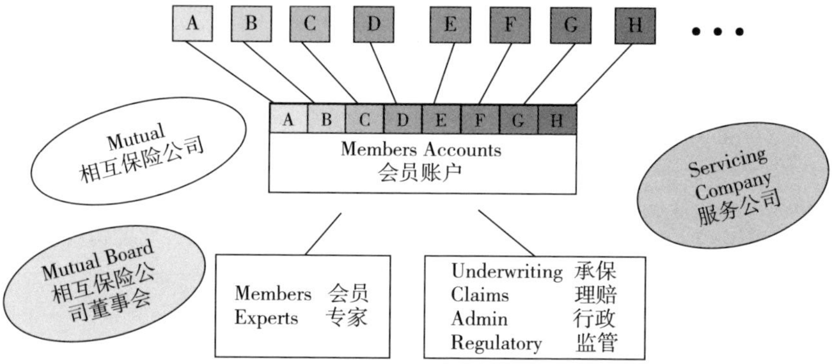

图 3－1　直接承保模式

二是再保险模式。如图 3－2 所示，字母 A、B、C、D、E、F、G、H…代表的是众多的被保险人，他们与相互保险组织之间还存在一个前端公司，由前端公司与这些被保险人建立直接的关系，负责其中的承保、保单出具和理赔等工作，而相互保险组织与被保险人只是一种间接的关系，主要负责公司管理、会员管理和监管等工作。

三是协会拥有的股份制相互保险公司模式。如图 3－3 所示，字母 A，B，C，D，E，F，G，H…代表的是众多的被保险人，与前两种模式不同的是，这些被保险人直接与一家 100% 由协会拥有的股份制公司建立联系，由这家股份制公司负责其中的承保、理赔、行政和监管等工作。

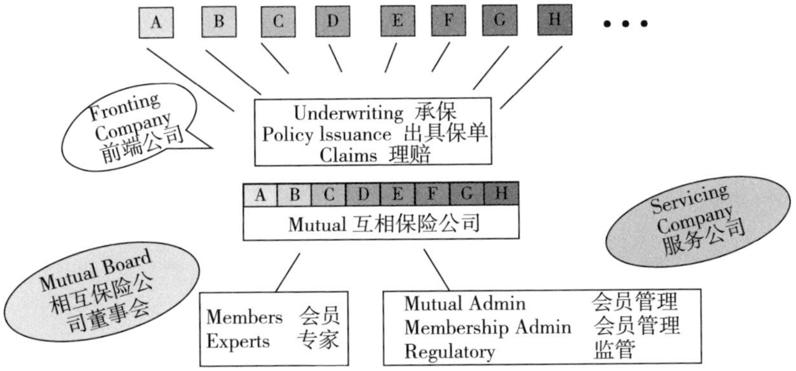

图 3－2 再保险模式

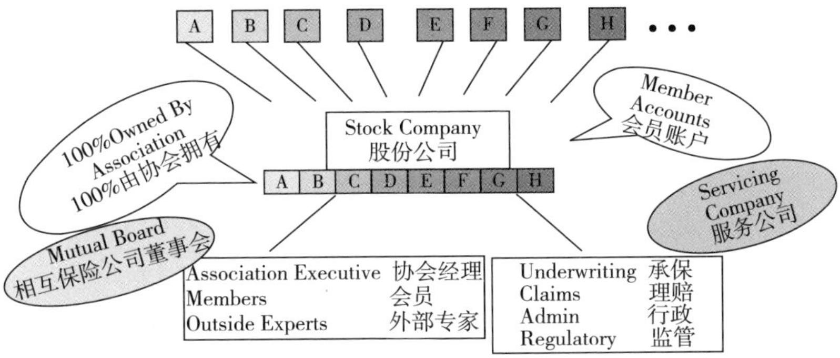

图 3－3 协会拥有的股份制相互保险公司模式

（二）业务分类

1. 产品

与上面谈到的相互保险组织的经营范围相对应，相互保险组织产品也主要分为寿险产品、非寿险产品（含健康险产品）和再保险产品。以英国的利物浦维多利亚相互保险公司（Liverpool Victoria）为例，其官网上展示的寿险产品包括死亡保险、旅行保险（途中死亡、失明或终身残疾）以及年金保险，展示的非寿险产品包括旅行保险（行程取消或缩短、延误、对他人或他人财产造成损失以及法律费用等）、家庭财产保险、宠物保险

（治疗费用、宠物对第三者造成的伤害赔偿以及因为宠物需要治疗而被迫取消或缩短假期的损失）、车险、摩托车险、重疾险、房东保险（房屋不适合居住造成的房租损失以及诉讼带来的法律费用）、车辆抛锚保险、按揭贷款保险（因病或意外）以及收入损失保险（因病或意外）。

再以美国的利宝相互保险公司（Liberty Mutual）为例，其官网上展示的寿险产品包括定期寿险、终身寿险和年金保险，展示的非寿险产品种类则更为丰富，包括车险（有专门为老式汽车定制的车险产品，还有特别为青少年司机定制的车险产品）、摩托车险、船险（保船、保人，也保第三者责任）、房屋保险（房主投保）、租户保险（保租户的物品）、洪水保险以及身份盗用保险（信用卡盗刷等）。

观察我国刚获批准的3家相互保险组织，可以发现众惠财产相互保险社主要针对特定产业链的中小微企业和个体工商户的融资需求开展信用保证保险等特定业务，汇友建工财产相互保险社主要针对建筑领域的特定风险保障需求开展工程履约保证保险、工程质量保证保险等新型业务，信美人寿相互保险社主要针对发起成员等特定群体的保障需求发展长期养老保险和健康保险业务。由此可以看出，我国三家相互保险组织提供的产品种类各不相同，大体上涵盖了寿险中的养老保险，以及非寿险中的信用保险、保证保险和健康险，在经营上展现出了与国外相互保险组织相似的特征，即既经营寿险产品，也经营非寿险产品。

2. 服务

保险公司提供的服务会一直贯穿于消费者购买保险的始终，大体包括售前服务、售中服务和售后服务三类，每一类里面还有细分。

（1）售前服务。售前服务是推销保险产品之前为消费者提供的涉及保险方面的服务，主要包括购买咨询服务。购买咨询服务是指相互保险组织会在投保之前将消费者期望了解的有关保险公司、险种、条款等信息传递给他们，这些信息既可以通过相互保险组织网站以及服务电话获得，也可以前往相互保险组织的经营场所（会有一个固定场所）进行了解。

（2）售中服务。售中服务是保险商品买卖过程中直接为消费者提供的各种服务，是销售实现的关键环节，包括承保服务和保户档案管理服务。承保服务是指从协商到投保、审核、制单、收取保费、复核签章、清分发送等一系列工作。在这里比较重要的一块是协商部分的风险规划与管理服务，指在售前帮助消费者识别风险，选择最合适的风险防范措施，以进行风险管理；一般来说，相互保险组织会在网站上开展一些相关知识的宣传工作，不过更多地还是通过相互保险组织内的专业工作人员来提供。保户档案管理服务是指合理、妥善地保管好被保险人方的一系列单证，做好全流程的记录保存工作。

（3）售后服务。售后服务是保险产品售出之后相互保险组织提供的一系列服务，包括理赔服务和保单保全服务。理赔服务是指保险事故发生之后，相互保险组织按照合同的约定履行赔付义务、保障被保险人利益的活动。保单保全服务是指在相互保险组织和被保险人建立保险合同关系之后，若被保险人方发生了投保人、受益人、保险标的状况等信息变动的情况需要及时通知相互保险组织，相互保险组织也需对相关信息进行及时准确的更正并保存。

3. 经办代办业务

（1）法律服务。如英国的利物浦维多利亚相互保险公司就提供该种服务，在购买该公司法律服务后，若购买者有立遗嘱和授权他人为某事的需要时，可以一种高性价比的方式获得指定的里昂戴维森律师事务所（Lyons Davidson Solicitors）提供的高质量的法律服务。需要特别说明的是，里昂戴维森律师事务所会以利物浦维多利亚相互保险公司的名义提供这项服务，且目前仅英格兰和威尔士地区可以购买这项服务。

（2）道路救援服务。美国利宝相互保险公司（Liberty Mutual）在其网站上宣传该公司客户可以选择公司提供的如下道路救援服务：一是将抛锚或不能开动的客户汽车拖到位于最近位置的有资质的修理厂进行修理；二是帮助将不能发动的客户汽车发动好；三是若客户汽车开到半路没油了，可提供回程或者是去最近服务站的充足的汽油（但汽油的成本需由客户自己承担）；四是在客户汽车需要换轮胎时，帮助其更换轮胎；五是当车钥匙不幸被锁到车里时，可以提供开锁服务。

（三）发展环境

从世界范围来看，相互保险已走过鼎盛，进入平淡。相互保险是一种非常古老的保险组织形式，其鼎盛时期是20世纪初至中叶。一方面，许多国家制定专门的法律保障相互保险组织的发展，如1901年，德国、日本分别制定了《保险企业监督法》与《保险业法》，正式确认了相互保险公司的组织形式；另一方面，很多股份制公司改制为相互保险公司，如美国在1900—1936年，至少有15家股份制的人寿保险公司转变为互助公司，其中包括当时3家最大的保险公司：大都会、保平和保德信（推动这一转型的导火索是以纽约州阿姆斯特朗委员会的调查报告为首的一系列媒体与政府的调查活动，它们揭露了人寿保险业长期存在欺诈性的交易手段和管理层肆无忌惮的自我交易行为，号召所有的股份制保险公司都采用互助的所有制形式）。经历了一个世纪的辉煌，在20世纪末，相互保险公司式微。国际上兴起了非相互化浪潮，许多大型相互保险公司转制为股份制保险公司，例如，法国安盛、美国大都会等等。总的来说，有很多因素共同促成了这一转型，如在全球化竞争环境下保险公司的规模化经营对资本市场的需求，新技术的出现，消费者需求的改变，合并热，企业经营行为模式的转变，对管理层的激励等。

我国相互保险刚刚起步，大背景值得关注。一直以来，相互保险在我国都没有得到很好的发展，为人所熟知的也仅是2004年成立的阳光农业相互保险公司，直到2015年《相互保险组织监管试行办法》的发布，相互保险才开始引起大家的关注。截至目前，已有众惠财产相互保险社、汇友建工财产相互保险社和信美人寿相互保险社3家相互保险组织获得了保监会的筹建批准，且仍有超过30家组织在向保监会排队申请相互保险牌照。由此可以看出，相互保险组织已经引起了人们越来越多的兴趣和关注，相信将来其在中国会得到越来越好的发展。

（四）总体情况

以下根据国际合作与相互保险联盟（The International Cooperative and Mutual Insurance Federation，ICMIF）发布的《2014年全球相互与合作保险市场概况》对全球合作与相互保险（合作与相互保险包括相互保险、合作保险、非营利类保险、互助保险、兄弟/友谊社团类保险、保护与保障俱乐部保险以及伊斯兰保险等）的保费收入、市场份额、资产状况以及雇员和保单持有人的数量进行了大体上的介绍。

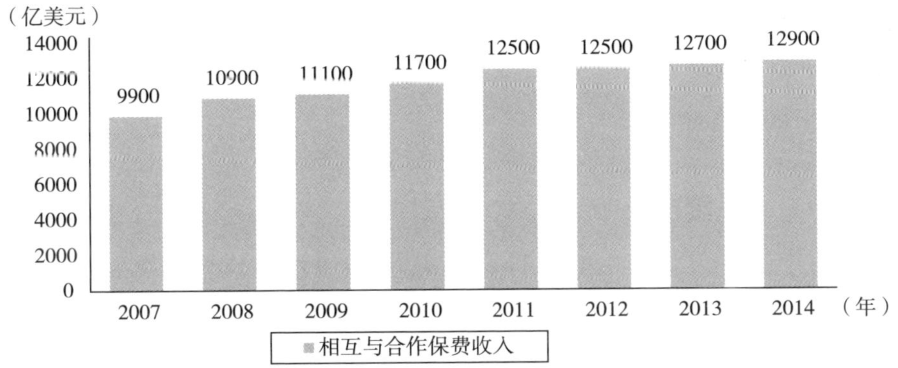

图3-4　2007—2014年全球相互与合作保险保费收入

图3-4展示了2007—2014年全球相互与合作保险保费收入情况，可以看出全球相互与合作保险保费收入在2007年—2014年呈现出逐年增长

态势，即从2007年的9900亿美元一直增加到了2014年的12900亿美元，8年内共增长了30%；而同一时期的全球保险市场，则仅实现了13.6%的增长速度。

再观全球相互与合作保险的市场份额可以发现：2007年全球相互与合作保险市场的份额占到全球保险市场的23.7%，到2014年该比例则增加到了27%，其中相互与合作保险中的寿险类别可以占到全球寿险市场的24.3%，而非寿险类别的市场份额则会高于该比例，占到全球非寿险市场的30.4%。

2014年，全球相互与合作保险组织拥有的资产总额首次超过80000亿美元，达到了83000亿美元，相较于2013年的资产总额实现了5.4%的增长。而2014年全球相互与合作保险组织拥有的投资资产则较2013年实现了4.2%的增长，达到近70000亿美元的水平。

全球共有111万人在2014年受雇于相互与合作保险组织，较2007年全球相互与合作保险组织的雇员人数共实现了20%的增长。至于全球相互与合作保险组织内的保单持有人，在2013年为9.23亿人，到2014年则增加到了9.23亿人。

二、结构分析

（一）业务结构

以下根据国际合作与相互保险联盟（The International Cooperative and Mutual Insurance Federation，ICMIF）发布的《2014年全球相互与合作保险市场概况》，对全球相互与合作保险的业务结构从保费和市场份额两方面进行介绍。

1. 保费收入

保费收入是对保险公司进行分析时必须使用的一项指标，是保险公司为履行保险合同规定的义务而向投保人收取的对价收入，是保险公司的重要收入来源。

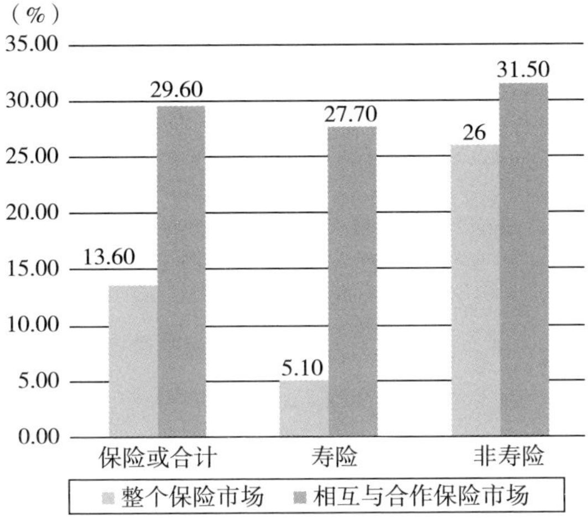

图 3-5　2007—2014 年全球相互与合作保险保费增长率

图 3-5 反映了 2007—2014 年全球相互与合作保险保费增长率情况，可以看出在这 8 年的时间内，相互与合作保险的保费增长率远高于整个全球保险市场的保费增长率。具体来看，相互与合作保险中寿险类的保费增长率为 27.7%，虽然低于 29.6% 的相互与合作保险保费总增长率，但却远远高于整个全球寿险市场的保费增长率；相互与合作保险中非寿险类别的保费增长率为 31.5%（高于相互与合作保险中寿险类的保费增长率），不仅高于相互与合作保险的保费总增长率，还高于 26% 的整个全球非寿险市场的保费增长率。

图 3-6 反映的是 2014 年全球相互与合作保险保费中各项寿险（这里指的是广义上的寿险，不仅仅指死亡保险）的保费占比，如果将它们按照百分比大小进行由高到低的排序，可以发现：寿险（这里指的是狭义上的寿险，即死亡保险）的保费占比最高，为 43%；养老和年金保险次之，占

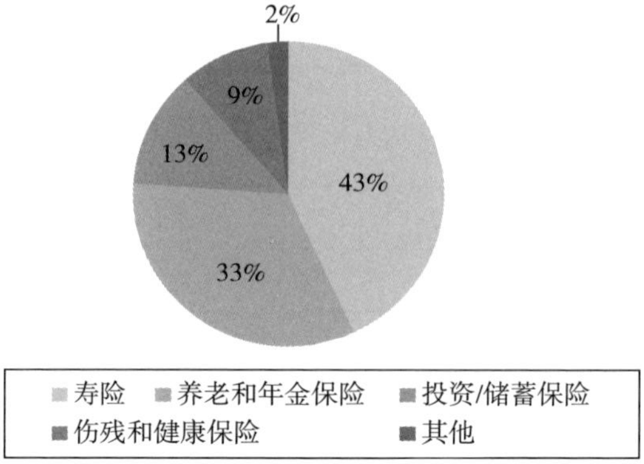

图 3-6　2014 年全球相互与合作保险保费中各项寿险的占比

比达 33%；其后分别为占比 13% 的投资/储蓄保险和占比 9% 的伤残和健康保险。在全球相互与合作保险中，不同寿险品种的保费收入占比还是存在较大差距的，即占比最高者可以是占比最低者的近 5 倍（这里不考虑“其他”类别）。

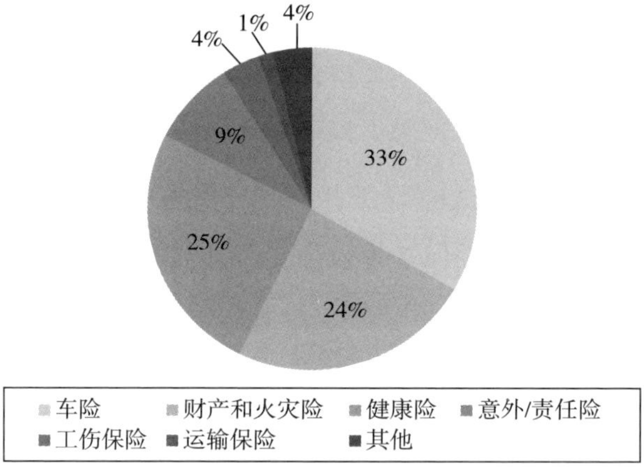

图 3-7　2014 年相互与合作保险保费中各项非寿险占比

图 3-7 反映的是 2014 年全球相互与合作保险保费中各项非寿险的保费占比，同样地如果将它们按照百分比大小进行由高到低的排序，我们可

以发现：车险的保费占比最高，为33%；健康险次之，占比达25%；其后分别为占比24%的财产和火灾险、占比9%的意外/责任险、占比4%的工伤保险以及占比1%的运输保险。在全球相互与合作保险中，不同非寿险品种的保费收入占比还是存在较大差距的，即占比最高者可以是占比最低者的近33倍（这里不考虑“其他”类别），这一保费占比差距要比寿险大得多。

2. 市场份额

市场份额是相互与合作保险组织的产品在整个保险市场上所占的比例，可以反映其对整个市场的控制能力。图3-8表示的是2007—2014年全球相互与合作保险市场中寿险和非寿险的市场份额，可以看出，无论是寿险还是非寿险，其在全球寿险市场/非寿险市场的市场份额均是呈现大体上升态势，具体来看则是先上升，在2011年达到8年内的峰值后又逐渐下降；而且寿险的增幅会略高于非寿险的增幅，尽管在此期间非寿险的市场份额一直高于寿险的市场份额。

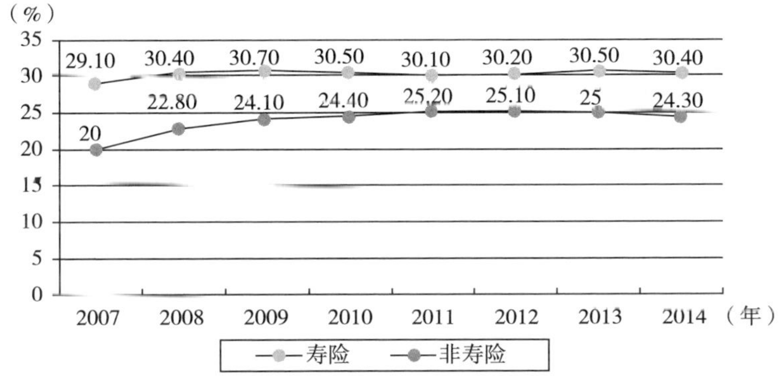

图3-8　2007—2014年全球相互与合作保险市场份额

（二）区域结构

以下根据国际合作与相互保险联盟（The International Cooperative and

Mutual Insurance Federation，ICMIF）发布的《2014 年全球相互与合作保险市场概况》，对全球相互与合作保险的区域结构从保费收入和市场份额两方面进行介绍。

1. 保费收入

图 3 -9 反映了 2007—2014 年各洲相互与合作保险的保费收入增长速度对比情况，可以看出，拉丁美洲和非洲的相互与合作保险保费收入在这 8 年的时间内增长最快；除亚洲和大洋洲外的欧洲、北美洲、拉丁美洲和非洲均呈现出了和全球平均水平相似的状态，即相互与合作保险市场的保费收入增长速度会高于整个全球保险市场的保费收入增长速度，其中两者差距最大的为非洲，高达 9.3%；各洲相互与合作保险的保费收入均为正向的增长，整个全球保险的保费收入也大多为正向增长（除了欧洲表现为保费收入略有下降）。

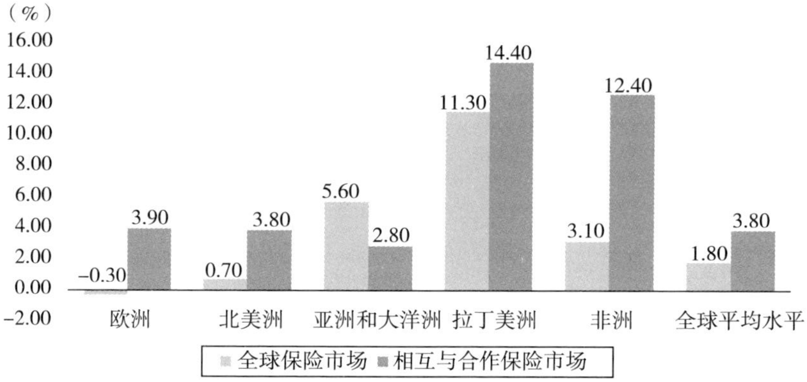

图 3 -9　2007—2014 年各洲相互与合作保险保费收入增长速度

2. 市场份额

市场份额是相互与合作保险组织的产品在整个保险市场上所占的比例，图 3 -10 反映的是 2007 年和 2014 年各洲相互与合作保险的市场份额对比情况，可以看出 2014 年北美洲的相互与合作保险的市场份额最高，为

35.5%，其次为欧洲的31.2%，且两者均高于全球27%的平均水平；而非洲2014年相互与合作保险的市场份额最少，为2.1%，与北美洲等地区差距明显。除了亚洲和大洋洲，欧洲、北美洲、拉丁美洲和非洲这些地区的市场份额均与全球平均水平表现出了相同的态势，即2014年相互与合作保险的市场份额较2007年有所提高。

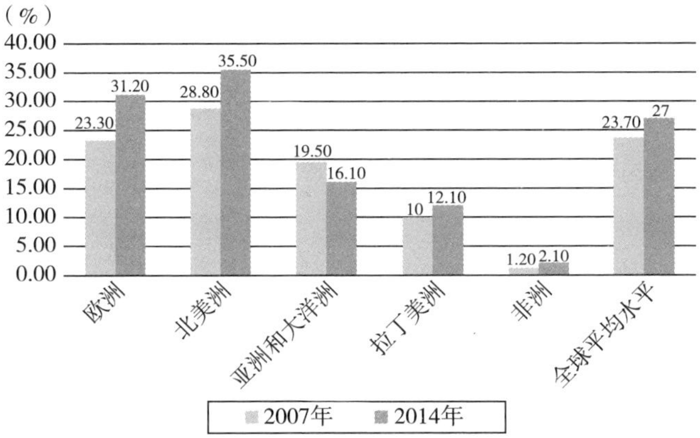

图3－10　2007年和2014年各大洲相互与合作保险市场份额对比

图3－11是2014年各洲相互与合作保险在全球相互与合作保险中的占比，如果按照比例由高到低排序的话我们可以发现，欧洲在其中的占比最高，为42.2%；北美洲为38.8%；其次是亚洲和大洋洲，为17.1%、拉丁美洲为1.7%和非洲为0.1%。这基本上反映了经济发展越好的地区其相互与合作保险的占比也越高，反之则越低；而且占比最高者和占比最低者之间相差悬殊，前者是后者的400多倍。

美国、日本、英国、中国、法国、德国、意大利、韩国、加拿大和荷兰位居全球保险市场的前10名，在全球保险市场中占有重要的地位。图3－12反映的是这10大保险市场中相互与合作保险的市场份额，可以看出：其相互与合作保险在该国保险市场上的占比则表现出了与上述不同的排

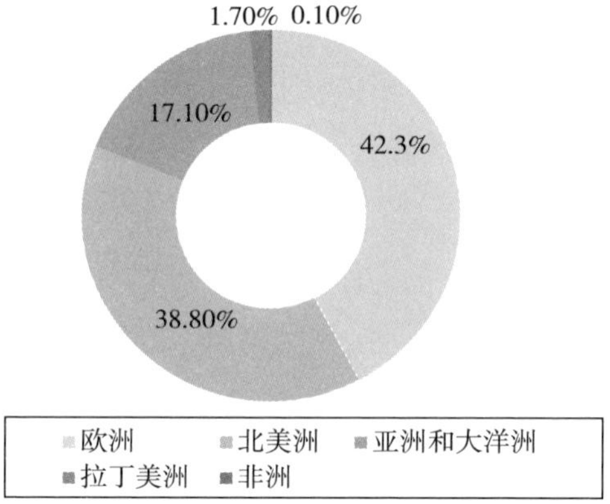

图 3－11 2014 年各大洲相互与合作保险占全球相互与合作保险的市场份额

序，由高到低分别为荷兰、法国、德国、日本、美国、意大利、加拿大、韩国、英国和中国，其最高者是最低者的 170 倍。特别是作为世界第四大保险市场的中国，其相互与合作保险仅占到其整个保险市场的 0.3%，这一方面体现出中国相互与合作保险与其他险种相比发展较滞后，另一方面则体现出了其巨大的发展前景，若能准确抓住发展机遇积极促成我国相互与合作保险的发展，相信它会展现出巨大的发展潜力。

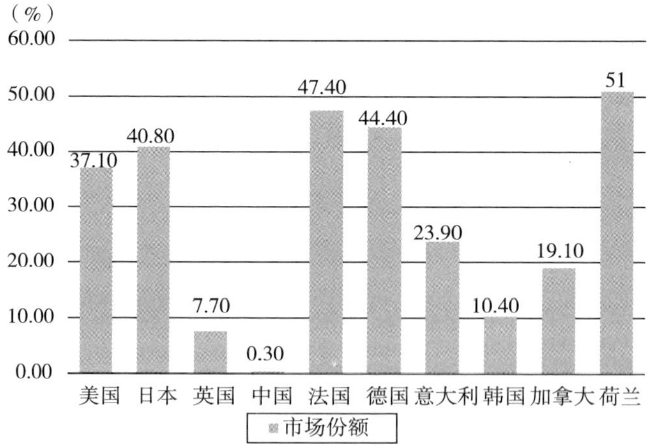

图 3－12 全球 10 大保险市场中相互与合作保险的市场份额

第二节　相互保险发展历程

一、起源

相互保险公司最早起源于欧洲中世纪的基尔特组织。基尔特组织是为这个组织的会员及他们的家庭成员在生病或死亡时提供经济保障的行会。这些互助行会在13—16世纪特别盛行，后来其中一些逐渐转化为专以相互保险为目的的“友爱社”，对保险责任和缴费都有了比较明确的规定。美国较大的人寿保险公司—美国谨慎保险公司就是相互保险公司，它的前身是1873年建立的“孤寡友爱社”。起初，基尔特互助组织提供的保障多以现收现付制为基础，从而给其经营运行带来了一定的不稳定因素。进入18世纪后，随着精算技术的发展，相互保险公司才有可能设计出能精确计算保险费的保险合同。18世纪初，英国和德国出现了具有相互保险公司形态的保险组织，但只是处于初级发展阶段。20世纪中期，商业股份保险的危机为相互保险的进一步发展打开了缺口，全球股份保险公司相互化的浪潮助推了相互保险的快速发展。20世纪90年代以来，相互保险公司在激烈的竞争中由盛转衰，全球相互保险公司出现了非相互化的浪潮，发达国家的相互保险公司市场份额普遍下降。

二、快速发展

（一）政策与监管

1979年我国恢复保险业务以来，保险公司的组织形式一直是股份制。2009年新修订的《中华人民共和国保险法》明确了我国保险公司组织形式多元化的格局。2014年8月，保险业“新国十条”明确提出，“鼓励开展多种形式的相互合作保险”。2014 年 5 月 13 日，保监会对《相互保险组织管理暂行办法（征求意见稿）》公开征求意见，并于 2015 年 2 月发布了《相互保险组织监管试行办法》。

（二）市场发展实际层面

1. 相互保险公司。2004 年我国成立了第一家相互保险公司——阳光农业相互保险公司。

2. 相互保险组织。浙江省慈溪市龙山镇伏龙农村保险互助社和浙江省慈溪市龙山农村互助保险联社两家相互保险组织。

2015 年初到 2016 年 6 月第一批相互保险组织批准试点以前，中国保监会陆续收到相互保险组织申报项目共计 30 多个。

3. 相互保险在我国的发展历程。2005 年黑龙江，阳光农业；2011 年宁波慈溪，伏龙农村保险互助社；2015 年浙江瑞安，开展农村保险互助社试点；2015 年众惠第一家申请相互保险组织。

4. 相互保险所占市场份额。美国 35%（汽车房屋保险等细分领域超过 50%）；欧洲 30%（有接近 3000 家相互保险机构）；日本 45%（资产规模前三大保险公司都是相互保险）。

三、去相互化浪潮

20 世纪的最后几年，国际上出现了相互保险公司非相互化浪潮。众多相互保险公司纷纷向股份保险公司转制。特别是在人寿健康保险领域中表现得更为明显。发生这种“非相互化”现象的原因是多方面的：相互保险公司缺乏从社会募集扩大资本，增强资本流动性的机会；相互保险公司收益分配的压力大，同时费率提高比较困难，制度本身提供的经营条件约束太多，导致相互保险公司不可能积累较高的资本金；消费者需求将其兴趣由储蓄转向投资，相互保险公司本身的不足限制了其投资或融资的能力。

1994 年，欧盟把保险监管的重点转向对偿付能力的监管，美国也放松了银行业和保险业之间的界限。相互保险公司缺乏股份制保险公司那种财务上的灵活性。但是，非相互化转制的浪潮并没有消除相互保险公司的竞争优势，特别是地区性、专业性较强的相互保险公司，由于所需信息成本较低，投保人能有效地约束管理层，相互制组织形式的优势在这些保险公司中依然非常明显。

非互助化的形式：完全非互助化和互助持股公司。

“完全非互助化”就是将互助保险公司一次性改造成公开上市的股份公司，保单持有者可以选择接受股票、得到现金或取得保单信用作为对其所有权的补偿，而原互助保险公司则可以募得巨额资金。自 20 世纪 80 年代起至 2000 年 4 月，美国共有 18 家互助保险公司实现了“完全非互助化”。其中，5 家是 1995 年以后进行的，而且，还有 5 家即将进行“完全非互助化”。在这些“完全非互助化”的保险公司中，股票发行规模最大的达到 28 亿美元，最小的规模也达到了 1000 万美元。经过上市改造，原互助保险公司不仅可以为开发新产品融资，与其他金融企业结成联盟，或购买其他金融公司；还可以为企业吸引并留住富有天赋的管理人才创造条件。因为上市后的保险公司管理者比互助保险公司的管理者能获得更多的现金报酬，还可以股票期权来提高管理者的待遇。此外，“完全非互助化”了的保险公司在税收的节约上、投资的灵活性上以及公司的重组上都有更大的空间。但是一般而言，完全非互助化的过程是很艰巨的，它十分复杂，成本高，容易引起诉讼，并且很耗时。完全非互助化需要 1 ~3 年，且最少要花费 1 亿美元。

在互助持股公司形式下，股票上市公司是一家持股公司的子公司，同时该持股公司又是一家互助持股公司的子公司。这样，互助持股公司就可以通过其子公司在资本市场上筹得权益资金。不过，这种形式下可筹得的资金规模仍是有限的。而且股票持有者将分享从前完全属于保单持有者的公司盈余。有批评者认为这是在未补偿保单所有者的基础上变相稀释和停止了其所有权，是不公平的。故该方式受到许多谴责。互助持股公司相对于完全非互助化而言，筹建更为迅速和省钱，它往往是互助保险公司向完全非互助化方向发展的一个过渡形式。

四、20 世纪的发展

在世界保险业历史上，相互保险有过辉煌的时代，在 20 世纪初至中叶，各国均在法律层面上对相互保险公司给予认可，同时，一部分的股份保险公司转制为相互保险公司。

但是在 20 世纪后半叶，相互保险公司有式微的趋势，这一方面是源于保险公司扩大规模、补充资本的需求；另一方面是由于分红保险的发展，保险公司与相互保险公司在费率等方面的区别逐渐减少，有一部分相互保险公司转制为股份制公司。

但是无论怎样，相互保险在我国都是一个新鲜事物，而且至今仍在世界保险业中占据着重要的地位。根据国际相互合作保险组织联盟统计，2013 年全球相互保险保费收入达 1.23 万亿美元，占全球保险市场的 26.7%，覆盖人群 8.25 亿人，相互保险组织总资产超过 7.8 万亿美元。同时，日本生命人寿、美国大都会等公司仍然是相互保险公司。

相互保险公司发展度过极盛，转入平淡。

1956 年成立于英国的公平保险公司和 1978 年成立于德国汉堡的 Hamurgische Allgemeine Versorgungs – Arstalt 通常被认为是现代相互保险公司形态的起源。

早期的相互保险基本上不存在法律的明确约束，而是通过互助保险组织的章程或合同条款来确立投保人与公司间的关系。德国的科达生命、日本的第一生命保险相互公司和美国一些针对特定行业的产险公司都是在这一阶段成立的。

20 世纪初至中叶，相互保险步入了发展的黄金时期。1901 年，德国、日本分别制定了《保险企业监督法》与《保险业法》，正式确认了相互保险公司的组织形式。而英国，在《1856 年相互保险法》出台之前的一百多年，相互保险就已经存在，立法不过是确认了相互保险的法律地位而已。

美国，从 1900 年至 1936 年，至少有 15 家股份制的人寿保险公司转变为互助公司，其中包括当时 3 家最大的保险公司：大都会、保平和保德信。推动这一转型的导火索是以纽约州阿姆斯特朗委员会的调查报告为首的一系列媒体与政府的调查活动，它们揭露了人寿保险业长期存在欺诈性的交易手段和管理层肆无忌惮的自我交易行为，号召所有的股份制保险公司都采用互助的所有制形式。

经历了一个世纪的辉煌，20 世纪末，相互保险公司逐渐式微。20 世纪 90 年代后期以来，国际上出现了非相互化浪潮，许多大型相互保险公司转制为股份制的保险公司，例如，法国安盛，美国大都会等等。有很多因素共同促成了这一转型，如在全球化竞争环境下保险公司的规模化经营对资本市场的需求，新技术的出现，消费者需求的改变、合并热，企业经营行为模式的转变，对管理层的激励等。

2014 年，按照资产规模排名，扣除再保险公司，排名前 50 的保险公司中共有 9 家相互型保险公司，其中位于日本的有 2 家，位于美国的有 7 家。其中 5 家专门经营人身险业务；1 家专门经营财险业务；2 家既经营人身险，也经营财险业务；最后一家经营人身险、财险和再保险业务。

国际合作与相互保险联盟（ICMIF）日前表示，中国保监会对众惠财产相互保险社、汇友建工财产相互保险社和信美人寿相互保险社筹建的批复，展现了其对于发展多元化保险市场的追求。ICMIF 乐于看到并且欢迎中国保监会近期批筹3家相互保险社的举措。

ICMIF首席执行官塔巴克表示，这一举动是卓越领导力的展现，“这不仅仅是迈出了非常勇敢的一步，在全球范畴内也会有巨大的影响力——目前全球有45%的国家还没有出现相互保险或允许相互保险的发展，我们希望他们未来能够跟随中国的脚步”。塔巴克认为，发展相互保险能够为发展中国家保险市场带来继续的多元化发展，从而能够建立起基于社区的稳固的金融体系。ICMIF董事会成员和成员机构、法国MGEN集团CEO让-路易斯·达维表示，他坚信相互保险能够给中国带来益处。“相互保险组织架构和市场定位融合了私有制保险机构和公共服务的特点，同时其整合强制性与补充性社会保险以及医疗服务的能力，对于中国意义重大。”让-路易斯·达维说。ICMIF相信，3家新成立的相互保险机构未来的成功，来自于其能够代表相应的特殊组织或者其每一位成员的能力，并且能够完成目前市场中私有制保险机构无须考虑的挑战。塔巴克称，相互制保险行业提供了很好的平衡，“理想的话，10年后中国的相互保险机构或许能够成为中国保险市场主要参与方，并且成为中国市场未来数年继续保持每年20%增长的动力之一。”

国际合作与相互保险联盟（ICMIF）统计数据，截至2014年底，全球相互保险收入1.3万亿美元，占全球保险市场总份额的27.1%，覆盖9.2亿人。

近年来，我国也在加快发展相互保险。2014年8月，《国务院关于加快发展现代保险服务业的若干意见》提出，“鼓励开展多种形式的互助合作保险。”2015年6月，国务院第93次常务会议审议通过《关于大力推进大众创业万众创新若干政策措施的意见》，进一步明确“加快发展相互保险等新业务”。2016年4月，国务院正式批准同意开展相互保险社试点并进行工商登记注册。

按照保监会的最新批复，众惠财产主要针对特定产业链的中小微企业和个体工商户的融资需求，开展信用保证保险等特定业务；汇友建工主要针对建筑领域的特定风险保障需求，开展工程履约保证保险、工程质量保证保险等新型业务；信美人寿由蚂蚁小微金融服务集团有限公司等9家企业发起设立，初始运营资金10亿元人民币，主要针对发起会员等特定群体的保障需求，发展长期养老保险和健康保险业务。

第二篇

借 鉴 篇

第四章 国际相互保险制度体系概况

第一节 国际相互保险市场概况

一、国际相互保险市场概况

“相互保险”在我国是一个较为陌生的词汇，但是2014年保险业“新国十条”颁布，2015年初《相互保险组织监管试行办法》发布以来，相互保险逐渐走俏。

在世界保险业历史上，相互保险有过辉煌的时代，在20世纪初至中叶，各国均在法律层面上对相互保险公司给予认可，同时，一部分的股份保险公司转制为相互保险公司。

但是在20世纪后半叶，相互保险公司有式微的趋势，这一方面是源于保险公司扩大规模、补充资本的需求；另一方面是由于分红保险的发展，保险公司与相互保险公司在费率等方面的区别逐渐减少，有一部分相互保险公司转制为股份制公司。

但是无论怎样，相互保险在我国都是一个新鲜事物，而且至今仍在世界保险业中占据着重要的地位。根据国际相互合作保险组织联盟统计，

2014 年全球相互保险保费收入 1. 3 万亿美元，占全球保险市场的 27. 1%，覆盖人群超过 9 亿，相互保险组织总资产超过 8 万亿美元。同时，日本生命人寿、美国大都会等公司仍然是相互保险公司，所以，对于相互保险公司做一个系统、深入的研究是必要的。

相互保险公司最早起源于欧洲中世纪的基尔特组织。基尔特是为组织内的会员及他们的家庭成员在生病或死亡时提供经济保障的行会。这些互助行会在 13—16 世纪特别盛行，后来其中一些逐渐转化为专以相互保险为目的的“友爱社”，对保险责任和缴费都作了比较明确的规定。美国较大的人寿保险公司——美国谨慎保险公司就是相互保险公司，它的前身是 1873 年建立的“孤寡友爱社”。起初，基尔特互助组织提供的保障多以现收现付制为基础，从而给其经营运行带来了一定的不稳定因素。进入 18 世纪后，随着精算技术的发展，相互保险公司才有可能设计出能精确计算保险费的保险合同。

1956 年成立于英国的公平保险公司和 1978 年成立于德国汉堡的 Hamurgische Allgemeine Versorgungs - Arstalt 通常被认为是现代相互保险公司形态的起源。

早期的相互保险基本上不存在法律的明确约束，而是通过互助保险组织的章程或合同条款来确立投保人与公司间的关系。德国的科达生命、日本的第一生命保险相互公司和美国一些针对特定行业的产险公司都是在这一阶段成立的。

20 世纪初至中叶，相互保险步入了发展的黄金时期。1901 年，德国、日本分别制定了《保险企业监督法》与《保险业法》，正式确认了相互保险公司的组织形式。而英国，在《1856 年相互保险法》出台之前的一百多年，相互保险就已经存在，立法不过是确认了相互保险的法律地位而已。

美国，从 1900 年至 1936 年间，至少有 15 家股份制的人寿保险公司转变为互助公司，其中包括当时3家最大的保险公司：大都会、保平和宝德信。推动这一转型的导火索是以纽约州阿姆斯特朗委员会的调查报告为首的一系列媒体与政府的调查活动，它们揭露了人寿保险业长期存在欺诈性的交易手段和管理层肆无忌惮的自我交易行为，号召所有的股份制保险公司都采用互助的所有制形式。

相互公司这种组织形式在其他行业的公司中并不被实践和立法认可，唯独在保险行业中是与股份公司并驾齐驱的公司形式，在国际保险市场上占有举足轻重的地位。20世纪上半叶，出现了保险股份公司“相互化浪潮”，相互保险公司的发展进入了鼎盛时期，1997年，世界10大保险公司中有7家是相互公司，其中美国的3家上榜保险公司中，前两家为相互公司，而4家上榜的日本保险公司全部为相互公司；从保费收入来看，美国相互保险公司的保险费收入占其保险市场业务的1/3，日本接近3/4，英国为1/4，法国为1/6，相互保险公司的保费收入合计约占全球保险市场份额的2/5。这些数据展示了相互保险公司强大的竞争力。然而走过辉煌的20世纪后，相互保险公司似乎逐渐式微，90年代末期出现了“非相互化浪潮”，许多大型相互保险公司都变更为股份有限公司。

表4-1　1997年世界排名前10的保险公司

单位：十亿美元

序号	公司名称	国家	总资产	类型
1	AXA	法国	407.9	股份
2	Nippon Life	日本	323.3	相互
3	Allianz	德国	293.7	股份
4	PrudencialInsurance Company	美国	259.5	相互
5	Zenkyoren	日本	245.4	相互
6	Dai - Ichi Mutual Life Insurance	日本	219.6	相互
7	Metropolitan Life	美国	201.9	相互

续表

序号	公司名称	国家	总资产	类型
8	American International Group	美国	194.4	股份
9	Sumitomo Life	日本	181.6	相互
10	Prudencial	英国	178.9	相互

注：彼时 AXA 已经由相互保险公司转为股份保险公司。

资料来源：Sigma.

2014 年，按照资产规模排名，扣除再保险公司，排名前 50 的保险公司中共有 9 家相互型保险公司，其中位于日本的有 2 家，位于美国的有 7 家。其中 5 家专门经营人身险业务；1 家专门经营财险业务；2 家既经营人身险，也经营财险业务；最后一家经营人身险、财险和再保险业务。

表 4－2　2014 年世界排名前 50 的保险公司中相互保险公司情况

单位：十亿美元

排名	公司名称	人身险	财产险	再保险	国家	总资产
15	Nippon Life	经营			日本	477.911
17	Zenkyoren（JA－Kyosairen）	经营	经营	经营	日本	438.276
25	New York Life	经营	经营		美国	279.562
26	TIAA Group	经营			美国	271.051
30	Northwestern Mutual	经营			美国	229.933
32	State Farm		经营		美国	—
34	Old Mutual	经营			英国	221.884
36	Massachusetts Mutual	经营			美国	209.096
39	Nationwide Mutual Insurance	经营	经营		美国	195.224

资料来源：*ICMIF Global Mutual Market Share* 2014.

2014 年，按照相互保险保费规模排名，排名前 10 的国家如表 4－3 所示。

表 4－3　2014 年相互保险保费前十的国家情况

单位：百万美元

排名	国家	相互数量	相互保费	相互市场份额（%）
1	美国	1770	474957	37.10
2	日本	47	184985	40.80
3	法国	523	149684	47.40
4	德国	1104	112976	44.40
5	荷兰	61	48894	51.00
6	意大利	11	46576	23.90
7	西班牙	473	28070	39.30
8	英国	81	26931	7.70
9	加拿大	126	24001	19.10
10	芬兰	70	21390	37.50
n/a	其他	601	167389	—
	合计	4867	1285854	27.00

注：①法国数据包含 426 complimentary health mutuals（"Mutuelle 45"）insurers；
②德国包含 843 small mutuals（2011）；
③西班牙包含 371 mutual provident societies；
④芬兰包含 statutory pension mutuals and 52 mutual associations（or local mutuals）。

资料来源：*ICMIF Global Mutual Market Share* 2014.

2014 年全球相互保险保费收入为 1.275 万亿美元，占全部保费收入的 27.0%。寿险相互保险保费收入占总寿险保费收入的 24.3%，非寿险相互保险保费收入占全部非寿险保费收入的 30.4%。

以美、日两国为例，1991 年，美国家庭综合财产保险中，互助公司供应的部分占 58.6%。同年中期，在美国经营商业性 2127 家寿险公司中，2012 家为股份公司，ns 家为互助公司，但互助公司的资产却占到总资产的 43.8%，有效寿险保单为 39.4%。1999 年初美国的 1563 家寿险公司中，互助公司为 106 家，占总数的 7%，保费收入为 27%，资产占到整个寿险业总资产的32%。虽然从数字上看是呈下降趋势，但互助公司的重要地位依旧不可低估。日本从1902年开始设立第一家生命保险（寿险）互助公司至今，在保险业，特别是生命保险业中，互助保险公司都占有重要地位，并一直保持着相当高的市场占有率。

经历了一个世纪的辉煌，在20世纪末，相互保险公司逐渐式微。20世纪90年代后期以来，国际上出现了非相互化浪潮。一般而言，典型的“非互助化”是指互助保险公司在公开市场上发行普通股，再用发行所得补偿保单持有者的所有权益，并将所余资金进行自身的投资。保险公司“非互助化”以后，就成为公开上市的股份公司，日后可以在股市上继续发行股票筹资，也可以通过发行可转换债券或长期债券等工具来筹集资金。这为互助保险公司开拓产品种类、扩张规模、进行混业经营铺平了道路。它们中的大部分都已宣布在今后的两三年内要向某种形式的股份制转变。许多大型相互保险公司都转制为股份制的保险公司，如法国安盛，美国大都会等。有很多因素共同促成了这一转型，如在全球化竞争环境下保险公司的规模化经营对资本市场的需求，新技术的出现，消费者需求的改变、合并热，企业经营行为模式的转变，对管理层的激励等。

表4－4　全球最大的10个保险市场的相互保险份额

全球排名	国家	相互保险市场份额			2013—2014增长率（%）	全球市场占比（%）	相互市场占比（%）
		2014年	2013年	2012年			
1	美国	37.10	36.70	34.60	1.10	26.90	36.90
2	日本	40.80	43.10	45.00	-5.40	9.50	14.40
3	英国	7.70	7.60	7.80	1.30	7.40	2.10
4	中国	0.30	0.30	0.30	-15.70	6.90	0.10
5	法国	47.40	46.50	45.00	2.00	6.60	11.60
6	德国	44.40	43.50	43.20	1.90	5.30	8.80

续表

全球排名	国家	相互保险市场份额			2013—2014增长率（%）	全球市场占比（%）	相互市场占比（%）
		2014年	2013年	2012年			
7	意大利	23.90	23.40	20.30	2.40	4.10	3.60
8	韩国	10.40	10.20	9.40	1.60	3.40	1.30
9	加拿大	19.10	19.50	19.30	-1.60	2.60	1.90
10	荷兰	51.00	49.30	49.20	3.30	2.00	3.80
合计						74.80	84.50

注：①相互保险市场份额是指该国的相互保险保费收入占总保费的比例；
②全球市场占比是指该国的总保费收入占全球保险市场总保费收入的比例；
③相互市场占比是指该国的互保险保费收入占全球相互保险市场总保费收入的比例。

资料来源：*ICMIF Global Mutual Market Share* 2014.

表 4-5　全球相互保险市场份额最高的 10 个国家及其份额

2014年排名	2013年排名	国家	相互保险市场份额			2013—2014增长率（%）
			2014年	2013年	2012年	
1	6	挪威（28）	61.30	44.30	42.50	38.40
2	1	澳大利亚（29）	61.10	61.40	61.90	-0.40
3	2	荷兰（10）	51.00	49.30	49.20	3.30
4	12	瑞典（21）	49.50	37.00	34.40	33.60
5	4	法国（5）	47.40	46.50	45.00	2.00
6	3	丹麦（23）	46.60	46.70	44.60	-0.30
7	5	斯洛伐克（53）	45.40	46.40	45.70	-2.00
8	7	德国（6）	44.40	43.50	43.20	1.90
9	9	匈牙利（51）	44.10	41.40	38.80	6.50
10	8	日本（2）	40.80	43.10	45.00	-5.40

注：①括号中的数字表示其总保费（包括相互保险和商业保险）排名；
②芬兰，其法定养老金业务（Statutory pension mutuals）不包括在相互市场份额数字中。如果将其包含在内，2014 年其相互保险市场份额占比为 69.7%（2013 年：65.7%；2012 年：70.4%），是欧盟最高水平。

资料来源：*ICMIF Global Mutual Market Share* 2014.

2014年，挪威的相互保险突飞猛进，取代奥地利成为相互保险市场份额最高的国家，占比高达61.3%，2013年是44.3%。10个相互保险市场份额最高的国家中有9个在欧洲，日本是唯一一个非欧洲国家，是4大相互保险市场（其他3个分别是荷兰、法国和德国）之一，同时也是全球10大保险市场之一。

二、国际相互保险市场启示

（一）相互保险发展的启示

1. 形式多样是必然结果。经过多年的发展演变，日本构建起了涵盖相互保险公司、专业保险相互组织、保险合作社等多种组织形式的相互保险体系，其中，寿险领域主要采用相互保险公司的组织结构；农业和渔业领域采用相互组织、渔业互保等其他形式。

2. "赢家通吃"是典型特点。从组织形式来看，美国和日本规模最大的保险主体都是相互制保险公司。因为相互保险主要针对的是特定领域或特定人群，在某一细分领域形成核心竞争力获得资本积累后，更容易保持领先竞争对手的绝对优势。

3. 筹资困难是最大的短板。以日本为例，1997年以来，寿险市场上有7家相互保险公司破产、2家合并、5家转型成股份制公司。总的来说，利用资本市场的能力有限是相互保险组织风险防范能力较弱、财务稳定性不足的主要原因。

（二）相互保险监管的启示

1. 专门立法是核心理念。为健全相互保险监管法规体系，美国和日本都在保险法中以专章规定相互保险公司有关制度。日本1995年《保险业法》中，对于相互保险公司的特殊规定共计79条，不仅正式确认了相互保险公司的组织形式，同时还允许相互保险公司向股份保险公司转制。美国以纽约州为例，早在1849年针对保险公司的州立法中，就对相互保险公司从市场准入、运行到退出作出了全面规定。

2. 实体监管是主流模式。为规范相互保险的发展，两国都采用了实体监管模式。以章程监管为例，相互保险公司章程的制度和修改都必须经过保险监督机构批准后才能生效，但日本更注重公司基金条款的规定，即第三人的利益保护；美国则注重章程中公司经营治理的条款，即成员及公司利益的保障。

3. 财政支持是通行做法。美国各州保险立法允许相互保险公司享有优惠的税收待遇，如在明尼苏达州，股份保险公司所得税率为2%，而资产低于16亿美元的相互保险组织只有财产和意外险保费需要纳税，且税率为1.6%。另外，日本财政也设立农业共济保险专项资金，提供农业互助保费补贴，并向农业相互保险组织提供运营费用补助。

第二节　国际相互保险制度与体系

一、美国的相互保险制度与体系

美国作为世界上保险市场最发达的国家，其相互保险市场同样发达，且相互保险公司数量较多、进入的行业较宽泛。2014年，美国相互保险保费收入高达4750亿美元，是全球最大的相互保险市场。相互保险占整个美国保险市场的37.1%，其中，在汽车保险和房屋保险等细分领域的份额更是超过了50%。全美共有1800多家相互保险机构，总资产超过2.6万亿美元。其相互保险制度与体系对我国发展相互保险有借鉴意义。

（一）美国相互保险公司的产生与发展概况

1. 产生

美国的相互保险思想是由早期的英格兰旅行者带去的。1736 年，查尔斯顿互助社（the Friendly Society of Charleston）在南卡罗来纳州的查尔斯顿镇成立，标志着美国第一家相互保险组织的诞生。1752 年 3 月，本杰明·富兰克林和他的同事组建了费城房屋火灾损失共担保险社（the Philadelphia Contributionship for the Insurance of Houses from Loss by Fire），这也是美国现存最古老的互助火险公司。

2. 快速发展

19 世纪 20 年代后期，相互保险公司得到了快速发展，特别是在新英格兰地区，随着西部大开发也迅速进入了美国中西部和平原地区。在美国，相互保险公司最初是从承保火险开始的，时至今日，其业务范围已经扩展到所有可保领域。第一家互助人寿保险公司成立于 1843 年，19 世纪上半叶互助保险公司在人寿保险市场上取得了辉煌的成绩，处于主导地位。同人寿保险市场的情况一样，19 世纪也是经营财产和责任险的互助保险公司成立的高峰期，其中，地方性的农业互助保险公司在 19 世纪最后 25 年里盛极一时（到 19 世纪末全美共有 1400 家），互助保险公司在责任险市场上所占的份额在 70 年代和 80 年代增长十分迅速。

20 世纪 30 年代，美国政府在商业保险不愿意涉足或不便经营的领域设立了一些专门的保险公司，以促进这些行业的发展，比较典型的有联邦农作物保险公司、进出口银行和联邦存款保险公司。联邦农作物保险公司由美国联邦政府出资 5 亿美元创立，由农业部领导，独立经营农作物保险业务。进出口银行则代表政府承办出口信贷和海外投资保险业务，承保金额超过 100 亿美元。联邦存款保险公司是由美国财政部和联邦储蓄银行共同出资，成立于 1933 年，到 80 年代中期该公司的存款准备金已达 100 亿美元。

3. 调整期

美国保险业主要由各州进行监管，所以保险业法主要以州法的形式存在。19 世纪中期以后，各州陆续开始进行保险监管并完善保险立法。1849 年，纽约州首先制定了一部统一的保险法。纽约州保险法在美国保险法界一直属于“领头羊”，其地位类似于特拉华州的公司法。监管对所有保险企业设定的指标没有太大的区别，这导致了相互保险公司开始重新发掘自己的优势所在，也引发了相互保险公司市场份额的重新调整。

在美国，寿险业面临股份化的浪潮，其规模和范围都将比世界其他地区更为巨大。相互保险公司在寿险市场上的份额在 20 世纪呈下降趋势。1947 年相互保险公司持有的有效寿险保单还占市场上保单总数的 69%，到 1983 年这一数字已经跌到了 43%，经营寿险的相互保险公司的总数在 1954 年达到巅峰的有 171 家，到 1991 年只剩下 117 家。1986 年缅因州的 UNUM 公司股份化之后开始出现股份化浪潮。接踵而来的是西北国民和麦柯比公司（1989 年）、纽约公平公司（Equitable，1992 年）、俄亥俄州米德兰公司（1994 年）、保证公司和州立相互公司（1995 年）以及纽约相互公司（1998 年底）。1989—1998 年十年间，5 家资产超过 5 亿美元的人寿相互保险公司进行了转制，包括纽约公平公司（Equitable，1992 年）。随后，大都会（Metropolitan）和保诚人寿（Prudential）也进行了转制，分别于 2000 年 4 月 4 日和 2002 年 12 月 13 日进行了首次公开招股。相互保险公司在财产及意外险市场上的份额在 20 世纪 20 年代到 60 年代呈大幅上升趋势，从 10% 上升到 30%，在随后的 30 年里大体保持了稳定，到 1997 年为 33%。1997 年，相互保险公司占了美国保险市场份额的 1/3。

可以认为，尽管相互保险公司在人寿保险市场上的份额出现了大幅下降，今天其整体市场份额也没有股份保险公司高，但它在美国的保险市场中依然发挥着十分重要的作用。

（二）美国相互保险法律框架

1. 法律监管概况

（1）监管体制

美国对保险业实行联邦政府和州政府的双重监管体制。联邦保险局和各州保险局之间是平行关系，而非隶属关系，拥有各自独立的保险立法权和管理权。对保险业的基本监管权在州政府，各州都在政府机构内设立保险局。联邦政府在保险监管中的作用主要体现在：进行宏观经济政策的调控、直接的行政监管以及联邦政府的保险计划。

另外，为了协调各州的保险监管，美国成立了一个保险监管协调机构，即全美保险监督官协会（NAIC）。虽然在理论上 NAIC 不是一个政府机构，只是一个由指定和选举的政府官员组成的民间协会，但是它的作用却远远超过了一个交换信息和意见的机构，在许多方面它实际相当于一个全国性的联邦机构或其替代机构，同时它对各州的立法机构也有很大的影响。

（2）组织监管立法体例

对保险公司的组织监管主要是通过保险业法来实施的。保险业法是国家对保险组织、保险市场实施监督管理的法律。保险组织的设立、变更、清算及破产是保险业法的重要内容，也是国家通过法律手段监管的重点。

美国将保险业法列入保险法典。美国是判例法国家，但是在保险这一领域则采取了判例法与成文法兼用的态度。美国保险监管的成文法从总体上讲有三个层次：第一层为相关的联邦法律；第二层是 NAIC 示范法规；第三层是州保险法规。

在这三个层次中，州的保险法规是最重要的保险法规，对于各州的保险公司应当优先适用，如果州的保险法没有规定，再使用联邦法律。除此之外，保险公司在其经营过程中也要遵守许多相应的联邦法规，如税法、会计法等。NAIC 示范法规不具有法律效力，除非它们被州立法部门以法律法规的形式加以颁布和实施。但事实上，绝大部分州都接受了 NAIC 的标准（NAIC 制定的有关偿付能力的最低标准就被 47 个州和哥伦比亚特区接受）。

各州在保险业法的编纂形式上，通常采取将保险业法列入本州的保险法典的形式。这种体例不单独制定保险业法，而是制定统一实施的保险法，其中包括对保险业调整规范的保险业法的内容。采用这种体例制定保险业法是为了确保法律规范制定的系统性和完整性。以纽约州为例，一部《纽约州保险法》就包括了保险业法和保险合同法两大部分，对相互保险公司的组织监管，除破产适用《联邦破产法》以外，几乎全部适用《纽约州保险法》的规定。

本节以纽约州、加利福尼亚州为例对其相互保险立法进行简介。

2. 纽约州相互保险公司法律框架

美国纽约州相互保险公司主要受到《纽约保险法》的约束，在有关公司的共同事务，如公司组织结构的一般规定方面，还受到《纽约州商业公司法》的约束。不过，相互保险公司的特殊规定还是集中于《纽约保险法》中。

纽约州是美国最早对保险公司进行监管的州，早在 1849 年就有了针对保险公司的州立法。但第一部综合性的保险法直到 1892 年才出台，之后历经数次修改，才形成了现在这样一部对与保险相关的制度作出全面规定的法律。该法共分为近六十条，数百节，内容非常庞杂，对保险业务的分类、保险人的设立、保险监管等方面进行都作出了详细的规定。

相互保险公司作为纽约州长期以来存在的一种保险组织形式，也在保险法中得到体现。该法从设立、运行到终结，对相互保险公司作出了全面的规定。但是，或许正是因为相互保险公司的历史悠久，人们对它的基本特征比较熟悉，因此纽约州既没有给出相互保险公司的定义，也不像加拿大等国的保险法那样，将相互保险公司的相关规定集中在一起。有关相互保险公司的特殊规定散落在保险法的各个部分，通常是在就一般保险公司的某个方面作出规定后，再针对相互保险公司的特殊性提出一些例外的要求。因此，在理解纽约州相关保险公司法律制度时，需要从各个部分中寻找有关的规定，从而形成对相互保险公司的完整概念。

纽约州保险法中没有专门列出的关于保险监管的章节，同时，在该法的相关条文中，也没有特别提到有关对相互保险公司的特殊监管规定。笔者理解纽约州对于相互保险公司的特殊监管，主要是体现在相互保险公司的盈余规定中，以及对相互保险公司征收追征金的规定中。除此以外，相互保险公司面对的监管政策，与其他类型的保险公司一样，并无特别的地方。

3. 加利福尼亚州《保险法》的发展历程及基本结构

（1）早期立法

1850 年 9 月 9 日加利福尼亚成了美国的第 31 个州。在加利福尼亚州第一次特别立法大会上，《公司法》于1850 年4 月 22 日获得通过，这是继通过州宪法和政府选举组织后的事，比承认《国会法》要早，其第二章就是关于保险公司的。1851 年 4 月 26 日，《相互保险公司设立法》获得通过，该法允许相互保险公司除可经营火灾和海上保险外，还可经营人寿保险。这两部最早的成文法律规定，被 1866 年 4 月 2 日通过的《火灾与海上保险公司法》和《人身、健康与意外事故相互保险公司设立法》替代。在 1866 年加州第 17 次立法大会上，有关监管的两部法律获得通过，州保险监督官进行的全面监管制度得以建立。

（2）第一次法律汇编

在 1871—1872 年的法典编纂中，成文保险法律规定分别被编入《行政法典》和《民法典》中。在1871—1872年和1935年间的每次定期及几次特别立法大会上，对有关保险法律规定都有修订。其中，与相互保险公司有关的主要有：1897年《郡相互火灾保险法》，1907年《相互火灾保险公司组织与管理法》，1911年新《相互火灾保险公司法》，1913年《相互劳工赔偿保险公司法》，1925年《郡相互再保险公司法》。

（3）第二次汇编

1935年，整个保险法汇编成了《保险法典》，包括此前《行政法典》《民法典》中的部分及有关成文规定。此后，有关内容继续得到修订。其中，有关相互保险公司的重大修订有：对有关破产与财务复兴程序的修改；1939年开始禁止设立发行追征保费保单的人寿保险公司，现有的发行追征保费保单的人寿保险公司要转化为股份保险公司；1953年整体废除了规范相互赔偿保险公司、相互火灾保险公司、相互人寿与伤残保险公司及互助会的章节。

（4）现行《保险法典》的基本结构

现行的《保险法典》在总则后分为四篇，即一般保险规则、保险业务种类、保险监督官和保险仲裁机构。其中，第一篇“一般保险规则”分为两部分，即保险合同和保险企业，在保险企业部分中分为十四章，其中前三章分别为一般规则、公司型保险企业和交换保险社。第二篇“保险业务种类”分为十三部分，分别为火灾与海上保险，人寿与伤残保险，责任、劳工赔偿与普通承运责任保险，混合灾害保险，汽车俱乐部，地产保险，健康伤残保险转化，健康家庭，母婴保护，郡健康基金，住宅保护，服务合同。

（5）相互保险公司的法律适用

适用于相互保险公司的主要规定有第二篇第一部分火灾与海上保险部分中的第4、5、6章，分别为普通相互保险公司、郡相互火灾保险公司和郡相互火灾再保险公司，第一篇第二部分保险企业中的前两章，分别为一般规定和公司型保险企业，此外，还有其他可适用但不与上述规定相冲突的规定。

需要说明的是，第二篇第一部分第四章关于普通相互保险公司的规定适用于全体相互保险公司，而不是仅适用于火灾与海上保险。这种在“保险业务”下的“火灾与海上保险”部分对全体相互保险公司作出规定，而不是在“保险企业”下作出，比较特殊，不合逻辑。加州《保险法典》之所以这么安排，笔者以为，在于历史原因：

①加州最早允许经营的保险业务就是火灾与海上保险，那时相互保险公司是最主要的保险企业组织形式，早期的单行法律就是针对这种情况作出的。

②加州现行《保险法典》是法律汇编的结果，在结构上基本上是延续单性法律的原貌。

4. 相互保险公司非相互化的状况与立法

近20年来，越来越多的美国保险公司从相互保险公司类型转为了股份制保险公司类型。其中有关人身保险业务的相互保险公司数量逐步减少，而财产保险业务的相互保险公司数量却在增加。纽约州的保险公司中，最著名的非相互化案例就是大都会保险公司（Metlife），该公司成立于1868年，是纽约州较早成立的相互人寿保险公司之一。2000年，该公司转为股份制并首次公开招股。目前，纽约州相互保险公司股份化已经是一种潮流，至少已经成为一种引人注目的现象。

相互保险公司非相互化的现象早在1982年就已经得到立法者的注意。1981年纽约州州长休·L. 凯利根据总统的行政命令，设立了关于保险业监管改革的行政咨询委员会。该委员会在1982年发表的报告中拟定了许多改革建议，其中最重要的一条就是允许相互人寿保险公司变更为股份人寿保险公司。

根据这一报告，纽约保险法中增加了一节专门针对相互人寿保险公司变更为股份人寿保险公司的规定，即第 7312 节。该节对两种类型的保险人之间的转变程序、相关制度的衔接等作出了详细的规定。除此之外，保险法第 7307 节还对相互财产/事故保险公司转换为股份财产/事故保险公司作出规定。它们代表了纽约州保险法对非相互化的法律规则。

二、加拿大的相互保险制度与体系

与一般国家的金融监管相比，加拿大比较特殊的是，其金融监管是从保险业监管开始的。19 世纪末，加拿大成立了保险监管办公室，后发展为内阁的保险部。该部负责监管在联邦注册的寿险公司、财险公司、信托和贷款公司以及养老金计划，并向政府提供保险精算服务。

银行业监管之所以晚于保险业，是因为加拿大的银行体系长期以来比较稳固。加拿大地广人稀，居民集中区较少，早期的基础产业是农业、林业、木材加工业等，这类经济活动和资金需求都具有高度的季节性，银行分支行体系可以在广大地区之间进行资金的余缺调剂。这套英国式的高度集中的庞大分支行体系，使银行业实际上成为一个具有卡特尔特征的行业，确保了银行的特权和利润，也大大减少了其倒闭的可能。

目前，加拿大施行的也是中央和地方并行的监管体系，没有独立的保险监管部门。加拿大保险监管采取的是联邦与各省相结合的两级监管模式，联邦一级和各省级均有自己独立的监管机构，两级之间不存在隶属关系，两级监管的对象与监管的重心也不相同，并各成体系。联邦政府的监管机构是金融机构监管办公室（Office of the Superintendent of Financial Institutions Canada，OSFI），负责监管在联邦注册的保险公司和信用社等，监管核心是保险公司等金融机构的偿付能力；省级监管机构是金融服务委员会，监管的是在本省注册的保险公司、信托公司等，其监管重点是保险公司等金融机构的市场行为。以安大略省金融服务委员会（FSCO）为例，该委员会主要负责监管全省的保险、养老金、信托公司、信用社等金融机构。其职责是保护消费者和养老金受益人的利益，确保全省的金融业积极健康发展，同时还为财政部提供相关的建议。

加拿大的保险公司组织形式比较多样，既包括目前普遍适用的股份公司、相互保险公司形式，还有兄弟社、互利社、交互保险社，以及历史悠久的劳合社和辛迪加等多种形式。

据统计，加拿大有超过一半的寿险公司采取的都是股份制形式，而大多数的非寿险业务也都是通过股份制公司来经营的，足见股份制公司在加拿大保险市场上的重要地位。

相互保险公司在加拿大被作为一种非常重要的存在形式而得到普遍的适用。相互保险公司的运作模式基本上是这样的，投保人因购买保险公司的产品而成为相互保险公司的社员，相互保险公司则把筹集到的保费集合成一个保险基金，以确保在未来的某一天，如果危险发生，其社员所遭受的损失就能够得到补偿。与股份公司之资本属于公司所有不同，相互保险公司的这笔基金，则是公司的负债。在加拿大，一旦该基金被证实有任何不充分之可能，相互保险公司的各个社员就有义务再做补充性的缴费。当然，如果一个相互保险公司本身有足够的剩余利益或存款准备金，则无须其成员再补充份额。相对应的，如果该保险基金除支付公司全部创立费用、业务费用、损失补偿外仍有结余，其剩余利益因无股东分配，就会以分红的形式返还给各社员，或者直接留作公积金或准备金。由此可见，相互保险公司的经营结果与其各个社员的利益是直接相关的。另外，相互保险公司可以通过申请保险业务经营许可，与股份公司享有相同的业务范围。然而，通常来说，相互保险公司在经营范围和地域范围上还是会受到一定的限制。举个典型的例子，根据加拿大立法，一个相互保险公司在指定的某一地区内就只能从事农业险业务，同时，还要求其承保的农业险最低限额为5万美元。

三、英国的相互保险制度与体系

英国是相互保险的诞生地，相互保险在英国始终占据着重要地位。在功能作用方面，相互保险除了较好地扮演了社会保险和商业保险重要补充的角色，有的还融入社会保障体系成为其有机组成部分。英国在首相卡梅伦时提出“大社会”（Big Society）运动，让社区和普通民众更多地参与社会管理，提高公共服务效率和水平，将许多原本由政府部门提供的公共服务交由相互组织承担，甚至提议将整个邮政系统也进行相互化改造。英国相互保险具体分为以下几个发展阶段。

（一）产生

英国1666年伦敦大火后出现了火灾保险互助社，可以认为是英国乃至全球相互保险的起源。1756年世界上第一家真正意义上的相互保险公司——英国公平人寿保险公司（The Equitable Life Assurance Society）成立，它是英国乃至全球最古老、历史最悠久的相互人寿保险公司。它改革了原有不合理的保费收取制度，首次运用生命表技术并采用长期均衡保险费方式计算保费，使人寿保险建立在科学基础上。公平人寿曾经以超低的费用率占领市场，成为全英第四大保险公司。

（二）快速发展

在相互保险公司在英国出现近百年之后，英国制定了《1856年相互保险法》，此法条正式从法律的角度确认了相互保险公司的组织形式。此后，相互保险公司在全球得到快速发展。19世纪下半叶，西方一些国家的互济会联合起来，形成了全国性的互济会，如英国的“友爱社”。20世纪初，保险行业兴起相互化浪潮。这一系列市场行为和政策引导使得相互制保险公司的发展达到了一个高峰。1906 年，英国《海上保险法》第 85 条规定，两方或两方以上批次同意互相承保海上损失，称为互相保险。1945 年，第二次世界大战结束，各国的互助合作保险得以恢复和发展。1956 年成立于英国的公平保险公司和 1978 年成立于德国汉堡的 Hamurgische Allgemeine Versorgungs－Arstalt 通常被认为是现代相互保险公司形态的起源。

（三）调整期

英国金融服务局（Financial Services Authority，FSA）成立（FSA 1999 年成立）之前，英国实行“分业监管”制度，共有 9 家监管机构，分别对银行业、保险业、证券投资业、房屋协会等机构进行监管，但银行、保险公司与投资基金却经营类似的产品，争夺共同的客户。一个金融机构同时受政出多门的“混合监管”，将导致成本增加，效率降低，监管者与被监管者间容易产生争议，甚至某些被监管者可以钻多个监管者之间信息较少沟通的漏洞，通过在不同业务类别间转移资金的方法转移风险，人为地抬高或降低盈利。2000 年公平人寿因为销售了大量含有保证年金选择权的高预定利率分红养老金保单，最终导致其在 2000 年底停止销售新的保单。这一事件在英国和国际上引起了广泛关注，并促使英国着手修改其偿付能力监管体制和指定精算师制度。此事件之后，英国对监管体制进行了改革和完善，把银行、证券、保险的监管统一于一个监管机构之下，即由英国 FSA 负责对整个金融业的监管。2001 年 12 月，英国颁布了《2000 年金融服务和市场法》，对金融监管体系作了较大调整。在新的法律和监管体制下，指定精算师的职责也相应地发生了变化。英国 FSA 依据该法令推出了被许可人制度。FSA 还修改当时已有的保险公司监管制度，并于 2004 年底实行更为谨慎的实际偿付能力监管模式。2015 年，国会通过了《相互股票法案》并获得皇室的批准。此法案使相互保险公司得以发行股票。这种股票和全国发行的核心资本延期派息股相似，拥有该股票即成为公司会员。然而，股东的投票权与所持有的股票数量不同，仍是一人一票。

四、德国的相互保险制度与体系

德国是欧洲各国中相互保险制度历史悠久且有自己特色的一个国家。它不仅孕育了中世纪最早的保险互助协会，而且其19世纪开始的相互保险公司立法中也有独特建树，强调成员对公司的民主管理权利。本节对德国相互保险公司法律制度的研究，所收集的研究资料包括德国保险法、公司法的法规，以及德国学者撰写的保险学著作。

（一）德国相互保险公司发展概况

德国是欧洲最早出现相互保险制度萌芽的国家之一。早在1677年，德国地区就出现了商人和手工业者为了保护共同利益组成的同业者组合——Wandsbeker Kranken – und Totenlabde，对成员的死亡、火灾及疾病等危险进行担保，客观上发挥着人寿和火灾两重保险的作用，成为中世纪基尔特的典型代表。

当18世纪精算学在欧洲诞生后，德国又出现了最早的现代意义上的相互保险公司形态，如1778年汉堡地区的Hamburgische Allgemeinc Versorgungs – Arstalt。当然，最著名的还是19世纪20年代诞生的相互型保险公司——科达生命。为了与当时较流行的英国式的股份保险公司相对抗，该公司章程中对成员的民主自治权利作出了非常明确的规定，设计出一种德意志型的相互公司形式，并对日本等大陆法系国家的相互保险制度立法与实践产生了很大的影响。

1901年颁布的《德国保险监督法》只允许股份有限公司、相互保险公司和公法社团或机构经营第一保险业务。这样就排除了个体企业、合作社、所有的人合公司、有限责任公司作为第一保险企业的可能性。该法对于再保险企业没有法律形式上的限制，不过实践中再保险企业基本上都是股份有限公司。

根据 *Sigma* 报告 1999 年的数据，德国相互保险公司占有 1/5 左右的市场份额，其中人寿险市场约 26%，财产/责任险市场占 16% 左右。由于德国政府长期以来对保险产品和费率的高度监管，减少了竞争，保险市场的结构一直比较稳定。总体上看，大型相互保险公司的数额一直相当稳定，而且其盈利率甚至优于股份保险公司。但由于“小型”相互保险公司在逐渐减少，导致相互保险公司的数量近年来有所下降。相反，股份保险公司的数目一直在增长，近年来新成立的几乎全部是股份保险公司。

在德国，大多数小型相互保险公司的业务只限于单个地区，而且通常具有很高的专门化程度，如针对具体险种的包括人寿保险、医疗保险、动物保险、雹灾险、责任保险等；针对具体会员（顾客）群体通常为按照所谓职业定位保险的，如某些经济行业的企业、房屋业主、船主等。

（二）德国相互保险公司法律框架

德国以单行法规的形式单独制定保险业法，采用这种形式所制定的保险业法律直接用保险业法、保险公司法、保险业监督管理法等名称，如德国的《保险监督法》即为此类。依照这种体例制定的保险业法有着明显的行政法规范的性质。德国相互保险公司的法律框架以《保险企业监督法》为中心，同时适用《德国股份法》《商法典》《民法典》的有关规则。《保险企业监督法》是保护德国保险业根基和维护德国投保人利益的保险根本大法之一。

相互保险公司的主要法律依据来自 1901 年颁布的《保险企业监督法》第三章——“相互保险公司”，约 40 个条款。它被视为相互保险公司的企业（私）法，其内容自颁布以来一直没有改变过，该法明确肯定了对相互保险公司的适用。它主要规定了相互保险公司的法律地位、成员与公司的关系、设立、章程、董事会、监事会、合并与资产转移、清算等方面的一些基本原则。当然，《保险企业监督法》也赋予了相互保险公司很大的自主权，只要没有法律的强制性规定，各个相互保险公司的基本法就是由公司章程来确定的。

大型相互保险公司由于其内部的组织结构与治理规则和股份公司很相似，也适用《德国股份法》关于股东会、监事会、董事会的规定。小型保险公司更多地具有联合会的特征，因此需要适用《合作社法》和《民法典》关于联合会的规定。

相互保险公司在德国法上被视为“商人”，因此《商法典》关于商人年终结算的公开和审计的规则也适用于相互保险公司。

由于《保险企业监督法》的主体内容是对保险业（包括各种法律组织形式的保险公司）进行监管的法律，属于公法的范畴，而“相互保险公司”一章属于私法内容，令整部法律的逻辑有些断裂，因此德国学者主张应将“相互保险公司”立法从监管法的框架中脱离出来。

（三）非相互化的状况与立法

与其他主要保险市场不同，德国在近年来并没有出现相互保险公司非相互化的浪潮。相互保险公司，特别是大型相互保险公司无论在数量上，还是在市场份额上都非常稳定，只在1989年出现了一家相互人寿保险公司转换为股份制。

德国保险理论与实务界也认识到相互保险公司在筹集资金扩大经营规模方面的困难以及在国际竞争中所处的劣势，并进行了很长时间的讨论。但是，或许是由于德国非常严格的保险产品和费率等方面的监管，保险企业之间的竞争程度并不激烈，似乎尚未达到推动非相互化的程度。因此，德国并没有出现非相互化的法律，《保险企业监督法》中也没有增加非相互化的内容。

另外，一些德国学者对非相互化持有一种非常开放的视野，认为现有的法律，特别是德国的《企业转换法》已经提供多种方式让相互保险公司转化成股份公司形式，例如，相互保险公司可以依照《公司转换法》转换成保险公司或者合并成股份有限公司；也可以把相互保险公司拆开后吸纳进股份有限公司。或者，把相互保险公司的主要资产或者主要的保险业务量转给股份有限公司，等等。

尽管对相互化有许多讨论，但德国学者的基本结论是：相互保险公司越小，业务范围越专门，相互所有制的优势就越突出。从目前来看，至少短期内德国还不会出现非相互化的趋势。

五、日本的相互保险制度与体系

规模庞大的日本保险市场一直备受瞩目。根据瑞士再保险集团的统计，2014 年日本保险市场的保费收入为 184985 百万美元，排名世界第 2。其中人寿保险（日本称为生命保险）保费收入 157669 百万美元，位居全球第 2；财产保险（日本称为损害保险）保费收入 27316 百万美元，在全球中排名第 2。

日本民间保险公司按组织形式可分为相互制公司和股份制公司，相互制保险公司当前只存在于寿险业界。原第一火灾海上保险相互公司是日本保险业中唯一一家非寿险相互公司，于 2000 年 5 月破产。20 世纪 60 年代末，日本有 16 家相互保险公司，占全部人寿保险公司的 76%。

（一）日本相互保险公司发展历史概况

日本人寿保险业的普及率非常高，根据日本人寿保险文化中心 2009 年在全国范围内举行的调查，日本家庭的平均参加寿险比率已高达 90.3%。日本生命保险协会的统计显示，直到 1995 年寿险公司的数量始终保持十分缓慢的增长趋势，从未发生过很大的变化，然而由于 1995 年制定的新

《保险业法》允许非寿险公司成立寿险子公司，寿险公司数量自此大幅上涨，从1995年的31家增加到2000年的44家。但在2000—2005年出现了下滑，导致这种情况的原因有二：其一，公司陷入财务困境而破产，如在2000年10月同时破产的千代田生命和协荣生命，两家公司之后都并入了美国Gibraltar保险股份公司；其二，保险公司进行了合并，如原明治生命与原安田生命于2004年1月合并为现在的明治安田生命。现如今，日本共有41家寿险公司，可分为三类：第一类为本国传统公司，如日本生命、第一生命、明治安田生命、三井生命等；第二类为非寿险公司及非保险公司的子公司，如欧力士集团旗下的欧力士生命保险公司、索尼集团旗下的索尼生命保险公司等；第三类为外商公司，如美国人寿保险公司、金盛人寿保险公司、美国Gibraltar人寿保险股份公司等。

以下是20世纪90年代中期的一组数据，从中可以看出日本相互保险公司的重要地位。

从世界范围来看，1997年，以资产总额为标准，世界前十大保险公司中有6家是相互公司，4家是股份公司。日本在10家公司中占有4席，且都是相互公司。它们分别是：日本生命保险公司（第二位）、日本全国共济农业协同组合联合会（第五位）、第一相互人寿保险公司（第六位）、住友生命保险公司（第九位）。在世界五大保险市场（美国、日本、英国、德国、法国，5个国家占世界保险费总额的75%）中，就每个国家的相互公司占其市场总量的百分比来讲，日本的相互公司占有最高的市场份额，达到将近3/4。

在亚洲范围内，1997年，前9大保险公司中有8家是相互公司，而且这8家全都是日本公司。

到1996年底为止，日本共有44家寿险公司，其中13家是各财险公司设立的寿险子公司（1996年保险业法允许通过子公司的方式实现寿险与非寿险业务间的交叉经营），4家为外国保险公司在日本设立的支公司。剩下的27家公司中，有16家为相互公司，11家为股份公司。这27家公司是日本寿险事业发展的主体，在收入保险费、公司资产、组织机构及人员数等方面都占有绝对的比重。1997年，日本人寿/健康相互保险公司的保费份额占其整个人寿/健康保险市场的89%；而财产/意外相互保险公司的保费份额仅占其整个财产/意外保险市场的3%。

（二）日本相互保险法律框架

1. 法律监管概况

（1）监管体制

日本的保险监管体制比较简单，由中央及中央下属的监管机构进行监管。日本的监管部门曾经是大藏省，在大藏省内设有银行局，银行局下设保险部。为摆脱金融危机、建立跨行业的金融监管体系，日本于1997年全面修改银行法，将财政与金融分开，并颁布《金融监督厅设立法》。1998年6月成立了金融监督厅，直属于总理府，金融监督厅下设保险监管机构，具体负责对保险业的监管。

（2）组织监管立法体例

日本采取以单行的保险业法为主，以其他法律规范中调整保险业的规定为辅的体例，使保险业法成为一个集合概念。日本在制定专门的《保险业法》的基础上，又先后制定了《关于外国保险事业者的法律》《关于保险募集管理的法律》和《关于损害保险费率算出团体的法律》等单行法来补充。1900年《保险业法》制定以后，1912年、1927年、1933年做过部分修改，1940年进行了第一次全面修改。前三次的部分修改都没有涉及相互保险公司这一部分，在1940年的修改中新设了关于股份保险公司相互化、股份保险公司和相互保险公司合并的规定。1966年4月，日本对《保险业法》进行了第二次全面修改。这次全面修改主要是在7个方面，其中在公司形式方面强化了相互保险公司成员的法律地位、制定了相互保险公司向股份保险公司进行组织变更的相关规定。此后，在1998年、2003年又经历过数次修改，但都未涉及相互保险公司组织监管的内容。

2. 日本相互保险发展阶段

按时间来看，日本相互保险的发展分为以下几个阶段：

（1）1900年《日本保险业法》颁布之前

日本的保险历史始于明治初期。从幕府末期到明治维新，日本广泛介绍研究和移植西方文化和西方制度，在这一背景下，日本著名的思想家福泽渝吉于1867年在其著作《西洋旅行管理》中有三篇文章最早介绍了西方的保险事业。1879年，日本最早的保险公司——东京海上保险公司（即后来的东京海上火灾保险股份公司的前身）开业。

19世纪末期，日本最著名的保险思想家和实业家矢野恒太最先将发源于德国的相互主义理念移植到了日本。1893年，矢野恒太发表了第一本介绍相互主义制度的文献——《非射利主义人寿保险公司的设立之愿望》。当时日本已经存在几个以相互组织形式设立保险公司的计划，特别是在1894年，共济五百名社改组为人寿保险公司之时，就已经接受了矢野恒太相互主义的思想。但在这一时期，日本还没有专门的保险业法，相互公司在法律上也不被认可。

（2）1900年《日本保险业法》的颁布及第一生命保险公司的设立

为了进一步学习相互公司的实际运营，矢野恒太远渡欧洲，到当时的德国科达人寿保险公司留学，并接受日本政府委托就制定保险业法进行调查。回国后，矢野恒太主持制定出日本第一部保险业法（1900年），正式规定保险公司的经营形态为股份公司和相互公司两种。矢野恒太亲自就任保险课长，负责保险公司的检查工作。

相互保险：开启保险新方式

1901 年 12 月，矢野恒太退职，开始着手创立第一生命保险公司。与此同时，他发表了具体介绍相互主义内容，并基于相互主义内容设立相互公司的重要文献——《保险相互公司首唱之辞》。在其以相互扶助、社员自治为核心的相互主义理念的指导下，从 1902 年 1 月起，矢野恒太开始劝导、说服一些有权有势的人物，并从池田谦之等多数财界实力人物处得到了开业的基金。同年 9 月，日本第一家相互保险公司——第一生命保险公司正式设立。1904 年 4 月，由阿野明进等创立的日本第二家相互公司——千代田生命保险公司开业。相对于第一生命保险公司以德国相互公司为模型，千代田生命则更多地学习了美国相互公司的做法。直到第二次世界大战之前，日本大规模的寿险公司，除第一生命、千代田生命、富国生命等三家公司以外均为股份公司。

（3）1939 年对《日本保险业法》的全面修改及战后日本寿险公司相互化的浪潮

1937 年抗日战争爆发以后，日本经济进入了完全战时管制经济阶段。从 1939 年开始，日本对 1900 年的保险法进行了全面修改，修改后的保险法一直延用到 1996 年 4 月。关于相互公司，此次修法增加了相互公司化规定、股份有限公司和相互公司合并的规定。1941 年 12 月，日本又以“保险公司的资金量显著增加，作为金融管制对象具有重要性”为理由，将保险监管由商工省转移到了专门管理金融业务的大藏省。

随着第二次世界大战的战败，日本经济遭到重大打击，保险业也面临着一个极度恶化的经营局面。日本通过在 1946 年制定“金融机构再建整理完备法”等一系列措施，使保险业随着日本经济整体的复兴，逐步走上了再建乃至发展的道路。其中很重要的一点是，大量保险公司通过设计第二公司的办法进行再建。而再建的结果就是，在寿险领域，除平和公司以外，设立第二公司的 14 家公司中有 13 家公司变更为相互公司形态。在 20

家寿险公司中，股份公司只剩下 4 家，即平和、日本团体、大正和协荣生命，其余的 16 家全都是相互公司。而在财险领域，相互公司所占的市场份额则一直很少，自“二战”结束以来，日本只有 2 家相互保险公司活跃在这一领域。在保险业监管方面，1959 年，日本设立了“保险审议会”，作为大藏大臣的咨询机构。该委员会对于来自大藏省的咨询所进行的回答，对于保险行政管理中很多重要的问题作出了指南。1965 年，大藏省银行局设置了保险部，更加完善、强化了保险行政体制。

有学者认为，战后日本人寿保险公司的大规模相互化并不是详细比较股份和相互两种组织形态的利害得失的结果，而是在联合国军占领这一特殊历史环境下的产物。特别是对于财阀系寿险公司，联合国总司令部希望通过推进相互化迫使财阀解体。同时，对于主要推进再建的旧寿险公司的干部们来说，相互化是新装开店的最好手段，可以恢复人们对于寿险公司的信心。首先设立第二公司的日本生命率先采用了相互公司的组织形式，在积极拓展业务和整理内务等方面很快取得了成果，这也加速了战后日本寿险公司的相互化进程。

从此以后，随着日本经济的恢复和高度成长，以相互公司为代表的日本寿险事业得到了高速发展。1987 年，日本寿险业务的保有保费收入超过了美国，居世界第 1。

（4）1996 年对《日本保险业法》的全面修改及非相互化

20 世纪 90 年代初，日本的泡沫经济全面崩溃，对保险公司的打击也很大。相互制公司由于发生贴现率的差额，不得不将从新合同中取得的利益来弥补预定高利率的已有合同的亏损，实际费用原则及确保合同当事人之间的公平性理念遭到了破坏。在融资方面，由于是相互制公司的组织形态，充实公司资本很困难。在信息披露方面，与股份公司相比，相互制公司承受的外部压力比较小，所以没有严格的检查经营判断妥当性的体制。

寿险相互制公司因不良债权、相互持股的损失等，为了维持、加强公司资本，不再采取持有银行股份或提供不良贷款的方法，而是从面临同样问题的银行筹措资金，因此保险公司与银行之间的资本依存度提高，如果有一方破产，另一方也将因投资失败而破产。这种连锁破产成为了可能颠覆整个金融界的新风险。

1992 年保险审议会提交了“新保险事业的现状”的报告，其中“加强相互制公司的检查经营，夯实经营的财产基础”被列为重点，并将这一精神反映到 1996 年开始实施的新保险业法中。在该法中有相互制公司转成股份制公司的规定。

1994 年 6 月，日本保险审议会向大藏大臣藤井呈送了题为《关于保险业法等的修正》的报告书，日本开始了对 1939 年保险业法的全面修改。新的保险业法于 1995 年提交国会审批，于 1996 年付诸实施。本次修法，增加了相互公司向股份有限公司进行组织变更的有关规定。

1997 年 4 月，拥有 110 万投保人的第 16 大人寿保险公司日产相互人寿保险公司倒闭，这是 50 年来日本首家保险公司宣告破产，也拉开了相互制公司破产的序幕。此后直到 2005 年 5 月，共有 7 家寿险相互制公司与 1 家财险相互制公司相继破产。除因美国“9・11”恐怖事件的索赔而背负巨大债务的大成火灾保险株式会社以外的 8 家相互制公司，泡沫期的过度投资与销售高收益率保险产品导致资不抵债是直接原因，间接原因是对经营判断的监控制度不完善。

1999 年，在欧美各国积极推进经营重组或为了追求进一步增长而纷纷将相互制公司改组为股份有限公司的情况下，金融审议会提交了“关于保险相互制公司转为股份公司的报告”，提出就充实公司资本、加强经营开展的自由度方面，股份有限公司比相互制公司更加灵活；另外股份有限公司由于有向股东进行披露的义务，容易确保经营的透明度。

实践中，大同生命于2002年，共荣生命、太阳生命于2003年各自进行了从相互制公司到股份公司的改组，同时其他许多相互保险公司也在制订着改组的计划。

3. 日本人寿保险业和相互保险公司的现状

目前日本寿险公司主要以股份制为主，相互公司只有5家，仅占寿险公司总数的12%。日本金融厅（2000年之前称为金融监督厅）的年度报告显示，1995年时，日本共有29家寿险公司，其中相互制公司18家。在随后的10多年间，18家相互保险公司中有7家公司破产、2家合并、5家转型成股份制公司。截至2016年3月，日本41家寿险公司中仅有5家仍然保持相互制组织形式，占总数的12%，但如果以资产总量来衡量公司规模，则可以发现相互保险公司的数量虽少，其规模却比股份公司大几倍。相互公司的资产规模在市场中具有绝对优势，远胜于股份制保险公司，相互保险公司仍然是日本保险市场的主要组成部分。

由表4－6可以看到，截至2016年3月末，日本前五大人身险公司中，排名第二、第四和第五的均为相互保险公司，占据2015—2016年度保费收入的42%。其中，成立于1889年的日本生命人寿保险相互公司是目前日本规模最大的相互公司。

从经营指标上来看，综合ROE和ROA，相互型公司的经营要略优股份制公司。由于相互型公司受资本限制，有获取高投资收益的倾向，因此资产配置较为激进。

从偿付能力上来说，日本对于人身险公司的资本要求是偿付能力充足率不低于200%，表4－6中的6家保险公司远远高于这一法定要求。同时，若不考虑日本邮政保险，相互型保险公司的偿付能力充足率要略高于股份制公司。

表4-6　截至2016年3月日本人身险领域行业及几大公司经营指标

单位：亿日元

保险公司名称	日本邮政保险	日本生命人寿	日本第一生命	日本明治安田生命	住友生命	行业数据
公司类型	股份	相互	股份	相互	相互	—
保费收入	54138	62620	55860	33816	30448	305686
保费占比（%）	17.70	20.50	18.30	11.10	10.00	—
净利润	848	4034	1785	2140	661	12626
总资产	815451	706079	499249	391642	317970	3310730
净资产	18829	64540	29329	36316	16403	219723
ROA（%）	0.10	0.60	0.40	0.50	0.20	—
ROE（%）	4.50	6.30	6.10	5.90	4.00	5.70
偿付能力比率（%）	1570.30	924.30	763.80	983.70	798.60	990.70

数据来源：日本金融厅官网.

4. 日本相互保险涉及领域

日本的相互保险主要涉及以下四个领域：

（1）寿险领域

寿险领域是日本相互保险应用最为广泛的形式之一。2016年资产规模前10位的寿险公司中，排名前3的日本生命、明治安田生命和住友生命都是相互制公司。

（2）农业保险领域

日本采取政府支持下的互助合作模式，经过60多年的发展，形成了全覆盖、可持续、组织体系完善的农业灾害补偿制度，把几乎全部农村居民都囊括在内。

（3）渔业保险领域

日本构建了完善的相互保险组织体系，在保障渔业风险方面发挥了巨大作用。日本“3·11”地震中，渔业互助保险共计为17025艘渔船支付普通损害保险金约352亿日元，约占渔船损失的28%；共为养殖渔业支付保险金145亿日元，约占养殖业损失的25%。

（4）职工互助领域

日本成立了专门从事工人共济的全劳济，参加人数超过1000万人，保障范围涵盖了职工生活的各个方面。

六、芬兰的相互保险制度与体系

2014年，若将芬兰的法定养老金业务计入其相互保险市场中，则其相互保险市场份额占比为69.7%（2013年：65.7%；2012年：70.4%），在欧盟27国中份额最高。

芬兰所有的金融和保险机构都受到芬兰金融监督管理局（Finnish Financial Supervision Authority，FIN－FSA）的监督。金融监管局是芬兰的金融和保险业监管机构，它也是欧洲金融监管体系和单一监管机制（Single Supervisory Mechanism，欧元区共同的银行监管）的一部分。

芬兰的养老金由基础养老金和收入关联养老金两部分组成。其中，收入关联养老金属于缴费型制度，其最初建立可追溯到1926年的中央政府公务员养老金制度，“二战”后该制度得以扩展。1961年，芬兰通过《雇员养老金法案》（*Employees'Pensions Act*，TEL），标志着芬兰正式建立起第2个养老金支柱——收入关联养老金制度。事实上，《雇员养老金法案》是对以往职业养老金计划的整合，并且将以往养老金计划之间的差异保留下来。随后，收入关联养老金制度扩展到农民、自雇人员以及特定的雇员群体，到20世纪80年代，覆盖各职业群体的缴费型养老金制度正式在芬兰建立起来。此后，随着社会经济条件的变化，芬兰的收入关联养老金计划又进行了一些改革，但从总体上看，这些改革并未触动制度的基本框架，而只是对诸如缴费率、收益率和退休年龄等进行微调。芬兰有专门的雇员养老金相互保险公司，如Etera相互养老保险公司。

第五章　国外主要的相互保险组织概况

第一节　国外相互保险公司的发展现状

一、相互保险全球500强地区分布

根据国际合作与相互保险联盟（The International Cooperative and Mutual Insurance Federation，ICMIF）的全球相互保险500强2014年报告，在跻身2014年全球500强的相互保险公司中，超过85%（见图5－1）来自欧洲（209家）和北美洲（219家）。而在进入全球500强的相互保险公司中，又有超过80%的总保费收入来自这两个地区（见表5－1）。58家上榜公司（合12%）位于亚洲和大洋洲，而该地区的总保费占全球500强相互保险公司总保费的18%。

拉丁美洲和非洲共有14家相互保险公司上榜，相较于上年多了1家。这些公司2014年的总保费涨幅最大，分别为38%和17%。其中9家公司（7家拉美公司，2家非洲公司）也跻身2014年发展最快的30家相互保险公司之列。

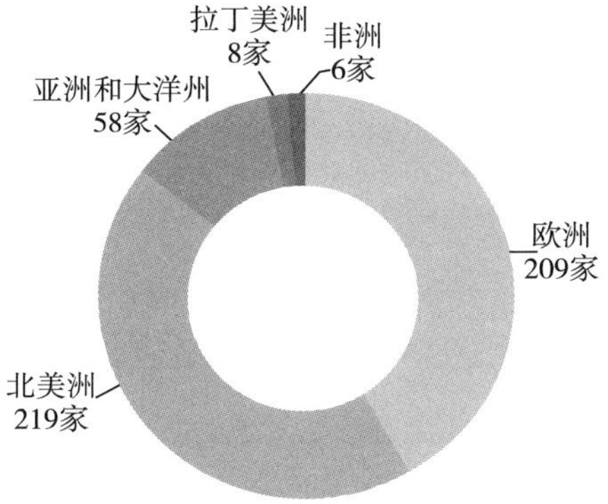

图 5－1　全球 500 强相互保险公司地区分布

表 5－1　各地全球 500 强相互保险公司保费收入及增长

单位：百万美元

地区	公司数量	保费收入		涨幅（%）
		2014 年	2013 年	2013—2014
欧洲	209（41）	509467	470071	8.4
北美洲	219（11）	490920	474861	3.4
亚洲和大洋洲	58（16）	215170	232350	-7.4
拉丁美洲	8（7）	4754	3454	37.6
非洲	6（5）	955	817	16.9
总计	500（80）	1221266	1181553	3.4

注：括号内数据为 ICMIF 成员数量。
资料来源：ICMIF。

在500强榜单中，不到45%的欧洲公司是综合保险公司（见图5－2）。约有25%是非人寿保险公司，而17%是相互医疗保险公司（包括23家法国知名的健康保险公司，被称作“Mutuelles 45”）。北美三分之二的相互保险公司（143家）是非人寿保险公司，而仅有22%是人寿保险公司（49家），12%是综合保险公司（26家）。在榜单上的58家亚太公司中，仅有约20%是人寿保险公司或医疗保险公司，而非人寿保险公司及综合保险公司所占比例较高，分别为28%和31%。

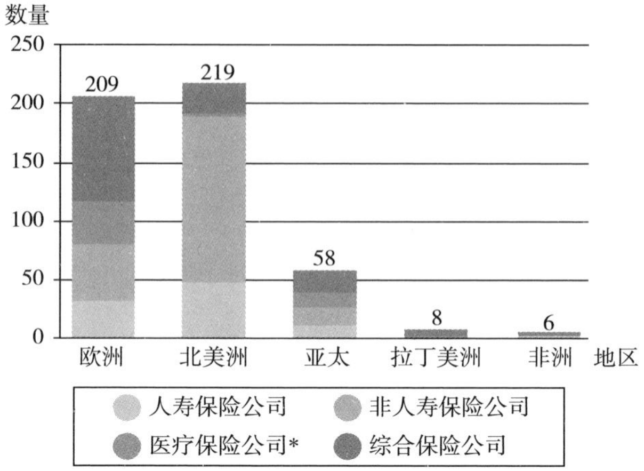

图 5－2 2014 年各地区全球 500 强保险公司类型

注：*尽管有些公司被界定为医疗保险公司，但仍提供部分人寿保险业务。

二、相互保险全球 500 强国家分布

2014 年全球 500 强相互保险公司分部在 42 个国家。其中，美国仍是拥有最多 500 强公司的国家，共有 203 家相互保险公司（约占总数的 41%）上榜，其中包括 9 家 20 强公司。法国和德国是欧洲拥有 500 强公司最多的国家，分别有 52 家和 35 家。此外，欧洲拥有 10 家以上 500 强公司的国家还有英国（21 家）、丹麦（18 家）、西班牙（17 家）、荷兰（16 家）以及芬兰（10 家）。共有 20 个欧洲国家的相互保险公司上榜。

在 2014 年的榜单中，有 23 家公司来自日本（包括 6 大相互人寿保险公司中的 4 家），19 家来自澳大利亚，其中有 63% 是医疗保险公司。此外，加拿大以 15 家公司上榜，成为除上述国家和地区外唯一一个拥有 10 家以上上榜公司的国家。

此外，南非有 3 家全球 500 强公司，阿根廷有 4 家，马来西亚有 4 家，韩国有 5 家。而其余拉丁美洲、非洲及亚洲国家仅有 1～2 家公司上榜。

第二节　国外主要的相互保险组织案例

一、美国相互保险公司案例

（一）美国州立农业保险（State Farm）

1. 现状概况

表 5－2　State Farm 州立农业保险概况

地址	伊利诺斯州布卢明顿市第一州立农业广场
董事长	小爱德华·B. 拉斯特
首席执行官	迈克尔·L. 蒂普索尔德
业务范围	财产保险、人身保险、养老保险、互惠基金、理财产品
基本要点	是一家以投保人为会员的相互保险公司； 是全美最大的汽车保险及房屋保险的经销商； 是船舶保险的主要经销商之一； 位列《财富》杂志“500 强企业”中的第 41 位； 拥有 65000 余名员工； 拥有 18000 家代理商； 是全美承保有效个人寿险最多的保险公司

截至 2014 年底，州立农业保险公司的运营数据如下：

（1）共有 8200 万份保单；

（2）近 4400 万份汽车保险；

（3）2700 万余份火灾保险；

（4）近 800 万份人寿保险；

（5）近 90 万份医疗保险；

（6）全美资产排名第 79 名的银行，总资产超过 170 亿美元；

（7）50 万余笔互惠基金账目；

（8）销售近百种不同的产品；

（9）每天处理约 35000 份理赔。

2. 发展历史

州立农业保险公司成立于 1922 年，由退休的农民兼保险销售员乔治·雅各布·米彻尔（G. J. 米彻尔）创办。州立农业保险的创立者米彻尔的设想是将州立农业保险公司打造成一家“运作公平，与客谋福”的公司。如今，他的想法依旧引领着公司，为成为行业内客户的首选及最优选而不懈努力。州立农业保险以“能及时解客户所需”为目标，致力于做客户的“好邻居”。州立农业保险公司是相互保险公司，其主张为“投保人利益至上”。如今，州立农业已成为全美最大的汽车及房屋保险的销售商，位列《财富》杂志“500 强企业”中的第 41 位。

自 1942 年起，州立农业相互汽车保险公司便是全美最大的汽车保险公司。在美国，每五辆车中就有一辆是由州立农业投保的。作为一家相互保险公司，州立农业相互汽车保险公司没有股东。最初该公司只销售单一的汽车保险产品；如今已发展成为横跨 5 个行业、提供包括摩托车险、船舶保险、越野车险、出租者保险、健康保险、长期护理保险，以及年金与理财产品等近百种保险产品和服务的公司，是全美最大的汽车保险及房屋保险的经销商、是全美承保有效个人寿险最多的保险公司、第 8 大人寿保险公司，拥有 18000 余家代理商，每天处理着近 35000 份理赔。

3. 经营现状与特色

（1）全美最大的汽车保险公司

①悠久的汽车保险历史与优势

州立农业保险公司是大型保险公司，提供多种保险及其他金融产品，拥有着 18000 家当地专属代理商，在多数地区提供最实惠的汽车保险。自 1942 年起，州立农业相互汽车保险公司便是全美最大的汽车保险公司。州立农业保险在汽车保险经营与市场方面具有着相对的优势，美国每五辆车中就有一辆是由州立农业投保的。

②更多的补贴与折扣服务

州立农业提供各种常见的汽车保险产品，包括责任保险、综合保险、碰撞保险、医疗费用保险及未保险/未足额保险驾驶人保险。相比于同行，州立农业在保险之外为客户提供更多的租车和餐旅报销。若客户的车辆在承保范围内受损送修，公司不仅在此期间为客户支付租车费用，还为离住处五十英里以上的客户提供餐饮、住宿及交通报销，报销额度根据各州规定有所不同。

同时，州立农业在汽车保险方面提供了多种折扣。若客户在承保期间零事故，或安装防盗系统，或完成防肇事驾驶的课程并取得佳绩，或投保多辆汽车，都可以享受一定的折扣。此外，若客户在购买汽车保险外还购买州立农业的房主保险、出租保险、公寓保险或人寿保险，也可以享受高达 22% 的折扣。

③UBI 车险产品的创新尝试

州立农业在汽车保险方面也在积极尝试设计 UBI 或者类 UBI 产品。例如，州立农业的“安全行驶，省钱省心”车险产品会根据行驶距离以及一些安全驾驶的因素（如均匀加速及刹车的次数等）分别计算保险费率；购买时就享受最高 5% 的折扣，优秀的驾驶者可获得最高 50% 的折扣。州立农业保险针对 25 岁以下年轻司机提供的“司机规避危险折扣”产品，年轻司机在线或通过手机客户端完成公司的规避危险课程，且在过去三年没有肇事或违章记录的，可以获得 15% 的折扣。

④相对优惠的车险费率

州立农业汽车保险的价格是十分实惠的。美国知名金融网站 NerdWallet对各保险公司提供给行车记录良好的中年司机的报价由高到低进行排序。在进行排序的 48 个州中，州立农业在 43 个州的排名低于平均值。

（2）良好的客户评价及机构评级

州立农业保险以“能及时解客户所需”为目标，致力于做客户的“好邻居”。州立农业保险公司是相互保险公司，其主张为“投保人利益至上”。州立农业保险一直以来都保持着较高的客户评价和评级。

在君迪 2015 人寿保险顾客满意度调查中，州立农业在 20 家保险公司中排名第一。相比于人寿保险，购买汽车保险的客户满意度较低。在君迪 2015 年的调查中，州立农业在车险方面排名中等。在另一项相似的《美国消费者报告》的调查中，州立农业也排在中间。同时，州立农业保险投诉处理的评价数据也优于业内中值。

贝氏保险机构评级中，州立农业获得最高的偿付能力评价：“A + +”。这意味着无论是现在还是未来，州立农业都有相当的能力进行理赔。

表 5 – 3　State Farm 州立农业保险偿付能力评级说明

评级机构	评级	说明
贝氏评级	A + +	自 2010 年 4 月 23 日起，排名 16 家公司中的第 1 位
魏斯评级	A +	自 2011 年 1 月 6 日起，排名 16 家公司中的第 1 位
穆迪评级	Aa	自 2011 年 1 月 7 日起，排名 21 家公司中的第 2 位
惠誉评级	AA +	自 2011 年 1 月 14 日起，排名 21 家公司中的第 2 位
标准普尔评级	AA	自 2010 年 10 月 25 日起，排名 21 家公司中的第 3 位

4. 经营战略动向

（1）对年轻客户群体的重视

州立农业保险公司作为全美最大的汽车及房屋保险公司，其意识到，年轻一代客户正在逐渐向如 Geico 和 Progressive 等美国线上保险公司流失。根据美国国家保险协会数据显示，Geico 和 Progressive 两家公司占全国汽车保险市场的份额由 2000 年的 8.9% 上升至 2010 年的 16.2%。与此同时，好事达及州立农业两家传统汽车保险巨头的份额由 32.2% 下降至 28.9%。

尽管 Geico 和 Progressive 等线上保险公司的兴起，甚至好事达也以 10 亿美元收购了线上保险公司 Esurance，但州立农业仍沿用其代理商经销模式。州立农业也试图借助新的广告活动来增强其代理商对年轻人的吸引力。

在针对年轻人的广告方面，州立农业通过在广播中投放一系列定位二十多岁的年轻人的广告。同时，州立农业还首次成为 MTV 音乐颁奖典礼的主要赞助商之一。州立农业的广告主打为向年轻人宣传其代理商渠道的方便性，如 MTV 音乐颁奖典礼上播放的自制广告中，三名顾客端坐在一间公寓里，而一名代理商根据其要求用魔法召唤来了一个热水浴缸。州立农业的市场总监蒂姆·万·胡夫称，该广告将代理商塑造成新世纪的父母：在你需要的时候，他们总在那里；当你不需要时，他们总是准备好离开。

在不同渠道的产品价格方面，州立农业坚持无论是直接购买州立农业的保险还是通过代理商购买，价格都是相同的。顾客可根据自身喜好选择在线上购买州立农业的汽车保险产品，之后会有代理商提供服务。

（2）数字化科技服务

州立农业一直提倡和推崇使用数字化科技，每月、每周、每天甚至每小时为客户提供服务信息，并随时为客户提供服务。

首先，在对外业务上，州立农业使用的网站是电子商务网站。州立农业通过使用 B2C（企业对客户）电子商务以及另一种电子商务模式，使 B2B（企业对企业）管理者能以其公司的名义管理客户的账户。在与企业的商务合作上，州立农业提供企业对企业门户网（B2B）使企业得以与州立农业建立电子化交流。作为州立农业电子商务运用的中心，其他企业（贸易伙伴）通过该网站进行商业合作，为州立农业及各企业节省了大量时间及资源。所有与其他企业交换信息、产品及服务的过程，都可以在B2B门户网上完成。

B2B门户网还采用了电子数据交换（EDI），EDI是一种美国国家批准的数据交流模式。目前，州立农业的门户网站主要被用于：为与州立农业合作或期望与州立农业合作的企业提供信息；展示并获取表单信息，以此替代纸质表单；使州立农业与其B2B伙伴的B2B交易自动化。

其次，在互联网及内联网上，州立农业还开发了不少运用于互联网及内联网（货运代理网）的应用。大部分主要部门都开发货运代理网的运用，包括参考信息及交互信息等。州立农业也重视网络运算是企业的发展，州立农业逐步对网络运算进行改造，通过互联网科技，开发新的应用。目前，州立农业开发的新功能通过浏览器推送给客户，并在桌面实现与旧系统、已购软件、电子邮件等的交互。州立农业的各分支部门都通过一个扩展的中枢网络相互连接，包括：代理商，派出机关办公室，诉讼办公室，理赔服务办公室，客户服务中心，保险支持中心，地区业务中心，以及公司其他分部。

二、加拿大相互保险公司案例

（一）加拿大加鼎银行集团（Desjardins Group）

1. 现状概况

表5-4　Desjardins Group 加拿大加鼎银行集团现状概况

地址	加拿大魁北克省莱维斯镇
董事长	盖伊·科米尔
总资产	2540亿加拿大元（2015年）
员工数	45219人
成立时间	1900年

续表

业务范围	银行业务：活期存款、证券经纪、银行投资、资产保证型贷款、消费贷款、理财产品 保险业务：人寿健康保险、财产和意外险
基本要点	加拿大最大的合作金融机构 超过4.7万名员工以及4800位选举管理人员

加鼎银行集团是北美最大的信用合作社协会。集团于1900年由阿方斯·德雅尔丹在魁北克省莱维斯镇创办。集团总部设在魁北克，此外在安大略、艾伯塔以及新不伦瑞克均有分部。集团由376家当地加鼎储蓄合作社组成，有580万名会员。

目前，集团在加拿大的金融机构中排名第6，魁北克省排名第1，领先加拿大国家银行；加鼎银行集团是加拿大最大的合作金融机构，资产总计2481亿美元。集团旗下在魁北克省和安大略省拥有335个银行柜台，包括魁北克加鼎银行联盟（包括加鼎资本等），加鼎中央银行，安大略大众银行联合股份有限公司，加鼎保障基金，其分支和成员活跃在加拿大大境内。加鼎银行集团旗下有超过20家子公司，提供与保险（加鼎财政担保公司、加鼎综合保险公司）、房地产（加鼎广场）、风投基金（加鼎风投）以及经纪公司（加鼎担保）相关的服务。集团经营个人服务和商业机构服务、财富管理和人寿健康保险、财产和意外险等产品服务。同时，加鼎银行集团也是加拿大最大的雇主，拥有超过4.7万员工以及4800位选举的管理人员。

2. 发展历史

加鼎银行集团的主要发展历史：

（1）1920年，第一个地区性联合组织建立

20世纪20年代，地区联合体在魁北克城建立，地区联合体是由银行成员组成的合作机构。它的任务是捍卫银行业的利益，通过日常的检查进

行监督，推动合作记忆建立其他银行。逐渐地，每一个地区联合体都会组建起地区性银行来管理其关联银行的过剩流动性和支票出清。地区联合体的出现或许无甚意义，但是却是加鼎银行网络的开始。

（2）1944 年，第一子公司的建立

第一家子公司为大众银行社会保险公司（SACP），目前已发展为加鼎一般保险集团。4 年后建立了加鼎生命保险公司。

战后经济爆炸使得消费者社会迅速扩张，新的需求涌现，银行业面临着面向市场需求迅速转变和同时保持其自身价值观的挑战。这两家保险公司扩张其业务来保障旗下银行对于保险的需求以及促进储蓄。

（3）1979 年，加鼎中央银行的建立

加鼎中央银行（CCD）建立于 1979 年 9 月。

CCD 起到了管理地区联合体的流动性和现金功能，同时还是加鼎集团在加拿大和国际市场上的代理人。加鼎中央银行是加鼎集团在加拿大支付协会的代表，这是一家负责金融机构间清算和偿付的组织。

（4）1988 年，进入证券市场

加鼎集团通过收购贴现经纪公司 Disnat 和建立加鼎有价证券公司（CDVM）进入证券市场。

一年后，CDVM 成为了全牌照经纪商 Deragon Langlois 的主要股东，这家公司之后更名为加鼎 Deragon Langlois。CDVM 在 1990 年完成了对 Disnat 的收购，以及 1991 年对加鼎 Deragon Langlois 的收购。至此，CDVM 成为了一家全牌照经纪公司，还拥有贴现经纪业务分支，Disnat 更名为加鼎证券公司。

（5）2000 年，收购 The Personal

2000 年 6 月，加鼎一般保险集团（DGIG）做出了其历史上最大的一桩收购案。DGIG 批准了两宗 CIBC 保险子公司的收购案：The Personal 以及 CIBC 保险公司。交易价值达 3.3 亿美元，使得加鼎集团进军加拿大市场。作为集团保险人，The Personal 能够在加拿大各省开展业务。

3. 经营现状与特色

在加鼎集团 2013—2016 三年战略计划的 2015 年，集团的营业收入增长了 10%，成为战略计划年的最高。激烈竞争背景下高速增长来源于加鼎银行集团对客户体验和积极推进产品创新的重视。

2015 年加鼎银行集团汇报成员分红前留存收益为 19.59 亿美元，留存收益增长率为 23%，高于 2013—2016 战略计划中设定的中期目标 5% ~ 10%。营业增长和利润增长很大程度上与加鼎银行集团对美国州立农业银行加拿大分公司的投资收益和泛加鼎战略项目密不可分。

（1）银行业务

加鼎银行集团银行业务总体经营效益良好，2015 年会员分红前加鼎银行集团银行业务的留存收益为 19.59 亿美元。其中 2.35 亿美元用于反馈成员和社区，形式包括成员分红、捐赠和赞助。

银行业是加鼎银行集团业务的重要部分，其在满足监管要求和稳健性经营上居于前列。其银行业务 A 类一级资本比率在 2015 年 12 月 31 日为 16%，位居银行同业前列。在银行具体业务上，储蓄增长 103 亿美元，或增长，7.0%，总计 1566 亿美元。在贷款方面，未清偿住房抵押贷款在 2015 年新增 48 亿美元，或增长 4.9%，总计 1023 亿美元；未偿清商业贷款新增 34 亿美元，上涨 10.9%，总计 347 亿美元。加鼎银行的贷款质量，2015 减值贷款率为 0.34%，反映了加鼎银行集团贷款组合的高质量。在稳健经营的同时，加鼎银行集团银行业务还保持着较高的增速，2015 年总资产增加 187 亿美元，达到 2481 亿美元。

（2）储蓄与人寿健康保险业务

2015 年，加鼎银行集团合并了美国州立农业保险公司加拿大分公司业务。加鼎银行集团在保险业务上出于迅速发展期，2015 年人寿和健康保险业务留存收益从 2014 年的 4. 11 亿美元增加到了 2015 年的 5. 03 亿美元，增长率为 22. 4%，同时也创造了历史新高。人寿和健康保险业务的利润达到 4. 28 亿美元。

2015 年，加鼎银行集团的保险储蓄产品也处于业务的迅速发展阶段，其净销售增长 24. 8%，从 2014 年末的 54. 34 亿美元增长到 2015 年末的 67. 81 亿美元。

同时在地区分布上，加鼎银行集团在魁北克以外的保险销售增加了 26%，从 2014 年末的 1. 27 亿美元增长到 2015 年末的 1. 6 亿美元。

在净保费收入上，2015 年储蓄与人寿健康保险净保费为 40 亿美元，其中人寿与健康保险净保费增长 7. 4%，从 2014 年末的 35 亿美元到 2015 年末的 38 亿美元。

（3）财产与意外险业务

在财产险与意外险的业务经营上，加鼎银行集团在合并了美国州立农业保险公司加拿大分公司业务后，在 2015 年获得了巨大的增长。

2015 年，财产险与意外险的业务调整后留存净收益为 3. 38 亿美元，增长了 48. 9%。美国州立农业银行加拿大分公司的业务在第一年为留存净收益贡献了 1. 38 亿美元。净保费增加了 8. 36 亿美元，增长了 36. 7%，达到了 31 亿美元。净保费额增长率为 7. 6%，源自于各个市场和区域的积极表现。同时，财产险与意外险的业务理赔率从 2014 年的 65. 7% 下降到 2015 年的 62. 1%。

4. 经营战略动向

（1）合作经济与银行发展思路

加鼎银行集团始终坚持合作经济的模式，其经营理念深信合作金融模式有着巨大的优越性。加鼎致力于保持银行层的合作制度，重点包括社区发展的互助与合作。其重要标志在于选举管理者积极参与到公司经营和决策中，具体包括参与地区一般大会、委员会、集团委员会、代表大会、公司的委员会等。

银行业始终是加鼎银行集团业务的重要部分，自1990年在加拿大里维斯建立第一家银行起，加鼎银行集团就在金融服务方面扮演着重要角色。加鼎银行集团一直推行银行渠道主张，为了满足日益多样化的需求，重点关注银行柜台的数量和销售渠道的广度。目前集团旗下在魁北克省和安大略省拥有335个银行柜台，集团以“紧密联系成员及客户”为行动指南，依赖于多样化的分销途径、数量众多的中介网络，以与其成员和客户保持紧密的合作关系。

（2）加鼎银行集团经营战略

加鼎银行集团董事会制订的集团战略计划是将集团建设成一个积极进取、与众不同的成功公司，为社会做出独特的贡献。加鼎银行集团战略计划中战略方向的提出阐明了实现这一目标的主要方法。

根据加鼎银行集团年报，集团董事会为实现其战略目标需要重点关注如下五个方面：

①合作与参与：通过合作创造价值，积极承担社会责任，使加鼎银行集团脱颖而出，增强品牌影响力；

②会员及客户体验：在集团内贯彻“以会员及客户为中心”的方针；

③发展与创新：通过强调开放、创新及变通的精神，实现公司收益的定增长；

④盈利与财政稳定：提高整体生产力及业绩，增强集团经济实力；

⑤领导与人员调动：依靠管理层的领导以及分部负责人及雇员的人事调动，推动集团的发展。

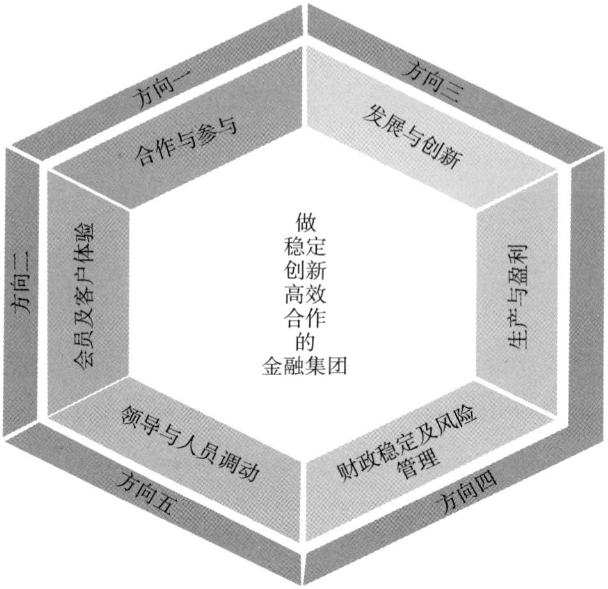

图 5 -3　加鼎银行集团战略目标

三、英国相互保险公司案例

（一）皇家伦敦集团（Royal London）

1. 概况

表 5 -5　皇家伦敦集团概况

地址	英国柴郡奥尔德利路威尔姆斯洛 SK91PF
董事长	鲁伯特·潘内特·雷
成立时间	1861 年
业务范围	人寿健康保险、财产和意外险
基本要点	英国最大的人寿和养老金相互保险公司； 超过 500 万名客户和 50 万名成员； 现有员工 3051 人

皇家伦敦相互保险有限公司及其子公司是英国最大的相互保险公司，

其名下资金达 879 亿英镑。集团目前承保近 910 万份保单，有员工 3051 人。皇家伦敦集团是全英最大的相互人寿保险、养老保险及投资公司，其保险产品亦销往爱尔兰。

英国所有的金融机构都能够划分为两类：公众有限责任公司（PLCs）和相互公司。两者的不同在于 PLC 为外部股东所有并反映其诉求，而像皇家伦敦这样的相互组织则由其内部成员拥有。皇家伦敦坚持以成员第一和互助为理念，并且追求其内部成员利益的实现。

2. 发展历史

（1）主要发展历史

皇家伦敦集团成立于 1861 年，由约瑟夫·德格及亨利·里奇在伦敦的一家咖啡馆里创立。集团的前身是一家互助会，为其会员的利益服务，保障他们的经济安全。1908 年，互助会发展成为一家人寿保险公司。相比于主品牌，集团的其他部分均较早成立。皇家利物保险公司成立于 1850 年，而公司在爱尔兰的业务、苏格兰人寿保险的前身成立于 1824 年，其代表的苏格兰保险公司则于 1805 年成立于爱丁堡。作为集团的全资子公司，皇家伦敦资产管理公司（RLAM）成立于 1988 年。公司现有 75 名投资专家，均在位于伦敦的总部工作。现在皇家伦敦集团已经成为英国最大的人寿和养老金相互保险公司，拥有超过 500 万名客户和 50 万名成员。

以下时间轴展现了公司历史中的重要时刻：

1858 年，避难保险，是最早的工业保险办事处之一，作为一个互助组织建立；

1861 年，亨利·里奇和约瑟夫·德格在一家伦敦的咖啡馆中，建立了作为互助组织的皇家伦敦；

1881 年，在爱丁堡苏格兰人寿保险控股公司建立；

1908 年，埃德温·理查德·鲍尔丁在萨瑟克区建立了联合互助，皇家伦敦成为一个互助公司；

1968 年，苏格兰人寿保险从控股公司转变成相互保险公司；

1988 年，皇家伦敦管理公司作为独立公司成立；

1996 年，在马恩岛首府道格拉斯建立苏格兰人寿国际公司。联合互助组织和避难保险合并成立了联合保险集团。

（2）收购历史

2000 年 12 月，皇家伦敦集团收购了该联合保险公共有限公司。这次交易是相互保险公司对英国上市公司最大的收购。联合保险公共有限公司是由 United Friendly 及 Refuge Assurance 两家公司于 1996 年 10 月合并而成的；

2000 年 10 月，皇家伦敦集团宣布收购爱丁堡的“养老保险专家”——苏格兰人寿保险，交易在 2001 年 7 月进行；

2008 年 5 月，集团决定收购 Resolution 的开放业务，包括 Scottish Provident 及苏格兰相互保险的保险业务、凤凰人寿保险有限公司（前身为阿比国家人寿保险公司）以及 Scottish Provident International 的业务；

2009 年，主要经营海外业务的 Scottish Provident International 公司以及苏格兰国际人寿保险公司合并为一家新的企业——皇家伦敦 360°，其总部位于曼岛；

2010 年，集团宣布正与皇家利物保险商讨收购事宜。2011 年，条款谈妥，5 月 12 日皇家利物股东大会上，公司代表就公司的接管进行了投票；

2013 年，高品集团同意将其人寿保险、养老保险及资产管理等业务出售给皇家伦敦集团；

2013 年 6 月，集团成员在特别大会上同意交易计划的实施。同年 7 月 31 日，交易获得监管部门的审批；

2015 年，集团在爱尔兰地区的品牌“苏格兰人寿”更名为“皇家伦敦集团爱尔兰分公司”；

2015 年底，集团完成对旗下两个英国保险品牌 Bright Grey 和 Scottish Provident 的转型，将其合并为一个新的皇家伦敦保险品牌。这也使集团旗下公司全部统一为“皇家伦敦”这一品牌。

3. 经营现状与特色

（1）集团组成

皇家伦敦集团作为英国最大的相互人寿保险、养老金和投资公司，由一系列专业化的公司组成。

①Ascentric

Ascentric 提供一个在线“集合平台”为金融咨询顾问、大型分销商和产品供应者提供投资顾问和综合服务。这一技术使得消费者能够清楚地了解其投资组合的表现情况，并能够通过其投资顾问掌握投资动向。

②爱尔兰皇家伦敦

喀里多尼亚人寿在爱尔兰已经经营超过 180 年，在 2011 年 7 月皇家伦敦集团收购皇家利物后成为集团的一部分。2014 年 12 月，它采用皇家伦敦的名称和商标。公司致力于销售市场领先的保障产品。其产品只能够通过官方指定的代理中介商购买，代理中介商还能够为顾客提供中立的金融咨询。

③皇家伦敦资产管理

皇家资产管理（RLAM）是英国领先的投资公司之一，为公司养老金计划、慈善组织、当地政府机关、私有股票经纪人、财富经理和自由基金经理等客户管理着超过 845 亿英镑的资产。RLAM 的投资团队有着良好的声誉，凭借其出色的投资表现和优秀的服务质量经常荣获行业奖项。

④皇家伦敦养老中介

皇家伦敦养老金中介（前身为苏格兰人寿）为超过 60 万名客户提供养老金。苏格兰人寿建立于 1881 年，在 2001 年成为皇家伦敦的一部分，并在2014年采用皇家伦敦的名称和商标。

⑤皇家伦敦保障保险中介

伦敦皇家保障保险中介（前身为Bright Grey）能够为消费者提供包括生命、重病保险，收入保障、失业保险等一系列产品。这些产品的设计宗旨是满足客户的需求，提供灵活的、可承担的风险保护。

（2）经营现状

①迅猛的利润增长

在采用欧洲内含价值（EEV）基础法衡量公司利润的情况下，2015年皇家伦敦集团的税前和额外项目营业利润增长了11%，达到了2.44亿英镑。养老金业务的出色表现对于利润增长贡献良多，2014年新增业务利润贡献了2015年利润的半数以上。在EEV计算标准下税前和利润分享前2015年利润为2.77亿英镑，2014年为2.59亿英镑。

②迅猛新增业务

皇家伦敦集团在2015年开展了很多新的业务，销售增长了40%，达到67.74亿英镑；人寿与养老金业务受益于新业务，增长了107%，达到1.356亿英镑。同时，皇家伦敦集团资产管理业务在艰难的经济下挫背景下也保持了强劲的增长。其中新业务具体包括：

③中介业务

新业务对于皇家伦敦集团最大的部门——养老金中介的贡献，使其增长了94%，达到1.079亿英镑，新业务量的扩充加速了这一部门的增长。保障保险中介部门新业务的贡献使得其增长了86%，达到4230万英镑，再创纪录。这一标人的成绩源自于增长的毛利率。对于养老金和保障保险两个部门，新业务的毛利润分别增长了50%和25%。

④消费者业务

消费者业务是皇家伦敦集团最新也是最小的部门，但其增长迅速。新增业务指数型地增长了385%，达到1.65亿英镑，反映了直面消费者和丧葬规划产品线的强劲增长。为了保持增长，皇家伦敦集团计划持续投资发展直接展业能力以及搭建完善的线上销售平台。

⑤财富管理业务

皇家伦敦资产管理公司在这一年动荡的市场条件下表现出色。新增业务流入达到31亿英镑，比2014年上扬时期的38亿英镑略低，但仍然是强劲的表现。趸售净流入为7.95亿英镑，主要投资于英国股票权益，固定收入信托基金。新增的2220亿英镑提高了趸售业务的比重。得益于平台被越来越广泛地应用于金融咨询公司，皇家伦敦旗下的Ascentric集合平台的销售增长了14%，达到25亿英镑。

表5-6　皇家伦敦集团2015年新业务收入

单位：百万英镑

项目	新业务贡献		新单保费现值		新业务利润	
	2015年	2014年	2015年	2014年	2015年	2014年
中介业务	107.9	55.6	6107	4454	1.8	1.
养老金保障保险	42.3	22.7	502	338	8.4	6.7
消费者业务	14.6	12.9	165	34	8.8	37.9
人寿和养老金业务	135.6	65.4	6774	4826	2	1.4
RLAM	22.2	29.9	3146	3755	0.7	0.8
总计	157.8	95.3	99920	8581	1.6	1.1

4. 经营战略动向

（1）单一品牌策略

皇家伦敦集团计划引入新的皇家伦敦品牌，并将其主要的英国保险业务移至新品牌旗下。此举将见证苏格兰人寿、Bright Grey及苏格兰保险公司的相继退出。皇家伦敦的金融教育服务Moneyvista将继续以皇家伦敦的品牌运营，而Ascentric独立账户平台将继续沿用自己的名字，因为它为顾问提供独立专有的解决方案。而在爱尔兰，皇家伦敦将继续使用苏格兰人寿的品牌。

皇家伦敦认为对于养老产品及保险业务来说，市场环境一直十分严峻。尽管皇家伦敦的客户知名度较低，但公司仍有不错的表现。因此，公司的目标是提升品牌的客户知名度，使产品能够充分发挥其潜力。

皇家伦敦在近年的年报上多次表示，一个全新、统一的皇家伦敦品牌是公司战略的关键。品牌战略能使皇家伦敦更加关注营销效能，合理使用资金，使服务更上一层楼。品牌战略能在中介推销皇家伦敦的产品时提升辨识度，也能告诉顾客皇家伦敦作为相互保险公司的不同之处和能为顾客带来的利润。

集团首席执行官菲·朗尼在评价此举时称："通过将主要业务归于单一品牌，公司将可以扩大在投资、养老及保险市场的业务规模和范围，并将我们相互产品的益处带给所有的顾客。"

（2）品牌的市场推广

皇家伦敦经过大量市场实践及讨论意识到公司的"整体"应该比各部分的总和更大，因此公司不再使用部分独立业务的品牌，而是重新巩固皇家伦敦品牌的重要性。作为该过程的一部分，皇家伦敦将集团划分成三个业务：中介业务（通过 IFA 销售的产品）；直销业务（直接销售给顾客的产品）；以及资管业务（包括公司的基金经理，皇家伦敦资产管理（RLAM），以及为中介提供的 Ascentric 独立信息平台）。

皇家伦敦认识到重塑品牌需要大量的资金，而且并不能在短期内完成，其益处或许在若干年后才能有所体现。公司通过新的赞助协议重塑品牌，这将稳定提升公司的品牌知名度，并增加当地会员的参与度。例如，皇家伦敦赞助英国单日板球赛的50强系列，以及英国国内的单日决赛，女子板球队及所有英国举办的草根板球赛。对于公司来说，板球运动的特点及其独特的英伦风味，其团队协作的意识及传统都有利于公司重塑品牌。

皇家伦敦计划加大对新皇家伦敦品牌的投资，然而一个新品牌的建立远不止进行广告活动和赞助。皇家伦敦认为确保产品及服务包含品牌的承诺也同等重要。皇家伦敦正在通过改进营销过程，使公司能更有效地提供优质客户服务；这也是公司成为市场上最受欢迎的保险公司这一目标的一部分。近年来，皇家伦敦也收获了一系列不同的客户服务奖，而保险业务也连续 7 年获得中介及消费者打出的最高满意分。

（3）服务与支持方面的投资

为满足养老产品登记自动化带来的更多需求，皇家伦敦决定增大对中介养老业务的投资。与业内许多竞争对手一样，皇家伦敦经历了运营方面关于如何向雇主提供支持的挑战。为工作养老保险即将到阶段性期限的已有客户提供帮助十分重要，皇家伦敦确保公司的投资将有能力为已有客户提供帮助。在理财业务方面，皇家伦敦正对投资独立信息系统 Ascentric 进行 IT 能力的升级，使其能够继续为中介提供优质服务。

同时，皇家伦敦深知优质的客户服务离不开对公司战略提供大力支持并积极参与的员工们。皇家伦敦注重对于员工在公司战略部署上的积极性引导，组织超过 300 名员工参加开发新品牌及战略的研讨会，研讨收效很好，并有效地提高了员工的积极性。皇家伦敦深知改进员工评价方式，加强了对于客户体验和服务质量的重视。

四、日本相互保险公司案例

（一）日本生命保险公司（Nippon Life）

1. 概况

表5－7 日本生命保险公司概况

地址	大阪中央区三丁目
董事长	筒井义信
员工数	70783人
总资产	620亿日元
成立时间	1898年
业务范围	人身保险、养老保险
基本要点	2011年全年保费排名世界第4； 日本第2大保险公司

日本生命人寿保险公司，也称日本生命保险相互会社，是日本国内第二大的人寿保险公司，仅次于由日本邮政所开办的简保人寿保险公司。日本生命创立于公元1889年，当时的名称为日本生命有限责任相互保险公司。1898年，该公司向其投保人发放了第一笔保险理赔金。目前日本生命人寿保险的核心公司为日本生命保险（寿险）、日生同和损害保险（产险）、日生资产运用（资金运用）和日生信息技术（IT）4大本业。日本生命人寿不仅在日本家喻户晓，同时在世界范围也有一定的知名度，是日本进入中国保险市场的第一家寿险公司。

2. 发展历史

日本生命保险公司的前身是建立于1889年7月的日本人寿保险股份有限公司，1891年，公司名称变更为日本人寿保险有限责任公司。公司建立之初，基于日本人口死亡率统计数字，制定了其专门的保费表。与此同时，日本人寿成为了日本第一家决定为保单持有者提供利润分红的生命保险人，这已经蕴含了互助的精神。如承诺的那样，在1898年，公司第一次显著地销除账目之后，日本人寿派发了日本境内第一份保单持有人利润分红。“二战”后，1947年公司重生为日本生命保险公司，作为一家相互保险公司，其目标为“相互扶持，共存共荣”。

以下为日本生命保险公司的发展历史：

1889年，日本人寿保险股份有限公司成立；

1891年，更名为日本人寿保险有限责任公司；

1898年，派发日本境内第一份保单持有人利润分红；

1899年，有效保单总额位居行业首位；

1924年，日本人寿济生会基金会成立（2012年获批为公益基金会组织）；

1931年，基金会名下日本人寿医院成立；

1940年，日本第一份“附有利润来源分红的普通保险”发起；

1942年，完全转让富士人寿保险；

1945年，完全转让爱国人寿保险；

1947年，公司重组为日本生命保险公司；

1950年，日本生命保险棒球体育馆开业；

1959年，发售带有生命保险附加条款的养老保险；

1973年，Nissay儿童文化促进基金会成立（1993年更名为Nissay文化促进基金会并在200年转变为公益性质基金会）；

1979年，日本生命保险基金会成立（在2010年转变为公益性质的基金会）。

3. 经营现状与特色

（1）整体现状

随着日本政府实行了一系列经济刺激政策，同时日本银行放松银根，使得日本经济回暖，各公司利润提升，商业环境有所改善，资本投资有所恢复。

今年以来日本生命保险总体表现良好，投资收入超过利息、分红及其他收入，核心利润也有所提高。因此，日本生命保险公司计划通过提高储备金进一步增加资产净值，包括基本金（kikin），储备金［包括与股份公司投资相当的基本金（kikin），应急储备金，以及用以应对风险的投资价格波动及安全储备金］以及次级债。

在个人保险市场上，日本生命保险总体有所回升，有效保单数量持续增长。新保单数量上升至502万份，涨幅达3.2%，而新保单总额上升至97095亿日元，涨幅达1.6%。年新保单净保费上升至2977亿日元，涨幅达7.3%。购买保险一年后的保有率是93.8%，相较于前一年增长0.2个百分点，这也反映了新保险质量的稳定增长。目前日本生命保险有效保单的年保费达32687亿日元，较上一年增长1.6%。而保单数量达2132万份，涨幅达19.0%。注册销售代表数量达48173人，具有较强销售及服务能力的资深员工数量共有9958人；在代理商销售渠道方面，代理商数量共有12089家。这些增长都是日本生命保险实行进取型销售活动销售Mirai no Katachi及Nissay教育养老保险后的成果。

（2）业务范围

根据日本生命保险公司的章程规定，日本生命保险的主要业务领域包括：人寿保险业务；为其他保险公司（包括外国保险人）或者金融机构进行业务代理或行政服务的佣金承担担保责任以及其他相关业务；买卖政府债券，当地政府债券或者政府担保债券，操作《保险业规章》中允许的当地政府债券、公司债券或者其他债券的其他业务；以及与以上段落相关的其他活动。

日本生命保险公司的主营业务主要集中于人寿保险业务和资产管理业

务（主要包括对保费的资产投资）；日本生命保险还经营着如管理养老金固定缴款计划等其他辅助及其他业务。

（3）非人寿保险业务

除了人寿保险，日本生命保险还为客户提供非寿险服务。非寿险服务业务方面，日本生命保险提供人寿和非寿险结合的服务，并且与爱和谊日生同和保险有限公司进行商业合作。

爱和谊日生同和保险公司建立于2010年10月，由日生同和一般保险有限公司与爱和谊保险公司合并而来。至此，日本生命保险已经就推动寿险与非寿险的结合与日生同和一般保险公司达成合作。作为爱和谊日生同和保险的销售代理人，日本生命公司将同构其销售代表为消费者提供高质量的非寿险产品。

日本生命集团作为一个整体为客户提供多样化的服务，包括提供资产结构服务，利用作为保险公司所具有的专业优势。这些服务包括由客户保费所投资的长期资产管理，以及发展支撑新业务所需的系统基础设施。

（4）资产管理业务

Nissay资产管理公司是日本生命保险旗下的公司，集合了日本生命公司及其集团其他公司资产管理能力的资产管理公司。通过自由管理，咨询服务和投资信托产品，Nissay资产管理公司为企业客户和个人消费者提供高质量的资产管理服务。在资产管理业务当中，成立于2013年4月的日本生命全球投资者新加坡有限公司将会与位于纽约和伦敦的Nissay全球集团一道，构建全球体系。

2006年6月，Nissay资产管理公司成为了第一家签署联合国责任投资原则（PRI）的关联于日本保险人企业的资产管理公司（注：PRI认为企业的环境、社会与管治情况应当被考虑进投资决策当中）。在投资活动中，始终对关系到企业股份投资中的企业环境、社会与管治，和包含社会责任投资基金在内的其他活动的事项合理审慎态度。

（5）信息服务业务

作为负责集团 IT 战略的公司，Nissay 信息科技有限公司利用其保险知识和相关领域的专业知识为集团研发核心商业系统。

在 2014 财年，Nissay 信息科技有限公司实施了 Mirai no Katachi“五星”计划，此计划为重病保险提供持续支持。这项服务旨在为签订了重疾保险合同的客户提供长期支持。

此外，在 2015 年 4 月，Nissay 信息科技有限公司与 Nissay 计算机公司合并，此公司为日本生命公司提供系统维护与管理服务。合并之后，Nissay信息科技有限公司致力于增强管理效率和强化综合系统研发能力，管理与维护。

4. 经营战略动向

日本生命保险公司在公司年报中表露，从 2015 年度开始未来的三年中，日本生命保险公司计划打好中长期增长基础，从而为十年后需要的事业基础做准备，并巩固公司日本保险业第一的地位。公司计划通过在开发细分市场的基础上扩展国内人寿保险业务，并逐步开展海外及其他集团业务，在中长期内打好增长基础。公司计划利用在个人人寿保险市场的优势进一步巩固公司在日本保险业的领导地位。公司的新三年管理计划包括两项发展战略：扩展国内人寿保险业务，增加集团层面的业务。此外，公司还将从扩大客户基础、加强财务稳健性以及开发人力资源三个方面增强业务基础，进一步发展公司业务。

（1）扩展国内人寿保险业务——市场细分战略进程

日本生命保险公司的扩展计划建立在提供更适合客户、更具有吸引力的产品及服务的基础之上，同时，该计划也进一步强调并扩大了公司的产品渠道。

作为产品及服务的先驱，2015 年 4 月，日本生命保险公司引入 Nissay Mirai no Katachi“五星”计划，通过提供大病保险以及后续服务，扩展 Mirai no Katachi 的产品范围。新计划为三种大病提供超过五年的保障及死亡赔付，预计在年轻人群及女性群体中具有一定的普及度。公司还与 AXA 人寿保险公司合作开发了一款限制性通知型医疗保险产品 Medi－AXN，并将通过销售代表发行，旨在开拓老年客户市场。公司还通过银行保险渠道开发了资产管理产品，包括为退休人员提供生活建议的产品。公司计划将更多上述产品提供给老年人。

在销售及服务渠道方面，日本生命保险的销售代表为客户提供满足其特殊需要的多种选择，为应对城市或地区层面日益多样化的组织结构，日本生命保险也针对地区特点不断调整销售战略。

此外，通过升级公司内部及其他代理商和金融机构的网络系统，日本生命保险努力为销售代表提供与非公司直接关联客户的接触机会。此举旨在市场份额较低的市场提高公司的参与度。

通过新三年管理计划中的提案，日本生命保险希望能在保证产品质量的同时保持国内市场新产品份额最高，使年保费增长 6%，客户群体达到 1170 万。

（2）强化集团业务——海外保险及资产管理业务

除了不断开拓国内人寿保险市场的份额，日本生命保险也加快了海外保险业务及资产管理业务的步伐，以此在集团层面实现额外增长。

在海外保险业务方面，除进一步升级主要国外商业伙伴网络之外，日本生命保险也会进一步扩展业务。日本生命保险将专门强化已有业务并进一步开发新业务。日本生命保险计划根据已有的国际业务专业知识及人力投资，公司正不断优化发展机构以应对新的海外商机。此外，日本生命保险也试图优化针对地区市场的战略方针，包括主要投资，使之更符合该地区实际。

作为日本生命保险的核心业务，资产管理业务的地位也因其与人寿保险的高度兼容及高发展潜力而不断被巩固。在日本，日本生命保险通过与Nissay资产管理的进一步合作，在相互基金及养老金领域扩展可管理资产额，并利用集团资产管理的专业知识提供相关产品。在海外，日本生命保险将通过增加投资及巩固与海外投资伙伴的联系，获得更高的市场占有率。

在国内人寿保险市场，日本生命保险在集团层面开发系统，使保险产品更加灵活，从而满足消费者的需要。同时，日本生命保险也继续升级与金融机构及代理商的合作网，以此满足国内销售渠道日益多样化的需要。通过这些行动，公司希望在新三年管理计划结束时，综合净收入达300亿日元，而在未来十年，净收入能达到1000亿日元。

（3）扩展客户基础，加强财务稳健性，开发人力资源

日本生命保险拥有超过1150万客户，并向客户提供最优的销售及服务渠道，包括销售代表及电话网络客户服务设施。除了对这些服务进行升级，日本生命保险计划还将继续提供高附加值的服务，以此提高顾客满意度。

为进一步加强财务稳健性，日本生命保险计划在长期内偿还保险相关的债务，并确保可以在管理的资产中获得稳定的回报。为了积累资本，日本生命保险计划强化应对加速增长可能带来的风险的能力，并为未来国际资本需求量可能发生的变化做好准备。日本生命保险已设立了一个中长期目标，希望总资产能达到6.5万亿日元，为此，日本生命保险希望在2015—2017年度增加1万亿日元的股本。

日本生命保险的资产管理计划是从长远的角度来考虑的，其基础为组合产品的多样化。日本生命保险计划通过继续增加海外投资及企业合作，构建更好的组合产品风险回报蓝图，以此应对目前仍在延续的低利率局

面。此外，公司还计划增加在高预期增长方面的投资，如环境方面，未来3～5年内将投资1万亿日元。通过与被投资公司的有效沟通，日本生命保险也希望通过促进企业发展，进一步促进日本经济的增长局势。最后，日本生命保险将实施企业风险管理（ERM）计划，对资产管理及集团经济进行更集中的管理，并继续提高经营效率。

在人力资源开发方面，日本生命保险已启动内部人力价值提高项目。该项目旨在通过开发人力资源、建立注重工作与生活平衡的理想工作环境以及营造开放的公司氛围，进而在地区市场巩固公司第一名的地位。为了使公司的员工类型更多元化，日本生命保险计划从2018年度开始，增加520名女性管理层（相较于2015年度增加20%）。

通过以上措施，日本生命保险希望为业绩在中长期内增长打下良好基础，巩固公司在日本业界第一的地位。

五、荷兰相互保险公司案例

（一）Achmea

1. 现状概况

表5－8　Achmea相互保险公司现状概况

地址	荷兰
董事长	Thomas D. Gorman
员工数	15412
净资产	118.62亿欧元
成立时间	1811年
业务范围	健康保险基金、意外险、健康保险、养老及人寿保险、资产管理业务
基本要点	荷兰最大的保险公司； 2015年总承保保费：199.22亿欧元； 2015年净利润：1.86亿欧元； 偿付能力（IGD）：210%

作为荷兰最大的保险公司，Achmea 的前身是 1811 年成立的农民合作社。后来，公司成立了雇主及雇员组织，发行健康保险基金，成立了相互保险子公司，在相应的领域发挥着自己的社会价值。除了经营国内的业务，公司在希腊、土耳其、斯洛伐克及爱尔兰也设有分公司，并在澳大利亚与荷兰拉波银行一起开展业务。

在意外险及健康保险方面，公司一直是市场领导者；在养老保险方面，公司也名列前茅。公司旗下拥有 Centraal Beheer，Interpolis，Zilveren Kruis，Avéro Achmea，De Friesland，FBTO，InShared，OZF 及 Pro Life 等子品牌，为荷兰约 100 万名个人客户服务。

2. 发展历史

Achmea 成立于 1811 年，历史至今超过 200 年。目前 Achmea 公司旗下拥有 Centraal Beheer，Interpolis，Zilveren Kruis，Avéro Achmea，De Friesland，FBTO，InShared，OZF 及 Pro Life 等子品牌。

Achmea 公司的发展与并购历史如下：

1811 年，Achmea 成立于荷兰阿赫姆勒；

1909 年，一群荷兰的相互保险人成立了 Co？ peratieve Vereniging Centraal Beheer；

1949 年，Zilveren Kruis 成立；

1956 年，荷兰第一家直接承保商 FBTO 成立；

1992 年，Centraal Beheer 和 Avéro Achmea 并入 AVCB；

1995 年，AVCB 与 Zilveren Kruis 合并成立 Achmea；

2001 年，Achmea 收购 InterAmerican Greece；

2005 年，Achmea 与 Interpolis 合并，荷兰拉波银行成为第二大股东；

2007 年，Achmea 收购 Eureko 80% 的股份；Achmea 与 Agis 合并；

2010 年，Achmea 创办 InShared；

2011 年，Achmea 与 DFZ 合并，收购 Independer；

2013 年，启动转型项目：“发展·革新”项目；

2016 年，集中在“Achmea 投资管理”中的资产管理项目；

2016 年，成立 Centraal Beheer 通用年金基金（APF）。

3. 经营现状与特色

（1）业务范围

Achmea 公司的核心业务为非人寿保险产品、健康保险、养老及人寿保险以及资产管理业务。目前 Achmea 公司的各项业务开展情形如下：

非人寿保险（国内总保额）：31 亿欧元，排名全国第一；

健康保险（国内总保额）：135 亿欧元，排名全国第一；

养老及人寿保险（国内总保额）：220 亿欧元，其中养老保险排名全国第五，人寿保险排名全国第三；

资产管理总额：1020 亿欧元；

在 Achmea 公司业务的经营地域范围上，公司业务主要在荷兰开展，同时也在其他五个国家开展业务。根据 2015 年 Achmea 公司业务总承保保费的数据，业务分布数据如下：

国内非人寿保险业务占 16%；

国内健康保险业务占 68%；

国内养老及人寿保险业务占 10%；

国际业务占 6%。

（2）公司业绩

2015 年，Achmea 公司净收益上升至 3.86 亿欧元。2014 年，临时出现的开销如重组费用、商誉折损以及部门出售交易所得给公司带来了 1600 万美元的净利润。然而，由于健康保险业绩较低，以及向投保人赔付更高风暴受灾款项，公司经营业绩略微降至3.68亿欧元（2014年：3.88亿欧元）。此外，公司全面降低成本也使得业绩有所提高。结构性亏损部门的出售也为公司业绩的提升做出了一定的贡献。

2015年，风暴灾害严重，损伤及损失赔偿额上升，对公司的非人寿保险及收入保护保险带来了较大的影响。因此，该项目的经营业绩下降至3400万欧元（2014年：1.03亿欧元）。公司的商业非人寿保险投资组合以及职业集体残疾保险促使公司的基本业绩有所提高。此外，公司的投资总额也有所上升。2015年，健康保险收益降至2.87亿欧元（2014年：4.42亿欧元），包括基本保险及追加保险。基本保险收益维持在2.48亿欧元（2014年：3.42亿欧元），包括当年、前年的业绩以及根据下一年度保费利率为亏损合同准备的款项。2015年，由于2015年的保费利率低于预估的医疗成本，而备付金是根据2014年的业绩准备的，因此，2015年的结构收益被限定在2600万欧元。2015年，非常规项目的支出达7.03亿欧元，相较于2014年上涨2.77亿欧元。同年，公司从营业总额中拨出4.81亿欧元用于投资，旨在减少客户的保费利率涨幅，而2014年仅在该项目上投资3.35亿欧元。

表5-9　2015年Achmea公司业绩

单位：百万欧元，%

项 目	2015年	2014年	增长率
总承保保费	19922	20002	0
净赚保费	19526	18757	4
投资收入（包括分公司）	1911	4820	-60
酬金及手续费收入	397	431	-8
理财及其他收入	1.381	2.788	-50
总运营收入	23215	26796	-13
理赔及保险责任运营	19598	22929	-15

续表

项目	2015年	2014年	增长率
经营费用	2633	2765	-5
其他费用	616	714	-14
总运营费用	22847	26408	-13
经营业绩[1]	368	388	-5
税前收益	378	-8	—
净利润	386	16	—

注：1. 2015年起，Achmea使用经营业绩作为衡量某一年度盈利还是亏损的标准，而不再使用税前收益作为标准。经营业绩的统计是通过校正某几个项目的税前收益得出的。这些项目属于重要收入或支出的一部分，往往在特殊事件或交易中产生，因此，其出现不具有规律性。这些项目包括重组费用、商业信誉意外折旧损失以及与蚀本经营相关的税前业绩等。该表已包含比较值。

表5-10　2015年Achmea公司利润

单位：百万欧元

项目	2015年	2014年
经营业绩	368	388
隐性资产亏损	—	143
重组费用	—	239
交易业绩	10	14
税前收益	378	-8
缴纳税款	8	24
净收益	386	16

由于投资数额的增加以及技术的进步，养老及人寿保险产品业绩上升至1.65亿欧元（2014年：6400万欧元）。而养老及人寿保险产品的管理一直是低成本运营。公司通过Centraal Beheer综合养老基金投资养老保险。据此，公司已决定不再提供其他任何养老保险产品。通过将现有的养老保险产品有组织地分离，公司正在创造一个“封闭式的养老保险产品”。在这个条件下，重点关注如何以更低的成本继续提供高水平服务。同时，公

司也利用现有的“封闭式的人寿保险”来追求协同作用。

公司的国际业务也为经营业绩带来了积极的作用。公司在土耳其取得的良好商业表现，以及一系列非常规收入，使得经营业绩翻了一番，达到5200万欧元（2014年：2600万欧元）。除去非常规项目，业绩也上涨了15%，达到3000万欧元。

由于利息差幅上升，成本下降，公司的理财业绩达－1900万欧元（2014年：－2800万欧元）。公司希望，通过抓住Achmea银行遇到的机遇，以及养老备付金的改革及外包带来的成本降低，公司的业绩能够进一步提高。

尽管直接投资收入下降3800万欧元，但Achmea的投资收入较2014年仍高出4700万欧元。固定收益证券及净资产的增加也使得业绩上升5700万欧元。相比于2014年，间接不动产收益增加3400万欧元。尽管公司在零售及写字楼方面的投资估值有轻微的下降，但住宅物业的价值在2015年却有所上升。证券投资组合的改变使公司持有更多的固定收益证券。

由于发行范围不广，Achmea减少了资产担保证券组合产品；此举也有利于高回报项目的投资，如个人贷款抵押等。在过去的一年中，公司在保险方面的直接抵押投资上升了22亿欧元，于2015年底达到38亿欧元。

4. 经营战略动向

（1）Achmea公司的经营思路

2015年Achmea进行了一项深入调查，研究内外部利益相关方认为对Achmea至关重要的因素。根据调研结果，Achmea用矩阵列出了与利益相关者们最相关、对他们来说最重要的重点因素，结果如图5－7所示。其中，图标标注的是与利益相关者们相关且可能对Achmea产生巨大影响的因素。矩阵显示，内外部相关利益者的意见大体相同；内部及外部相关利益者都认为，为消费者创造价值，尤其是与医疗保障、养老金及住房、护理相关的价值至关重要。

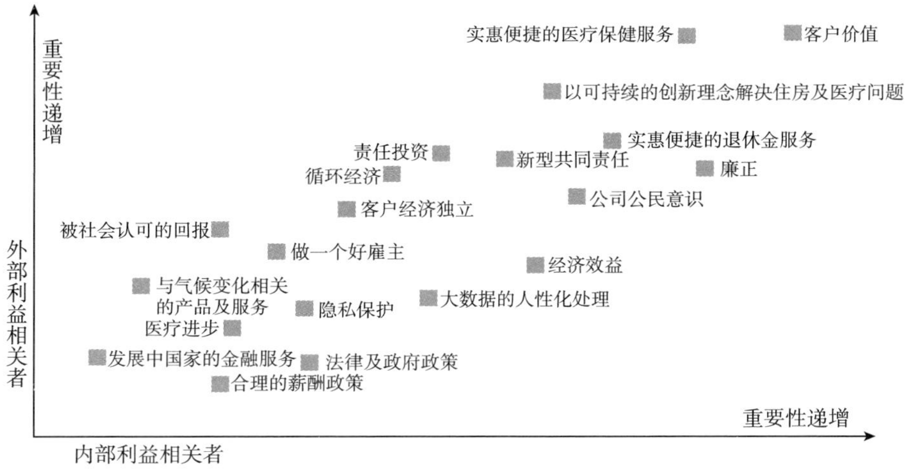

图 5－4　Achmea 公司经营思路及重要因素

该调查是 Achmea 制定战略能更好地开发产品和服务，为各个其他利益相关者创造更多价值的基础。Achmea 根据该调查结果进行战略制定，2016 年的第一季度会议上 Achmea 集团管理委员会进一步讨论了研究结果和公司战略重点，Achmea 公司的运营也将根据战略选择做出调整。

（2）Achmea 公司的经营战略

Achmea 公司对于行业变革与创新的意识一直以来都较为强烈，2013 年 Achmea 设立了“发展 · 革新”项目（Versnellen & Vernieuwen），借此巩固原有的经营模式，加快客户服务系统的数字化建设，在短期内恢复利润率。此项目的运行已经初显成效，但仍未完成所有既定目标。此外，Achmea 专门成立了一个直接对董事会负责的项目办公室，专门负责跟踪市场变化，发掘行业新的机遇与潮流，以及对公司既有项目作出调整。

Achmea 公司认为为应对行业快速变革，结合战略定位，在各项业务方面对公司主体进行了调整。Achmea 公司的经营战略包括如下三个方向：数字化进程、改革创新及紧跟趋势。

①数字化进程：Achmea 在坚持“做一个有合作精神的风险保险公司”这一方针的同时，根据战略地图从各个维度进军。Achmea 将在 2016 年专注于完成数字化进程，将致力于减少成本和增加收入。

②改革创新：Achmea 将重点关注对影响整个公司以及全面完成转型过程中的八次变革，为公司的整体转型创造空间。Achmea 将通过实施减少公司复杂性、减少产业链及 FTE 中成本的措施，提高公司的适应性。

③紧跟趋势：Achmea 对新的趋势作出预测，通过提升创新能力加快公司发展。为了实现这个目标，Achmea 将采取六种新的战略计划来增加收入，使公司的核心产品在未来不会过时。

（3） Achmea 公司的具体业务经营战略

①非寿险及分红险业务

在非寿险及收益保险方面，Achmea 认为业绩难以拥有上升空间。技术的发展、联系的增强、共同责任的变化以及共享型经济的出现，都给非寿险业务带来了压力。这些趋势将对现有的商业模式带来一定的冲击，具体表现在：

A. 共享型经济理念的盛行意味着保险价值的衰减，但也为保险商带来了机遇；客户也常常为了在小范围内分担风险而更换原有的保险商。

B. 高科技产品及物联网的出现有效地减少了损失，并能更及时地发现问题。基于驾驶使用的保险、车联网以及责任的转移给企业带来了不同的风险预测，也改变了理赔的费用。

C. 不少新公司以数字化商业模式进军荷兰市场，虽然目前在规模上的成就仍较为有限。

在非寿险行业，Achmea 计划仍将采取“一条龙”服务，有效地利用大数据，通过革新寻找新的基石。

②健康险业务

医学技术的发展提升了医疗保健的质量，使人们的身体更加健康，医疗体系已经由短期转为长期。实惠便捷的医疗服务和可佩戴医疗设备及医疗保护设备技术的高速发展将在长远方面缓解保险费用的增长。Achmea 认为健康险市场在治疗与护理方面存在创新空间，以下趋势是保险公司不可忽视的：

A. 新的医疗技术及智能家庭管理系统的应用越来越广泛，让病人能够更好地把握自己的健康及治疗。疾病的早期诊断，家庭问诊和远程医疗的应用提高了医疗质量，而可穿戴的医疗设备及手机中的医疗软件也可以带来健康的生活方式。

B. 医疗行业的发展往往受到社会和政界的极大关注，一系列政策的实施使得风险不再均衡，风险预测难度加大，这也意味着保险商们需要承担更高的风险。

Achmea 旗下 Zilveren Kruis 在健康险经营方面计划进一步减少成本，主动为提高医疗水平、引领健康生活方式做贡献，为客户提供帮助和建议。

③养老保险

个人寿险市场急剧萎缩，利率降低、平均寿命的延长以及人口老龄化都影响了养老基金的筹资水平及保险公司的盈利率。同时，荷兰政府已经作出了对未来养老金制度的规划，其中十分重要的一项便是计划对通用年金基金（APF）进行立法。另一项则是从 2020 年起，逐步取消统一的供款及权责发生制，建立税率逐步递减的权责发生制，希望能让每一个雇员都能够通过红利累积获得相对应的养老金。这就要求养老保险的运作更加透明易懂，且能有更大的灵活性，能根据客户的具体情况为其提供更多的选择。

相互保险：开启保险新方式

新法律的制定将给养老保险行业带来一定的限制。相关企业需要对此采取一系列应对措施。同时，有关养老保险制度的争议，以及在投资计划上具有更大自主权及控制权的转变，都将在一段时间内给保险公司策略带来影响。

在养老保险方面，Achmea 计划努力推动通用年金基金（APF）的发行，为 Centraal Beheer 的客户提供更多的选择。Achmea 公司为了给客户提供丰厚的年金，决定与 Centraal Beheer 联合成立通用年金基金（APF），该基金的审批手续在 2016 年全部完成。APF 项目继承了公司的保险合作传统，拥有平衡年金市场各方利益的丰富经验。通过集中在 Achmea 投资管理（AIM）的资产管理项目，公司得以在年金领域全面支持新项目。AIM 目前管理 1000 亿欧元的资产，既有几个年金及零售基金的资产，也有 Achmea 自己的资产。

第六章　相互保险制度的国际比较研究

第一节　相互保险制度的国际比较研究

综观发达国家的保险立法，不难发现有关互助保险公司的立法大多分散在各国的保险法规之中，几乎没有一国对互助保险公司这种保险组织形式进行单独立法，只是在各章节和条款中将涉及互助保险公司的规定进行列示，以示与股份有限公司加以区别。各国对于互助保险公司相关规定的详略，也视各国保险市场的成熟度、政府对保险公司监管的态度而有所不同。例如，在美国、日本，其保险市场比较成熟，已具有相当规模，保险公司的组织形式众多，互助保险公司更是占据相当比重，所以在这两国的保险法规之中都有对互助保险公司比较详尽的法律法规。本章内容主要参考美国、日本及德国三国的相互保险相关法律、监管及实践进行比较分析。

一、主体定位的比较

“由于保险组织对国民经济及人民生活影响很大，因此，各国对保险业的组织形式都作了严格限制，以确保保险业的健康发展。”各国在保险公司的组织形式上均采取严格的类型法定主义，如德国的《保险企业监督法》第7条规定“保险企业的组织以股份有限公司、相互保险公司及依照公司法设立的公司和协会为限”，日本《保险业法》第6条规定“保险公司、应为具有符合政令规定之资本额或基金总额之股份有限公司或相互公司”。而各国在立法上普遍将相互保险公司作为一种独立的组织形式，与股份有限公司相并列。

美国虽然是判例法国家，但是在保险立法方面具有层次清晰的成文立法结构，其保险业法律制度由联邦法律、NAIC示范法规和州的保险法规组成。这三种保险法规中州的保险法规居于核心地位，对于州保险法规的规定各保险公司应该优先适用，只有在州的保险法没有规定的时候才能适用联邦法律。而NAIC示范法规则本身并没有法律效力，只有示范和指导意义，但事实上，绝大多数的州都采纳了NAIC的示范标准，将其融入到州的立法中。另外，保险公司在经营过程中还要受到税法、会计法、破产法等相关联邦法律的调整。

日本的相互保险公司制度主要规定在《新日本保险业法》中，这部法律于1996年4月进行了全面的修改，其中一项重要的修改内容就是强化相互公司会员的法律地位，制定相互公司向股份有限公司进行组织变更的有关规定。目前规范日本保险业的法规主要有：《新保险业法》《保险业法施行令》《保险业法施行规则》和《损害保险费率计算团体法》。

德国法对相互保险公司的规定主要集中在1901年的《保险企业监督法》中。在该法的相互保险公司一章中，详细规定了相互保险公司的法律地位、设立条件、公司治理结构、公司组织形式变更以及解散清算等方面的基本原则。德国的相互保险公司分为大型公司和小型公司，其中大型的相互保险公司由于组织机构与股份公司很接近，在公司治理方面要适用《德国股份法》的规定，而小型公司则适用联合会的相关规定。

考察以上三个国家的相互保险公司法律制度，可以发现三者在立法模式上大体相似，都将相互保险公司作为一种独立的组织形式规定在最主要的保险法律中予以肯定，对其设立条件、组织机构、运营方式以及会员权利的规定既大量参照股份公司的相关制度，又在具体规则上突出相互保险公司的特性。在章节安排上，各国的保险法都以专门的章节规定相互保险公司的有关制度。

二、管理模式的比较

相互保险公司虽名为“公司”，但具有浓厚的互助合作色彩，其具体制度与传统的公司制度存在较大差异，形成了独特的组织结构和经营机制，在资本制度上有明显体现。

（一）创立基金的筹集制度

股份制保险公司的创立资金是通过向股东发行股票的方式筹集的，筹集到的资金为公司的资产，股东不可取回，以作为业务费用和担保资金。相互保险公司创立人按照一定的区域或行业标准，针对特定的人群招募会员，由这些会员事先缴纳一定的资金，另外，相互保险公司在设立之时必须募集一笔借款，这两种资金称为基金，用于支付公司的创立费用和初期的经营费用。基金的性质与股东缴纳的股金性质迥异，不是公司的资本而是公司的债务，公司会员以及债权人不仅享有债权，可以在一定期限内收回资金，而且还可以获取利息。当然，还本付息需要符合一定的条件，公司在摊销了全部创立费用及业务费用，并且扣除损失补偿准备金后，剩余的金额仍然大于或等于创立基金金额时，可以向债权人偿还基金；而支付利息的前提是业务收入填补了公司的业务损失并扣除业务费用后仍有剩余时方可付息。

虽然相互制保险公司没有资本金，但是也并非毫无经济能力的保证。

首先，当会员缴纳保险费以后，即享有获得保险保障的权利，同时对公司经营的利益享有所有权，因此，会员缴纳的保险费实际上同时具有保险费和资本金的双重性质，只是两者在数量上的区分不确定而已。其次，各国保险法一般都要求相互保险公司在设立之时必须拥有一定数量以上的会员，这些会员在初期缴纳的保险费保证了相互保险公司从设立之日起就具有相应的运转能力。

各国保险法对相互保险公司设立时的最低基金数额的要求有所不同，拿美国、日本和德国来说，总体上对创立基金的限制比较少。美国《纽约州保险法》没有对设立相互保险公司的最低基金数额作统一规定，只规定基金数额不少于初始盈余，而且在公司经营过程中不能低于最低盈余，对于初始盈余和最低盈余的数额根据险种的不同有不同的要求。《华盛顿保险法》规定，相互保险公司在任何时候都要保持一定的盈余基金，这一基金的数额不少于初始盈余和附加险种的盈余基金之和。

《日本保险业法》规定，相互保险公司创立之初必须拥有总额为10亿日元以上的基金，且必须以现金方式缴纳。这一数额与保险股份公司的最低注册资本规定没有区别。对于相互保险公司的基金，不仅在创立之初可以筹集，在成立以后也可以通过修改公司章程重新募集资金，增加基金总额，经过董事会决议后还可以发行公司债。股份有限公司可以转换为相互保险公司，转换后，其基金总额应达到规定的最低限额，基金总额的全部或部分，可在变更组织时通过提存准备金代替。

《德国保险企业监督法》的要求更为宽松，规定公司创立时筹集的资金称为组织基金。但其中并没有对组织基金的最低限额作出规定，但为保证保险公司的偿付能力，实践中以最低保证金作为组织基金的最低限额。组织基金的缴纳必须以现金的形式。而具体的基金数额、使用以及偿还方式则留给公司章程规定。提供组织基金的人作为出资人，法律并不要求其必须成为公司的会员，其向公司提供的资金可以是赠予也可以是借款，组织基金的偿还条件是在一个会计年度，公司的收入在提取法定准备金后仍有结余。

（二）保险费的缴纳制度

1. 关于保险费缴纳制度的选择

相互保险公司的保险费缴纳制度比较灵活，通常有摊收保费制、预收保费制和永久保险制三种。

摊收保费制是期末分摊损失的保费缴纳制度。在签发保险单时不预收保费，或者根据支付费用和赔偿损失的需要收取很少一部分保费。如果保险事故发生后，所收取的保费不足以赔偿损失，再按保险金额的比例分摊给公司会员，公司会员承担的责任既可以是有限责任也可以是无限责任。这是一种比较古老的保费缴纳方式。

预收保费制是期初收取所有赔偿和费用的保费缴纳制度。相互保险公司在签发保险单时按照支付一切赔偿费用、经营费用所需，以及维持或加强盈利水平的需要，向公司会员收取保险费。如果损失数额超过所收取的保费，可以要求公司会员补交相应的保险费，也可以修改保险合同，减少需要赔付的保险金额。采取此类保费缴纳制度的公司一般实力雄厚、规模较大，这一制度也是现代相互保险公司主要采用的制度。

永久保险制是一次性缴纳保险费的制度。保险长期有效，签发的保险单没有终止期。这就需要在签发保险单时公司会员一次性缴纳数额巨大的保险费，以保证该保险基金产生的投资收益足以支付经营费用和赔偿损失，若有盈余公司将分给会员红利。在永久保险制度下，双方当事人都有权随时终止保险合同，合同终止时公司应退还签约时该会员缴纳的保险费。这种制度的适用受到严格的限制。

究竟适用哪一种保费缴纳制度，各国的法律普遍将选择权交给公司，公司可以根据经营业务的种类、会员的意愿进行灵活的制度安排。但各国法律也不是完全“放任自流”，而是将保险费的缴纳制度作为章程的绝对必要记载事项，因为保险费的缴纳制度对会员利益影响很大，必须保证会员对缴纳保费的责任有明确的预期。我国在立法时应参照国外普遍的立法经验，要求相互保险公司必须在章程中对保费缴纳制度作出明确的规定。

2. 关于损失分担方式的选择

这三种制度中，预收保费制和永久保费制都属于签发保险单时预先征收保险费的制度，这为公司的正常运转提供了资金保障，但是由于保险业的风险性，经营中难免会出现资金运转困难的情形。针对这种情况，各国立法中一般要求公司经营收益必须在提取一定比例的准备金或公积金后仍有结余的情况下方可分配利润。

在公司发生亏损时，用准备金或公积金弥补亏损，但如果亏损超出了准备金的弥补能力，通常有两种途径分摊损失，其一，由公司决策机构决定是否追加保险费，如果认为有必要即可增加保险费的收取，其二，在不违反公司章程的条件下，根据多数会员的意愿，减少保险金的给付比例，降低支付保险金的数额。

在分摊风险方式的选择上，各国采取了不同的立法态度：德国保险企业监督法规定如果相互保险公司采取预缴保费的制度，则需要在章程中规定公司是否保留追加保费的权利，如果排除这项权利，章程中也要规定是否可以减少保险赔付。美国《纽约州保险法》规定，对于人寿保险的保单持有人，相互保险公司不得追征保费；但对于财产和责任险，相互保险公司必须在章程中对追加保费作出规定，除非事先获得监管机构的许可。

日本新的保险业法删除了旧保险业法中关于相互公司会员在必要时同意削减保险金额的规定。这一修改使相互公司的投保人与股份有限公司的投保人在这方面的权益相同，使投保人的权利得到了特别的保护。因而日本从立法上排除了以削减保险金额分担损失的方式。

三、建立主体的比较

不同国家的相互保险建立主体存在着一定的差异。

（一）日本

日本《保险业法》对发起人的人数和性质没有作出具体限定，则可理解为发起人至少在1人以上，可以是自然人，也可以是法人。在公司成立后对发起人身份的规定上，日本比较特殊。发起人并不当然地在公司成立后成为公司的会员，而是在公司成立后，发起人可以选择与公司订立保险合同成为公司的会员，也可以选择退出公司。如果选择退出公司，则会给予发起人一定的酬劳和利益补偿，关于补偿的具体方法和标准由公司章程规定。但需要注意的是，这一事项不是章程的绝对必要记载事项而是相对必要记载事项，所以最终的决定权还是在公司手中。

相互保险公司必须要等会员人数达到一定数量时才能成立，即设立时的会员人数必须达到100人以上。对会员的性质也没有具体限定，自然人和法人均可，依经营范围的不同而具体确定，如寿险公司的会员只能是自然人，财险公司的会员可以是自然人或者是法人。要想成为公司的会员，在设立阶段所需要的条件不是预先缴纳保费，而是递交入社申请书，在申请书上要表明愿意与公司订立保险合同的意思以及记载拟购买保险的种类，申请书经会员签名后发生法律效力。

（二）美国

《纽约州保险法》中，没有规定发起人的人数，但对发起人的性质作出了规定，自然人、法人以及合伙都具有发起人的资格。不同于日本的是，发起人在公司成立后只能选择成为公司会员，而不可以退出公司。对公司设立时的会员人数是否有要求，依公司经营范围的不同而区别对待。

如经营火灾险要求50人以上，经营盗窃险要求20人以上。除此之外，还规定了另外两个条件，即投保申请份数和保费收入。这两个条件是任何相互保险公司都必须具备的。但同最低盈余和初始盈余的规定一样，根据保险公司经营范围的不同，具体要求也有所差异，以下仍以寿险公司为例。

（三）德国

德国《保险监督法》对发起人的人数、性质没有规定。发起人在公司成立后也只能是通过订立保险合同成为公司的会员，而不能选择退出公司。关于在公司成立时会员人数是否必须达到一定的标准，以及会员性质法律均没有作出明确的要求。

（四）比较分析

以上三个国家的保险法对相互保险公司发起人的人数和性质都没有强制性规定。关于发起人人数的问题，在大陆法系的传统理念中，公司是法人中的社团法人，而社团法人的设立必须有2人以上的共同行为。所以在各国早期确立的公司制度中对发起人严格限制在2人以上。但是随着社会的发展，以及各国公司法对一人公司的承认，在立法上逐步放宽了对公司发起人人数的限制。这种立法的变迁也体现在了保险法对相互保险公司发起人人数的规定上。关于发起人的性质，大多数国家一般都认为可以是自然人或者法人，在相互保险公司发起人性质的问题上，各国也没有作过多的规定。自然人中的完全民事行为能力人是完全具有发起人资格的，但在是否允许限制民事行为能力人和无民事行为能力人的问题上，各国出现了分歧。日本和德国采肯定的态度，但是美国对此持反对态度。除自然人和法人以外，在合伙是否具有发起人的资格问题上，日本、德国与美国的规定不同。实际上，除美国允许合伙作为发起人之外，其他国家的立法都未予以明确的承认。

四、产品类型的比较

全球相互保险市场上，相互保险类型比较丰富，覆盖了较广泛的行业和人群，但各国的产品类型有所差异。2014 年，按照资产规模排名，扣除再保险公司，排名前 50 的保险公司中共有 9 家相互型保险公司，具体公司名称及主营业务如表 6－1 所示。其中位于日本的有 2 家，位于美国的有 7 家。其中有 5 家专门经营人身险业务；1 家专门经营财险业务；2 家既经营人身险，也经营财险业务；最后一家经营人身险、财险和再保险业务。

表 6－1　2014 年世界排名前 50 的保险公司中相互保险公司情况

单位：十亿美元

排名	公司名称	人身险	财产险	再保险	国家	总资产
15	Nippon Life	经营			日本	477.911
17	Zenkyoren（JA－Kyosairen）	经营	经营	经营	日本	438.276
25	New York Life	经营	经营		美国	279.562
26	TIAA Group	经营			美国	271.051
30	Northwestern Mutual	经营			美国	229.933
32	State Farm		经营		美国	—
34	Old Mutual	经营			英国	221.884
36	Massachusetts Mutual	经营			美国	209.096
39	Nationwide Mutual Insurance	经营	经营		美国	195.224

（一）美国的相互保险产品类型

美国的相互保险除了一般的寿险、非寿险等险种，还有一些由政府强制成立或受政策影响的相互保险公司，也形成了相应的险种。例如，20 世纪 30 年代，美国政府在商业保险不愿意涉足或不便经营的领域设立了一些专门的保险公司，以促进这些行业的发展，比较典型的有联邦农作物保险公司（Federal Crop Insurance Corporation）、进出口银行（The Export－Import Bank of The United States，EXIM BANK）和联邦存款保险公司（Federal Deposit Insurance Corporation，FDIC）。联邦农作物保险公司由美国联邦政府出资5亿美元创立，由农业部领导，独立经营农作物保险业务。进出口银行则代表政府承办出口信贷和海外投资保险业务，承保金额超过100亿美元。联邦存款保险公司是由美国财政部和联邦储蓄银行共同出资的，成立于1933年，到20世纪80年代中期该公司的存款准备金已达100亿美元。

美国还有针对特种职业人群的相互保险及相互保险公司，如美国教师退休基金会、保德信的退休军人保险以及医疗责任相互保险公司。美国教师退休基金会（Teachers Insurance and Annuity Association—College Retirement Equities Fund，TIAA－CREF），是专门以退休教师为对象的相互保险公司。除此之外，美国还有专门的军人相互保险，军人团体寿险和退役军人团体寿险是由政府同商业保险公司签订合同，为军人购买的保险。从1965年到现在，退役军人事务部都是从美国的保德信寿险公司购买保单。保德信寿险公司设立了专门的经营部门，负责军人团体寿险计划和退役军人团体寿险计划每天的经营运作。军人一旦入伍便自动获得40万美元保险金额的保单，这是军人团体寿险的最大保险金额，如果被保险人提出申请，在最大保险金额的基础上还可以增加5万美元。被保险人也可以减少保险金额或取消保单。军人在退役或离开预备役后有120天的延长期。军人团体寿险的保费由退役军人事务部和保德信寿险公司共同协商制定。

20世纪70年代，美国医疗过失索赔案件的数量和索赔的金额迅猛增加，商业保险公司的承保能力骤然紧缩，医疗责任险保费剧增，导致全美许多医生因“买不起保险”（Insurance Unaffordability）或“买不到保险”（Insurance Unavailability）而回避高难度的医疗服务，甚至退出医疗服务市场，造成严重的社会问题。为了解决这一问题，互助自保的医疗责任保险公司应运而生。现在，美国比较著名的有加利福尼亚州的医生公司（The Doctors'Company，TDC）、纽约州的医疗责任相互保险公司（Medical Liability Mutual Insurance Company，MLMIC）、FPIC 集团公司、MICA 公司等。相互保险公司的投保人和被保险人合二为一，所有投保的医疗服务提供者都有权利通过决策机关参与公司的经营，公司的经营结果和收益归全体会员所有。

（二）日本的相互保险产品类型

日本现在 41 家寿险公司中有 5 家相互保险公司，分别是日本生命人寿、日本明治安田生命、住友生命、富国互助生命保险及超日生命保险互助公司。

五、相关监管的比较

保险监管方式通常有三种：公示监管方式、形式监管方式和实体监管方式。公示监管方式因过于宽松不利于切实有效地保护被保险人的利益而被放弃；形式监管方式仅从实际出发，难以适应所有保险机构，加之保险技术性强，涉及的事务复杂多变，所以仅有某些基本原则难以起到严格有效监管的作用，所以也很少有国家适用。而实体监管方式则可以很好地避免前两种监管方式的弊端，对保险组织的市场准入、经营及市场退出进行全面有效地监管，所以现已被各国采用。

各国对于相互保险公司的监管都比较严格，这一点与保险股份公司的监管相类似，是由保险业的风险性决定的，从公司的设立、组织形式变更到公司的解散都要经过保险监督管理部门的审批，我国在引入相互保险公司制度时也要注意在监管方面的立法。

我国对保险股份公司的监管采用的是实体监管，这种监管模式应该同样适用于相互保险公司。从公司设立到终止，保险监督管理机构应全程监管，重点应加强对市场准入、组织形式变更和市场退出三方面的监管。另外，在公司经营过程中，还应予以全面管理和规范，依法对其经营活动进行监督和检查。

（一）各国相互保险法律监管概况

1. 美国相互保险法律监管概况

（1）监管体制

美国对保险业实行联邦政府和州政府的双重监管体制。联邦保险局和各州保险局之间是平行关系，而非隶属关系，拥有各自独立的保险立法权和管理权。对保险业的基本监管权在州政府，各州都在政府机构内设立了保险局。联邦政府在保险监管中的作用主要体现在：进行宏观经济政策的调控、直接的行政监管以及联邦政府的保险计划。

另外，为了协调各州的保险监管，美国成立了一个保险监管协调机构即全美保险监督官协会（NAIC）。虽然在理论上 NAIC 不是一个政府机构，而只是一个由指定和选举的政府官员组成的民间协会，但是它的作用远远超过了一个交换信息和意见的机构，在许多方面它实际上相当于一个全国性的联邦机构或其替代机构，同时它对各州的立法机构也有很大的影响。

（2）组织监管立法体例

对保险公司的组织监管主要是通过保险业法来实施的。保险业法是国家对保险组织、保险市场实施监督管理的法律。保险组织的设立、变更、清算及破产是保险业法的重要内容，也是国家通过法律手段监管的重点。

美国将保险业法列入保险法典。美国是判例法国家，但是在保险这一领域则采取了判例法与成文法兼用的态度。美国保险监管的成文法从总体上讲有三个层次：第一层是相关的联邦法律；第二层是 NAIC 示范法规；第三层是州保险法规。

在这三个层次中，州的保险法规是最重要的保险法规，对于各州的保险公司应当优先适用，如果州的保险法没有规定，再使用联邦法律。除此之外，保险公司在其经营的过程中也要遵守许多相应的联邦法规，如税法、会计法等。NAIC 示范法规不具有法律效力，除非它们被州立法部门以法律法规的形式加以颁布和实施。但事实上，绝大部分州都接受了 NAIC 的标准（NAIC 制定的有关偿付能力的最低标准就被 47 个州和哥伦比亚特区接受)。

各州在保险业法的编纂形式上，通常采取将保险业法列入本州的保险法典的方式。这种体例不单独制定保险业法，而是制定统一实施的保险法，其中包括对保险业调整规范的保险业法的内容。采用这种体例制定保险业法是为了确保法律规范制定的系统性和完整性。以纽约州为例，一部《纽约州保险法》就包括了保险业法和保险合同法这两大部分，对相互保险公司的组织监管，除破产适用《联邦破产法》以外，几乎全部适用《纽约州保险法》的规定。

2. 日本相互保险法律监管概况

（1）监管体制

日本的保险监管体制比较简单，由中央及中央下属的监管机构进行监管。日本的监管部门曾经是大藏省，在大藏省内设有银行局，银行局下设保险部。为摆脱金融危机、建立跨行业的金融监管体系，日本于 1997 年全面修改银行法，将财政与金融分开，并颁布《金融监督厅设立法》。1998 年 6 月成立了金融监督厅，直属于总理府，金融监督厅下设保险监管机构，具体负责对保险业的监管。

（2）组织监管立法体例

日本采取以单行的保险业法为主，以其他法律规范中调整保险业的规定为辅的体例，使保险业法成为一个集合概念。日本在制定了专门的《保险业法》的基础上，又先后制定了《关于外国保险事业者的法律》《关于保险募集管理的法律》和《关于损害保险费率算出团体的法律》等单行法来补充。1900 年《保险业法》制定以后，1912 年、1927 年、1933 年做过部分修改，1940 年进行了第一次全面修改。前三次的部分修改都没有涉及相互保险公司这一部分，在 1940 年的修改中新设了关于股份保险公司相互化、股份保险公司和相互保险公司合并的规定。1966 年 4 月，日本对《保险业法》进行了第二次全面修改。这次全面修改主要是在七个方面，其中在公司形式方面强化了相互保险公司会员的法律地位、制定了相互保险公司向股份保险公司进行组织变更的相关规定。此后，在 1998 年、2003 年又经历过数次修改，但都未涉及相互保险公司组织监管的内容。

3. 德国相互保险法律监管概况

（1）监管体制

由德意志联邦政府委托联邦保险监督局对保险业进行监管。保险监督局在联邦各州设有分局，地方分局同时隶属于州政府，但它们的职权范围限于对那些仅在本州范围内有业务活动的保险公司进行监管。

（2）组织监管立法体例

德国以单行法规的形式单独制定保险业法，采用这种形式所制定的保险业法律直接用保险业法、保险公司法、保险业监督管理法等名称，如德国的《保险监督法》即为此类。依照这种体例制定的保险业法有着明显的行政法规范的性质。德国 1995 年颁布的《保险监督法》是德国现行最主要的保险业法，该法明确肯定了对相互保险公司的适用。

（二）相应事项的监管

1. 对市场准入的监管

设立相互保险公司，必须向保险监督管理机构提交设立相互保险公司的申请。申请材料中应包括公司章程、创立基金的相关证明、创立基金提供者名册、发起人名册、经营计划及场所等相关资。对于申请资料应予以严格审查，对于经依法核准者发给营业执照对相互保险公司设立条件的审查主要包括三个方面：创立基金、发起人和会员条件以及章程，其他条件则可适用保险股份公司的相关规定。其中关于创立基金的要求前文已经讨论，此处不再赘述，下面探讨对发起人和会员条件以及章程的监管。

（1）发起人和会员条件

纽约州和华盛顿州的保险法对发起人和会员的资格都没有限制，“任何自然人、政府或政府机构、州或其他政府部门、协会、财团、信托组织都可以作为相互保险公司的会员”。但对于会员人数则根据公司经营险种的不同而有所限制。另外，《纽约州保险法》还对投保申请份数和保费收入的数额有所限制，具体要求也根据险种而确定。

《日本保险业法》对发起人的性质和人数都没有限制，公司成立后发起人的地位比较特殊，其拥有一项选择权，既可以选择与公司订立保险合同成为公司会员，也可以选择退出公司，选择退出的发起人根据公司章程或保险条款的规定，可以向公司请求归还其出资并可以获得相应的报酬。设立相互保险公司所必须的会员人数为 100 人以上。会员的条件依公司所经营范围而异，寿险公司的会员只能是自然人，财险公司的会员既可以是自然人也可以是法人。在会员与投保人关系上，新修订的《保险业法》放宽了相互保险公司接受投保的范围，规定向相互保险公司投保并不必须成为公司会员，也就是说，允许相互保险公司存在非会员投保人。

德国的《保险企业监督法》对发起人和会员的人数、性质均无规定，完全由公司章程自治，但根据相互保险公司的性质，至少应有两人以上签订设立协议方能组建公司。另外，不同于日本法的规定，发起人在公司成立以后必须成为公司的会员，没有退出的权利。

可以看出各国对发起人、会员的人数和性质的限制都比较少。笔者认为，为了充分发挥相互保险公司的灵活性，以适应特殊行业、特殊人群多元化的保险需求，对发起人和会员的性质不应有所限制。允许自然人、组织、企业以及政府部门都能参与其中，最大限度地利用一切社会资源，也为政府对特殊行业（如农业）给予财政扶持提供途径。但对于发起人和会员的法定最低人数则应有一定的限制，因为保险的原理之一就是大数法则，如果人数太少将不能起到分散风险的作用。至于具体的人数规定，应该结合我国保险业的实际情况确定合理的标准。

（2）章程

对章程的监管主要表现在对审查章程中的绝对必要记载事项上。依据法律对公司章程记载的事项有无明确规定，以及所记载事项对章程效力的影响，章程的记载事项可分为绝对必要记载事项、相对必要记载事项和任意记载事项。其中绝对必要记载事项是指公司法规定的公司章程必须记载的事项，公司法有关公司章程绝对必要记载事项的规定属于强制性规范，体现了公司的强制与自治关系中的强制方面，也践行了公司法中国家干预的理念。从法理的角度讲，若不记载或者记载违法，则章程无效。而章程无效的法律后果之一就是公司设立无效。

《纽约州保险法》规定章程大纲应当包括以下内容：公司名称；主要办事机构所在地；将要经营的险种；公司权力如何行使；董事会的人数；选举董事会会员和高级管理人员的时间和方式、填补空缺的方式；公司第一次年会之前首任董事的姓名以及住址；公司的存续年限。以上内容属于绝对必要记载事项，公司章程必须通过公司创立大会，并且由保险监管机构批准后方可生效。

日本相互保险公司章程中的绝对必要记载事项包括：公司的目的，名称，主事务所所在地，基金总额，有关基金提供者权利的规定，基金偿还方法，盈余分配方法，公告方法，发起人的姓名及住所。

德国相互保险公司章程中包含的必要记载事项包括：公司名称、主要营业所在地、公司的经营范围、会员资格的取得、保险费的缴纳制度、盈余分配、组织基金的数额和偿还方式、公司的治理结构以及公示方式。

各国法律对于相互保险公司章程的要求体现了其不同于股份公司的特点，如要求规定基金数额及偿还方式、出资人的权利以及利润的分配方式等。笔者认为，我国在规定章程必要记载事项时应从以下两个方面考虑：一方面，要考虑到保证公司经营的灵活性，对于诸如保险费的缴纳制度、盈余的分配方式等问题法律不宜作过多的限制，而应允许章程自治；另一方面，对于涉及会员重大利益的事项，要发挥国家的监管作用，如公司是否享有追征保险费的权利、盈余的分配规则等，因此，法律应要求公司章程以必要记载事项的形式规定这些事项。具体而言，相互保险公司的章程中应包括以下绝对必要记载事项：公司名称，公司的经营范围、会员资格的取得、基金的总额和偿还方式、保险费的缴纳制度、盈余的分配方式、公司的组织机构。公司的章程要经创立大会通过，并且报经保险监督管理机关批准方能生效。

2. 对组织形式变更的监管

相互保险公司发展到一定规模后，出于融资、并购等目的可能需要变更为保险股份公司，而保险股份公司根据经济形势、市场状况也可能需要变更为相互保险公司。法律应为这些需要提供双向变更通路，并加以规范，在提高保险公司适应市场能力的同时维护保险市场的正常秩序。

相互保险公司组织形式变更，是指在保持相互保险公司法人人格持续性的前提下，无须经过解散、清算、重新设立等程序，将公司从一种法定形式转变为另一种法定形式的行为。其实质是公司行为能力和权利能力的变化，会影响会员、股东及相关人的利益，因此现代各国对公司组织形式的变更多采用种类限制主义。相互保险公司组织形式变更的研究重点是与股份保险公司的相互转化，也称为“相互化”和“股份化”。日本《保险业法》和美国《纽约州保险法》允许相互保险公司与股份保险公司在形式上互相转化，但德国的《公司改组法》只允许相互保险公司变更为股份保险公司。

美、日、德三国对于保险公司组织变更都采取严格的核准主义，组织机构变更必须获得保险监督管理机构的许可，监管机构要对申请变更形式的公司依法进行审查，重点审查公司组织形式变更后资产是否充足，投保人及会员的权利是否得到充分的行使以及利益是否得到了妥善的安置，并对变更的全过程进行严格监管。

（1）股份保险公司的相互化

①变更条件

日本《保险业法》和美国《纽约州保险法》对转化具体条件的规定大同小异，在形式变更中有两项非常核心的内容，即制定组织变更计划书和获得保险监管部门的许可。

A. 制定组织变更计划书

在股份保险公司组织变更时，应当首先制定组织变更计划书。计划书必须对以下事项作出规定：第一，变更为相互公司后的基金数额。该数额必须符合法律规定的最低要求；第二，变更时提存的基金偿还准备金和损失弥补准备金的金额；第三，对股东的补偿计划，具体列明对股东股份的收购价格；第四，对投保人的权利保护。

董事会在制定了计划书以后，必须提交股东大会表决通过。因为组织变更使股东投资的股票转变为现金补偿，对其权益的影响非同小可，所以计划书完成后应当提交股东大会表决，对通过决议的表决权比例也有很高的要求。日本《保险业法》第 69 条规定，计划书由在该股东大会上可行使表决权的股东的表决权的过半数的股东出席，以出席股东的表决权的 2/3 以上多数通过。

《纽约州保险法》第7302条要求必须经股东大会的绝大多数通过，但没有规定具体的通过比例，而是交由保险监管机构做出认定。

除要提交股东大会表决以外，为了保护投保人的权利，纽约州还规定必须召开投保人大会，在投保人大会上经投保人多数通过。日本则是采取赋予投保人异议权的方式，保护投保人权利：如果股东大会通过了计划书，则自通过之日起两周内，股份保险公司应将计划书内容和资产负债表进行公告。若投保人对公告有异议，可以在一定期间内提出。如果提出异议的投保人人数超过投保人总数的1/5，且提出异议的投保人对保险公司的相关债权（不包括保险金请求权）的金额，超过监管机构规定数额的1/5时，变更决议不生效力。

B. 获得保险监管机构的许可

股份保险公司变更为相互保险公司必须经过保险监管机构的许可，否则变更不发生效力。监管机构应就变更计划书是否具备法定内容、组织变更后的相互保险公司的资产是否充足、组织变更是否侵害了投保人的权利进行审查。纽约州还允许保险监管机构派出专门的人员，对组织变更的整个过程进行监督，对与变更有关的重要事项可以调查或要求公司提供证据证明。

②变更的法律后果

A. 股份保险公司变更为相互保险公司后，法人人格继续存在，变更前公司的权利和义务由变更后的公司继续享有和承担。

B. 股份保险公司的投保人自动成为组织变更后相互保险公司的会员。

C. 股东权利的保护。可以说，在股份保险公司向相互保险公司变更中，对股东权利的保护是非常重要的事项，但是日本和纽约州的保险法对此规定详略不同。日本《保险法》规定得很简单，只要求在组织变更计划书中记载对股东补偿的相关事项。而美国《纽约州保险法》对如何收购股东股份作了详尽的规定。从立法上不同的规定似乎可做这样的推断：两国对股东权利保护的具体方法不同。日本对股东的补偿方式多样化，法律并不作限定，只要股东大会通过即可。而纽约州对股东的补偿方式则只有法定的一种，即收购股东股票。

D. 组织变更无效之诉。日本《保险业法》规定了这一制度，主要有以下要点：第一，提起变更无效之诉的时间：自组织变更之日起6个月内。第二，有权提起的主体包括变更前股份公司的股东、对组织变更未予承认的债权人。但是不足的一点是对于变更后相互保险公司的会员是否有提起权没有作出明确规定。第三，对提起无效之诉的事由没有限制。第四，诉讼管辖：由相互保险公司主要办事机构所在地的地方法院专属管辖，被告为相互保险公司。第五，提起诉讼时是否要求提供担保：法院可以根据被告的请求要求原告提供担保，但股东是董事或监事时不在此限。第六，变更无效的判决确定时，相互保险公司应在本公司所在地进行变更登记，该变更登记为回复登记，即回复为原股份保险公司。

（2）相互保险公司的股份化

①变更条件

相互保险公司股份化的条件与股份保险公司相互化的条件基本相同。

A. 制定组织变更计划书

在组织变更计划书应当规定的事项上，三个国家的规定基本一致，主要包括两方面的内容：第一，组织变更后的股份保险公司的章程和资本额。章程和资本额是公司设立最基本的两个条件之一，因为组织变更不是设立新公司，所以不再需要规定发起人条件。只要具备了章程和资本这两项，对变更后的股份公司的监管就基本到位了。第二，对会员的权利保护。在相互保险公司中，会员集所有人和投保人的身份于一体，当相互保险公司变更为股份保险公司以后，这两种身份就会发生分离。如何在分离的过程中使会员的权利得到切实的保障，关系到变更后的股份保险公司能否正常运作。

组织变更计划书由董事会制定，交由会员大会表决。相互保险公司会员大会的表决方式是一人一票，而不考虑其保险关系的数量和大小。日本《保险业法》规定应以会员过半数以上出席，出席会员表决权3/4以上多数同意。

德国《保险监督法》也要求经所投票的3/4多数的同意，但对有效的出席人数没有规定。同时章程可以规定较大的多数和其他的要件。《纽约州保险法》规定，会员表决的方式不是通过召开会员大会，在大会上进行表决，而是可以通过代理人或邮件的形式来投票。从以上三个国家的规定可以看出，组织变更计划书必须经过会员大会的表决通过，尽管对通过比例的规定有所不同，但都是绝对多数，要求十分严格。

日本《保险业法》除规定组织变更计划书要交会员大会表决之外，还规定了投保人异议制度，与股份保险公司相互化的规定基本相同。德国也有异议制度，但内容与日本有所差异，区别主要在于对异议的处理方式不同。根据日本《保险业法》的规定，当提出异议的投保人人数和投保人对公司的债权均达到法定标准时，组织变更决议不生效，也就意味着不能进行组织变更。而在德国，对于投保人异议的处理采取“现金一次补偿的要约”方式。按照这种制度安排，在组织形式变更公告期间，对于提出异议的记录在册的任何一名投保人，相互保险公司都应向其发出以给予现金一次补偿为条件取得其会员资格的要约。如果投保人在规定期限内做出承诺，就可获得相互保险公司的一次性现金补偿，以交换其会员资格。如果拒绝要约，异议投保人仍是相互保险公司的会员，但是丧失了在改组决议通过后法定期间内对决议有效性提出诉讼的权利。《纽约州保险法》没有具体规定投保人异议制度，而是交给公司章程规定。相比较而言，日本的异议制度倾向于保护投保人的权利，而德国的异议制度对相互保险公司的保护力度大些，只要组织变更计划书在会员大会上表决通过，就可以进行组织变更，投保人的异议不会形成阻碍。获得保险监管机构的许可保险监管机构审查的内容、方式与股份保险公司的相互化基本相同。

B. 其他条件

相互保险公司在变更为股份保险公司以后，应当符合保险法和公司法规定的股份保险公司的条件，如资本要求、组织机构要求、名称要求等。除此之外，各国还有一些其他的条件，如日本要求在组织形式变更之前必须将基金偿还完毕，否则不得进行形式变更；德国要求组织形式变更后在股份保险公司参股的任何一名会员至少取得完整的一股。

②变更的法律后果

A. 相互保险公司变更为股份保险公司后，法人人格继续存在，变更前公司的权利和义务由变更后的公司继续享有和承担。

B. 相互保险公司会员权利的保护：在组织变更时，相互保险公司的会员可以选择接受变更后股份保险公司的配股成为公司的股东，或是退出公司获得补偿，或同时选择这两种方式。如果选择配股，则涉及配股的标准问题，在这一问题上三个国家的规定有所不同。日本和美国纽约州的标准相同，都要求与会员的贡献相应，对会员贡献的计算公式亦相同。

德国确立了法定的六个标准，只能按标准中的一种或数种计算，具体操作由变更计划书规定。如果会员选择退出公司，则应获得相应的补偿。关于补偿的形式，日本和德国原则上采取现金方式，纽约州的补偿形式多样，包括现金、股份公司的有价证券等。至于补偿的标准，日本和德国的规定比较抽象，只是要求补偿方法要对所有会员公平，同时适当考虑会员的贡献，具体方法都交由组织变更计划书来规定。《纽约州保险法》规定的补偿方法是：先计算出会员依照贡献应当折合的股份数，再将相当于股份在公开市场上取得的收益在会员之间分配。为了防止损害会员利益，法律要求股票价格的评估者必须是股票的发行商、信托机构以及其他进行这类评估的专门机构，要求它们的唯一宗旨是为投保人的利益服务。评估收益依照组织变更计划书所确定的方法和程序来分配，一方面要对所有的会员都公平，另一方面也要考虑会员对公司的贡献程度。

从以上考察可以看出，各国对相互保险公司组织形式变更的监管呈现出以下特点：第一，法律的监管非常严格，渗透到了形式变更的整个过程。例如，对变更程序的规定、对组织变更法律后果的规定。第二，非常重视对会员和股东权利的保护。如要求组织变更计划书必须要在权力机构大比例通过，同时赋予会员或股东异议权。

3. 对市场退出的监管

相互保险公司这一新的组织形式具有门槛低、经营灵活等优势，一旦为法律所确认，将会吸引很多社会资本的涌入。要促使这一市场的健康发展，必须完善竞争机制，让资质参差的市场主体在竞争中优胜劣汰。完善的退出机制，正是竞争体系的必要组成部分。

相互保险公司的退出机制包括解散和破产清算两种途径。无论何种退出途径，分配财产时均应遵循支付清算费用、清偿债务、偿还基金、分配剩余财产的顺序，其中，会员基于保险合同的权利应作为优先债权先于普通债权和基金获得清偿。

各国对于相互保险公司的破产清算和解散中的强制解散程序没有特别的规定，与保险股份公司适用的法律相同，受到保险法和破产法的共同调整。自愿解散的情形包括依章程规定而解散、会员大会决定解散以及保险合同的概括移转。依公司章程而解散包括章程规定的存续期间届满和章程规定的解散事由发生两种；会员大会决定解散，各国均要求通过会员大会的特别决议；保险合同的概括移转是相互保险公司与其他保险公司订立合同，将全部保险合同概括地转移给其他保险公司，从而解散公司的行为，是相互保险公司特有的解散方式。这种方式主要适用于经营人寿保险业务的公司。因为人寿保险承担着保障被保险人生老病死的保险责任，一旦解散会对被保险人生活和社会安定造成十分不利的影响，所以经营人寿保险业务的公司要退出市场必须转移人寿保险合同的权利义务。这一途径不仅需要特别表决通过，而且要赋予会员权益保障方面的权利，如日本法上的异议权制度。

（1）相互保险公司市场退出事由

①日本

相互保险公司的退出事由主要由两部分构成，一是《公司法》中规定的股份保险公司的解散事由；二是《保险业法》关于相互保险公司解散事由的专门规定。具体而言主要有：①章程规定的存续期间的届满；②章程规定的解散事由的发生；③合并；④破产程序的开始；⑤命令解散的裁判；⑥保险合同的概括转移；⑦执照的取消；⑧会员大会决议解散。

②德国

德国将相互保险公司的解散事由集中规定于《保险监督法》中。主要有以下事项：①公司章程规定的公司存续期已届满；②经会员大会决议；③对公司资产开始实行破产程序；④保险合同的概括转移；⑤依照终局法院因公司欠缺足够资金偿付破产程序的费用而拒绝开始破产程序的裁定。

③美国

纽约州相互保险公司的解散事由适用《纽约州公司法》以及《联邦破产法》的规定。《纽约州公司法》没有列举公司的解散事由，而是将解散事由分为“非法庭勒令解散”（Non－Judicial Dissolution）和“法庭勒令解散”（Judicial Dissolution）两类，分别相当于自愿解散和强制解散。

以上解散事由中，保险合同的概括转移是相互保险公司特有的解散事由，故在本文中予以详细论述。

保险合同的概括转移，是指相互保险公司可以通过与其他保险公司订立合同（以下称为“转移合同”），将责任准备金计算基础相同的全部保险合同总括地转移给其他保险公司，从而解散移转公司的行为。移转目的公司可以是相互保险公司或股份保险公司。在转移合同中应当同时对财产转移的相关事项作出规定，移转公司必须保留必要的财产以保护投保人及债权人的利益。

除与目的公司订立转移合同外，还有几个重要的步骤：

A. 决议。无论是移转公司还是目的公司都必须首先经会员大会或股东大会的特别表决通过。

B. 转移合同的公告及异议的提出。移转公司应在法定期间内，将转移合同的主要内容、移转公司和目的公司的资产负债表予以公告。在公告中应当表明，如果投保人有异议，可以在一定期间内提出。该期间由公司自行决定，但不得低于法定期间。如果在异议期内，提出异议的投保人超过一定比例，如日本规定异议的投保人超过移转投保人总数的 1/5，且异议投保人的保险合同相关债权的金额中，内阁府令规定的金额超过所有移转投保人该金额总额的 1/5 时，不能进行转移。反之，没有达到以上比例时，则视为全体会员同意保险合同的转移。

C. 许可。保险合同的移转必须获得监管机构的许可，否则不产生效力。作为相互保险公司市场退出的特殊事由，笔者认为其对于寿险公司的意义远大于经营其他保险业务的保险公司。因为人寿保险公司承担着大批被保险人的保险责任，大量被保险人的生老病死或养老保障都依赖保险公司，再加之人寿保险公司的责任期长、责任积累巨大，保险公司一旦解散或破产，对被保险人的生活保障乃至社会的安定都将构成严重的影响。所以，各国一般都不允许经营有人寿保险业务的保险公司解散，进入清算程序。但是，相互保险公司具有很强的人合性，如果法律强制不允许其解散，可能反而会影响公司的稳定。于是，便通过规定这一事由来解决困局。

总体来说，相互保险公司的解散一般应具备两个条件：

第一，解散事由。相互保险公司的解散事由可以分为两类，一类是自愿解散事由，主要包括：a. 章程规定的公司存续期届满；b. 章程规定的解散事由发生；c. 会员大会决议解散，采取特别决议的方式，要求比例较大的多数通过。如德国《保险监督法》第 43 条规定决议解散必须经全体会员 3/4 多数同意，章程可以规定更高的比例；《纽约州公司法》第 1001 条要求经会员大会 2/3 以上通过；d. 保险合同的概括转移。另一类是强制解散事由，包括破产、取消执照、命令解散等，与股份保险公司基本相同。

第二，解散必须经过保险监管机构的批准。

（2）相互保险公司市场退出程序

在相互保险公司的市场退出程序中，清算是最重要的程序，也是各国监管的重点。相互保险公司的清算，是指相互保险公司解散时，清理其债权债务，处分财产，终止其法人关系，从而消灭公司法人资格的程序。相互保险公司除因合并或分立而退出市场外，都要经过清算程序。根据解散原因不同，分为非清算程序和破产清算程序。

①非破产清算程序

A. 清算人的选任：原则上除合并和破产外，董事即为清算人，但章程有另外规定或会员大会已经选任他人时，不在此限。在特殊情况下对清算人的选任有特别规定，如日本规定如果是因为执照被取消而解散的，直接由内阁总理大臣选任清算人。德国规定在监事会的请求下法院可以指派清算人。

B. 财产处分顺序：无论各国规定的详略如何，主要事项的顺序安排都是相同的，即在支付了清算费用以后，按此顺序分配：债权→基金→剩余财产分配给会员。债权包括优先债权（会员在保险合同项下的权利、有担保的债权）和普通债权。基金的偿还必须在相互保险公司债务清偿之后。在清偿了债务及退还了基金之后，剩余财产必须分配给会员。日本依照会员的贡献度分配；德国按照利润分配标准分配剩余财产，但章程可以另行规定；美国依照会员缴纳的保险费占所收保费总和的比例来分配。

②破产清算程序

因为有多种重组的可能，相互保险公司进入破产程序的清算是非常罕见的。因此各国都没有关于相互保险公司破产的专门规定，而是类推适用股份保险公司的破产规定和相互保险公司的非破产清算程序。

（3）相互保险公司市场退出的法律后果

相互保险公司退出市场之后，其法人资格消灭，不能再从事保险业务。总的来说，相互保险公司在市场退出的方式、条件上与股份保险公司的区别主要有两个：第一，在解散事由上比股份保险公司多了“保险合同概括转移”这一项。第二，在清算财产的分配顺序上有所不同。

我国在设计相互保险公司的退出途径时，强制解散和破产清算应适用股份公司的相关规定，而自愿的非破产解散则需要特殊规则的调整。具体而言，对于会员大会决定解散的情况，应以特别表决通过，即达到出席会员表决权的3/4；对于保险合同的概括移转情况，也应引入会员的异议权制度，强化对会员权益的保护。不管是哪一种退出途径都要经过保险监督管理部门的批准，监管部门应对公司的债务偿还计划、剩余财产分配计划予以审查，公司进入破产程序的，还应该对破产程序进行监管。

六、税优政策的比较

不同国家的保险相关税法对相互保险不同相关主体的税有不同规定。对相互公司来说，与股份制公司相比，因其不以营利为目的，所以很多国家规定不征收企业所得税。美国各州保险立法允许相互保险公司享有优惠的税收待遇，如在明尼苏达州，股份保险公司所得税率为2%，而资产低于16亿美元的相互保险组织只有财产和意外险保费需要纳税，且税率为1.6%。另外，日本财政也设立农业共济保险专项资金，提供农业互助保费补贴，并向农业相互保险组织提供运营费用补助。

七、运营和投资的比较

随着相互保险公司规模的扩大和经营范围的拓展，由于会员的分散性和管理的专业性，最初的会员直接管理、充分自治已经很难实现，逐渐被代理制度所取代，即相互保险公司将其业务委托给具有专业化管理能力的代理人进行运营，代理人以相互保险公司的名义经营，接受公司的指挥和控制，经营的风险和收益都由公司承担，事实上即由公司的会员承担。

因而，相互保险公司在治理结构上已经与股份制保险公司趋同，如前所述，相互保险公司在治理结构上存在缺陷，我国在借鉴国外相互保险公司治理结构的同时也应针对其缺陷进行改良和优化。

（一）组织机构设置

相互保险公司的组织机构一般包括会员大会、董事会和监事会。其中会员大会是最高权力机构，董事会和监事会皆由会员大会或会员代表大会选举产生，董事会为业务决策和执行机构，监事会为业务监督机构。

1. 日本

日本相互保险公司的组织机构由会员大会、董事会、监事会组成，其中董事会和监事会都由会员大会选举产生，两者处于并列的地位。除基本结构之外，还有一些辅助机构，如投保人恳谈会、评议委员会。投保人恳谈会的主要作用在于向董事会提出意见、要求，以听取并反映投保人的意愿，每2~3年分别在保险公司每个分公司召开，保护投保人的权利。评议委员会是董事会的咨询机构，负责对一些经营上的问题陈述意见，由会员和有常识经验者组成。

2. 美国

美国相互保险公司的组织机构与日本不同，它是由会员大会和董事会组成，没有设监事会，这种组织机构与其股份公司的制度安排相一致。

3. 德国

德国相互保险公司的组织机构也是由“三会”组成，但在董事会和监事会的关系上与日本不同。三者的权力位阶相比较，会员大会或会员代表大会处于最高地位，其次是监事会，而董事会由监事会产生，位阶最低，这一设置也与《德国股份公司法》的规定保持一致，其特殊之处体现在区分大型相互保险公司和小型相互保险公司，前者适用股份法的规定，后者则适用联合会的规定。

借鉴国外立法经验，我国未来相互保险公司组织机构的设置应参照股份公司的规定，包括会员大会、董事会以及监事会。

（二）职权分配

1. 会员大会

由于现代相互保险公司会员众多且一般分布比较分散，实践中通常根据章程的规定从会员中选举会员代表，组成会员代表大会，行使会员大会的职权。如日本法对会员代表大会的法律地位、选举方式以及职权都作了明确的规定。其保险业法规定，根据章程规定可以设立会员代表大会以代替会员大会，并对会员代表大会的选举办法作了详细规定：“会员代表由会员代表候补选拔委员会从会员中选出，任期4年，每个会员代表各拥有一票表决权。并将提案权、会员大会监事选任请求权赋予3名以上的会员代表，将会员代表大会召集请求权赋予相当于会员总数千分之三的会员，或3000名以上6个月之前至今一直是会员的会员，或9名以上的会员代表。”德国《保险企业监督法》规定，相互保险公司最高权力机构由章程确定，既可以采取会员大会形式，也可以采用会员代表大会形式，如果选择后者，章程中应该规定确定会员代表的方式。会员大会或会员代表大会通过行使表决权作出决策。相互保险公司会员的表决权体现鲜明的“人合性”，会员大会采取一人一票的表决权，说明每一位会员都平等地享有管理公司的权利，这一特点与采取资本多数决的股份制公司相区别。

对比各国会员大会的职权，可以看出其职权基本与股份公司的职权相同，对于董事会、监事会选举、组织机构的变更以及公司解散等重大问题都由会员大会决定。

相互保险公司会员行使表决权是其作为所有者对公司进行管理和控制的核心权利，公司会员在会员大会或会员代表大会上对公司的重大决策事项进行表决。另外，相互保险公司会员的表决权不同于股份制保险公司，采取一人一票制度，充分体现了人合性、平等性。

对于会员行使表决权的方式，美国各州保险法都作了比较灵活的规定，这主要是为了方便会员行使投票权，因为在会员众多且分散的情况下，将所有会员召集在一处开会是十分困难的。而且成本很高，会影响会员参与公司管理的积极性，因而允许会员可以代理投票、信函投票甚至网上投票。但对于管理层会员的代理投票权则予以严格限制，因为管理层一旦掌握这项权利，将很容易操控公司的决策，使会员的表决权名存实亡，再加上相互保险公司对管理层制约机制的缺陷，极易导致管理层为谋求自身利益而牺牲会员利益的情况发生。

我国对于会员的表决权，也应规定“会员大会采取一人一票表决制”，同时为了方便相对分散的会员能充分行使表决权，对表决方式应作灵活规定，允许会员可以通过代理人、信函或者电子邮件等方式投票。但应严格限制管理层的代理投票权，防止管理层侵害会员权益。

会员大会一般一年召开一次，在特殊情况下可以召开临时大会。如《日本保险业法》规定，“相当于会员总数千分之三的会员，或3000名以上6个月之前至今一直是会员的会员拥有召集会员大会的请求权”。对于会员大会召开的最低法定人数，美国纽约州和华盛顿州的保险法以及《德国保险企业监督法》都没有具体的规定，而《日本保险业法》则对于特定的表决事项规定了最低出席人数：“对于相互保险公司组织形式变更和公司解散的决议必须由会员大会或会员代表大会作出，且应以会员过半数以上出席作为有效的出席人数。”

会员大会的决策权主要包括以下几个方面：

（1）对董事会和监事会享有选举权。随着相互保险经营规模的不断扩大，会员人数众多并且分散，对于公司的实际经营管理主要由董事会来完成，董事会的行为对公司经营状况具有关键性作用，而公司会员是公司经营结果的承担者，因而会员要实现对公司的控制权必须掌握董事会的选举权。这是法定赋予会员大会的权力，《华盛顿州保险法》规定：“除章程另有规定外，每一个会员在达到合理的会员期限要求和章程规定的持有的保险数额的要求后都平等地享有选举董事的权利，即一人一票制。”“公司的管理层会员不得代理任何会员投票。”在德国，由于董事会是由监事会选举产生的，因而会员大会只负责选举监事会。

（2）对组织形式变更、公司解散的决议权。组织形式变更包括相互保险公司变更为股份制保险公司和股份制保险公司变更为相互保险公司两种方式。保险公司变更组织形式的规定必须由会员大会或股东大会决议。对于相互保险公司变更为股份制保险公司的情况，《华盛顿保险法》规定变更决议必须由 2/3 以上多数会员通过，《纽约州保险法》对会员的表决方式作了较为灵活的规定，会员可以通过代理人或以邮件的形式投票；对于股份制保险公司变更为相互保险公司的情况，《纽约州保险法》要求必须经股东大会的绝大多数通过，但没有规定具体的通过比例。公司解散决议也由会员大会作出，《纽约州保险法》规定要求会员大会 2/3 以上通过。德国和日本对于相互保险公司组织形式变更和公司解散的决议，都要求达到出席会员表决权 3/4 多数同意。二者的不同之处在于，日本法上要求过半数以上的会员出席方能生效，而德国法对出席人数并不限制。无论是组织形式变更还是公司解散的决议，在经过会员大会通过后，还必须经过保险监督管理机构的批准方能生效。

（3）对盈利分配的决定权。对于这一权力的分配各国的规定不尽相同，日本和德国都将这一决定权交由会员大会行使，而美国《华盛顿州保险法》则将这一权力赋予了董事会。相比较而言前者的权力分配方式能够防止董事会架空会员的利润分配权，更有利于保护会员的权益。

（4）其他权利决策权。各国对会员参与公司管理的其他权利一般不作特别规定，而是参照适用对股东的相应权利的规定。例如，与保险股份公司股东会一样，相互保险公司的会员大会还享有其他重大事项决策权，修改公司章程，授权发行公司债券，转移保险业务等，在进行重大事项的决议时要求较高比例的通过率，如日本和德国都要求达到所有表决权的 3/4 多数同意。其中，《日本保险业法》的规定十分详细，如其规定了“相当于会员总数千分之一以上的会员，或 1000 名以上 6 个月之前至今一直是会员的会员拥有代表权、提案权、会员大会监事选任请求权”“相当于会员总数千分之三以上的会员，或 3000 名以上 6 个月之前至今一直是会员的会员拥有召集会员大会的请求权”。

（5）异议权

《日本保险业法》赋予了会员一项特殊的权利——异议权。日本法上的异议权与德国法上的异议权大异其趣，前者达到法定的条件时即可推翻公司决策机构作出的某项决议，事实上是会员参与公司经营管理的一项权利，而后者的行使不会影响到决议的有效性，只引起补偿权的发生，其实质是一种选择权。

《日本保险业法》规定的异议权适用于两种情形，一种是公司组织形式变更情形，在相互公司股份化过程中具体行使方式是：在会员大会通过了组织变更计划书后，应对计划书予以公告，投保人可以对计划书提出异议，如果提出异议的投保人数超过了总人数的1/5，且提出异议的投保人对保险公司的债权金额（不包括应付的保险金数额），超过规定数额的1/5，则变更决议不发生效力。股份公司相互化过程中投保人也具有类似的异议权。另一种是保险合同概括移转的情形，具体行使方式是：会员大会通过移转合同的决议后予以公告，如果在异议期限内提出异议的投保人超过投保人总数的1/5，且提出异议的投保人的相关债权的金额超过规定数额的1/5，则移转决议不发生效力。另外，股东或会员还可以提起组织变更无效的诉讼，“组织变更之无效，得自组织变更之日起六个月内，于主事务所所在地，以诉讼主张之”。诉讼权利具体的行使规则适用商法的规定。

2. 董事会和监事会

相互保险公司的董事会和监事会的制度安排也基本参照股份公司的相关规定，因而各国的董事会和监事会的具体制度因各国股份公司制度的差别而异。

美国《纽约州保险法》规定提名董事需要满足两个条件：全体会员的千分之一或者五百名会员联名签署提名书，并且提交保险监管机构批准。

董事会的职权除公司的日常经营管理之外，还享有分配红利的决定权：日本董事会和监事会都由会员大会（会员代表大会）选举产生，分别为公司的业务执行机构和业务执行监察机构，与股份有限公司的董事会、监事会拥有同样的地位，在《保险业法》中大量适用商法条文，该法还规定了会员对董事监事提起代表诉讼的权利，自6个月以前至今一直是会员者皆可对董事或监事提起代表诉讼。但是，当被告的董事等判明会员提起的诉讼为恶意时，法院可接受董事的请求，命令其提供相应的抵押。

德国相互保险公司的监事会由3的倍数的人数组成，但不超过21人。监事由会员大会或会员代表大会选举产生，其最主要的职权是选任董事、对公司经营状况进行监督以及确定结算方案和利润分配方案。董事会由两人或两人以上组成，其任职资格和职权依照《德国股份法》的相关规定，董事会的会员在违法偿还组织基金及利息、违法分配公司资产、违法承认债权，以及在公司资不抵债进行支付时要承担损害赔偿的责任。

本书认为，对董事会和监事会的制度安排也应以《公司法》对股份公司的要求为准。另外，为加强会员对抗管理层的能力，要赋予会员对董事、监事提起代表诉讼的权利，同时，为防止这项权利的滥用，要对享有此项权利的会员条件作适当限定，可参照《公司法》第152条的规定，以“享有会员资格180天以上的会员”为限。

（三）治理结构的优化

针对相互保险公司治理结构的缺陷，有学者认为“最佳的优化途径是通过立法要求加强保单持有人对董事选举程序的参与”。国外学者对改革途径的争论也主要围绕保单持有人对选举董事的参与程度。但也有学者认为，这种途径难以操作，而且增加了政府的干预会制约高级管理层应对行业挑战的能力。

本书认为，优化相互保险公司的治理结构一方面应遵循现代的公司治理原则，在立法上完善会员对董事的选举权，保证会员对董事会经营管理活动的控制，另一方面应该优化董事会的结构和组成，更好地与保单持有人沟通，反映他们的意愿，避免董事为管理层谋利，保证其为公司利益进行经营。

第一，在董事会的组成中引入独立董事。独立董事必须是与公司外部的、无关联的非会员担任，由于独立董事的独立性和专业性，能够对公司的经营战略进行详细的分析和独立判断，并提出建设性的批评意见，

第二，对董事会的结构进行调整，增设提名委员会和审计委员会。这两个委员会均应由独立董事组成。提名委员会负责在董事会出现空缺时提名候选人，所提名的人选必须具备履行董事职权的技能，而积极作为的审计委员会能够有效地监督公司的运营状况。

第三，建立董事会报告制度。如前所述，相互保险公司的信息披露制度不健全，会员对公司经营情况缺乏必要的了解，因而应建立董事会报告制度，定期向会员公布董事会经营的结果。通过年度报告的形式向会员解释公司总体经营战略和前一年完成企业目标的进度，以及经审计的财务报表。

八、利益分配权的比较

会员的利益分配权是基于其所有人身份而享有的，将从相互保险公司的投资中获取收益。这种收益表现为或者降低保费，或者向会员分红。另外，公司解散时，会员能够在清算程序中分配拍卖的资产，或者在破产程序中分配剩余资产。利益分配权具体表现为三种形态，即盈余分配权、公司形式变更时的利益分配权以及公司解散时的剩余财产分配权。

（一）盈余分配权

相互保险公司收益的来源主要是进行投资所获得的盈利，而会员缴纳

的保险费并不属于收益，对其的分配属于保险费的返还。会员分配公司经营收益的比例应与其缴纳的保险费金额相一致，而是否分配收益、分配的数额以及分配方式均由公司决策机构决定。分配既可以现金方式，也可以作为以后的保费，还可以用于提高保险赔付金额。在盈利分配上，各国都强调平等性原则，其中德国还强调强制性原则。

《华盛顿保险法》规定，相互保险公司作出的任何分配决策和承担风险的分类必须是合理的，向会员分配盈余必须是平等的，不允许对不同类别的会员或者同一类别适用不同规则的会员有任何不公平的歧视待遇。另外，相互保险公司不能作出盈利分配以续缴保险费为条件的决策。通过以上的规定保护会员的盈余分配权利。

《日本保险业法》规定：盈余的分配，应依内阁府令所定基准，以公正且衡平分配所需的基准来进行。章程中应载明内阁府令规定于每次决算期间就盈余进行处分时，从内阁府令所定的金额中，提存该金额乘以一定比率的金额以上的额度，作为对会员进行盈余分配所需的准备金。

德国相互保险公司在盈余分配上的特色首先是分配的强制性，资产负债表中显示的任何盈余都应该分配给章程规定的会员，除非依照章程的规定，用作损失准备金或者其他准备金，或者用于支付赔偿金或者折抵下一会计年度的保险费；同时，盈余的分配方式具有自治性，章程应规定分配的规则以及分配对象范围，即是否仅在本会计年度内被享有会员资格的会员分配，还是相互保险公司存在期间曾为会员的人均可分配。

（二）补偿权和配股权

这两项权利发生在公司组织形式变更过程中。在相互保险公司变更为股份公司时，会员首先享有选择权，可以选择成为新公司的股东，此时其享有配股权；也可以选择退出公司，此时享有利益补偿权。

对于补偿权，美国各州的保险法中都有规定，如《华盛顿州保险法》

规定："相互保险公司进行组织形式变更时必须给予会员合理的补偿，这种补偿的数额必须在变更计划书中予以确定，并且按照适当的方式进行支付。"《纽约州保险法》规定补偿的方式多样，既可以是现金也可以是股份公司的有价证券119，《佛罗里达州保险法》规定了相互保险公司进行股份制改造时会员享有选择权，既可以选择从新成立的股份公司购买保险而成为新公司的股东，也可以选择退出，并获得现金补偿。

对于配股权，《华盛顿州保险法》对享有配股资格的会员范围作了限定："相互保险公司重组为股份制保险公司的，将其股份分配给在重组计划或新的保险合同中确定的有效期内享有会员资格，或者在有效期结束前36个月内享有会员资格的人""向每个会员分配的份额根据有效期限前36个月内会员缴纳的保费占保险费总合的比例确定"。

《日本保险业法》规定在向会员配股时，必须与会员的贡献相对应，所谓的贡献是指所收取会员支付的保险费以及应当收取的保险费，运用后所得的收益中，未充当保险金、营业费或其他费用和支出的部分，扣除为履行对该会员的保险合同之债务所必须确保的资产额后，依据内阁府令规定所计算的金额。

《德国保险企业监督法》对于公司组织形式的变更规定了异议制度，投保人对公司变更组织形式的决议可以提出异议，相互保险公司以一次性支付的现金补偿换取提出异议的投保人的会员资格，未提出异议的会员则享有配股权，可以获取新公司的股份，具体分配的股份数由变更决议根据法定的标准来确定。

（三）剩余财产分配权

相互保险公司由于破产或其他原因解散时，会员享有剩余财产的分配权；在公司业务整体转移时，会员享有补偿权，这是对公司会员财产所有权的保障。

相互保险公司解散时，在清偿公司债务以后，应将剩余财产分配给其会员。对于分配的范围和条件，美国各州规定不一，有的州规定分配的范围包括所有会员，如北达科他州，而绝大多数州对于享有剩余财产分配权的会员范围进行了限定，如《华盛顿州保险法》规定："相互保险公司进行清算的，其资产清偿债务以后应该分配给公司经营许可证终止前36个月内作为公司会员的人。""向每个会员分配的份额根据公司经营许可证终止前36个月内会员缴纳的保费之和占保险费总合的比例确定。"

《日本保险业法》规定相互保险公司的剩余财产必须分配给会员，或以有助于投保人的保护的方法进行处分。分配时，必须依照会员的贡献度进行。

德国相互保险公司的资产在偿还债务后应分配给公司解散时现存的所有会员，分配比例与分配利润的标准相同。另外，公司章程还可以对财产分配另作规定，也可以授权会员代表大会指定其他享有分配权的人。

通过对比可以看出，各国在分配对象和分配标准上各有不同，通常对分配对象的范围做出一定的限制，在分配标准上日本根据会员的贡献分配，德国按照年度盈利分配标准进行分配，美国则按会员缴纳的保费占总保费的比例分配。

第二节　相互保险制度对我国的启示

一、确立相互保险公司的法律地位

确立相互保险公司的法律地位是构建相互保险公司制度的前提。首先要选择立法体例，即构建相互保险公司制度应在公司法的框架内还是保险法的框架内，其次是具体章节内容的安排。应借鉴国外立法实例，并结合我国的立法实践予以妥善安排。

我国也一直奉行保险组织形式的法定主义，自1980年恢复国内保险业务以来，法律承认的组织形式呈多元化发展趋势。1980—1988年，我国的保险公司组织形式只有国有独资保险公司。1988—1991年，随着中国平安保险公司和中国太平洋保险公司的相继成立，股份制保险公司成为保险业的又一重要主体。1995年《保险法》确认了国有独资公司和股份制保险公司这两种组织形式。2003年对《保险法》进行第一次修订，修订后的第154条规定“中外合资保险公司、外商独资保险公司、外国保险公司分公司适用本法规定”。由此将保险公司的种类增加为国有独资公司、股份有限公司和外资有限责任公司。2009年新修订的《保险法》则作了较大的修改，删除了原法第70条对保险公司组织形式的规定，只在第94条规定了“保险公司除本法另有规定外，适用《中华人民共和国公司法》的规定”。这是对保险公司组织形式的重大调整，因为《公司法》承认的组织形式除了股份有限公司还有有限责任公司，而国有独资公司是有限责任公司的一种特殊类型。这说明我国法律所承认的保险公司类型有了进一步的扩充，开始允许国内保险公司采取有限责任公司的形式。

对于相互保险公司的法律地位，这次修订过程中也曾予以考虑，修订草案第193条规定“相互制、合作制等形式的保险组织由法律、行政法规另行规定，其保险业务活动适用本法规定”。虽然这一条款并没有被最终的立法所采纳，但《保险法》第6条规定：“商业保险业务由依照本法设立的保险公司以及法律、行政法规规定的其他保险组织经营”，第182条规定“保险公司以外的其他依法设立的保险组织从事的商业保险活动，适用本法”。这就为相互保险公司法律制度的构建留下了空间。按照我国立法的发展趋势以及保险业的发展要求，确认相互保险公司的法律地位已经势在必行。

构建相互保险公司法律制度的前提是在法律上承认其地位，《保险法》虽然对相互保险公司留有余地，可以将其作为“法律、行政法规规定的其他保险组织”予以承认，但我国目前还没有涉及相互保险公司制度的任何法律或法规，因而相互保险公司的地位仍然没有得到法律的认可。根据国际立法经验，这一立法任务应该由《保险法》来完成，因为相互制公司在其他行业并没有普遍适用的空间，只有在保险业具有独特的存在价值。笔者建议将来在对保险法的修订中可以将第 94 条的规定做如下修改：“保险公司应当采取下列组织形式：（一）股份有限公司；（二）有限责任公司；（三）相互公司。保险公司除本法另有规定外，适用《中华人民共和国公司法》的规定。”同时，应增加相互保险公司作为第三章的独立一节。

鉴于引进相互保险公司是一项重大工程，需要对现行的《保险法》第三章结构作较大的增补和调整，同时涉及税法、会计法等相关法律法规的配合，不可能一蹴而就。由于我国的《保险法》刚刚修改，近期内通过修订《保险法》的方式承认相互保险公司有一定的困难。为了解决立法与现实脱节以及对现存相互保险公司在运作中的法律困境，可以考虑先以行政法规或规章的形式对相互保险公司予以确认和规范，如出台《相互保险公司监督管理条例》，对其进行有效的监管，协调和规范其运作，并支持这种组织形式的推广。待到时机成熟，再启动法律修订。

二、保护相互保险公司会员的权利

如前所述，相互保险公司会员地位具有双重性，兼具投保人和所有人的身份，其会员身份的取得自保险合同关系有效成立之日起，于保险合同关系消灭时丧失。相互保险公司会员身份的特殊性决定了其既享有保险消费者的权利，主要是保险保障权，又享有作为所有人的权利，这种权利类似于公司股东的权利，是以分配利益和参与公司经营管理为主体的权利群，会员的义务主要是指缴纳保费。保护会员利益既是保护保险消费者的利益也是保护所有人的利益。相互保险公司设立的初衷就是为会员提供保障，其所有经营都应该围绕会员利益而进行。

1. 保险保障权利

相互保险公司的会员通常既是投保人也是被保险人，其作为保险消费者享有保险保障的权利，在发生合同约定的事故时，有权获得保险赔付。这是会员的一项基本权利，也是会员加入相互保险公司的根本目的所在。但是，由于相互保险公司的会员既是保险消费者，又是公司所有人，因而其保险保障权与股份制保险公司的保单持有人的权利并不完全一致，除受到保险合同的约束外还要受到公司章程的制约。如前所述，在公司发生经营困难时，可以根据公司章程的规定，由公司决策机构作出决议，降低保险金的给付比例，减少支付保险金的数额。

对于会员保险保障权利应该从两个方面进行保护，一方面是从保险合同角度的保护，获得保险保障的权利是会员作为保险消费者最基本的权利，是会员基于保险合同享有的，因而当相互保险公司拒绝赔付时，会员可依据保险合同提起诉讼，法律中应规定："保险事故发生后，会员享有依照保险合同请求公司赔偿或者给付保险金的权利"；另一方面是从公司章程角度的保护，为了防止公司任意减少保险金损害会员利益，公司章程中必须对决策机构是否有权决定减少保险赔付作出规定，并且应规定决策机构作出此类决议的决策程序要求。

但是通过前文对相互保险公司劣势的分析可以看出相互保险公司发展到一定规模后，会员对公司的管理和对管理层的制约都相当有限，会员相对于公司来说处于弱势地位，因此必须在法律上强化对相互保险公司会员权益的保护。

2. 异议权

我国未来相互保险公司的形式变更和业务移转的法律制度中，可以考虑引入异议权，规定一定比例的会员提出异议可以发生阻却相关决议的法律效果，以保护异议会员影响公司重大决策的权利。并就组织变更无效诉讼做出规定，完善组织变更的事后救济制度。

3. 提案权和召集临时会员大会请求权

根据我国公司法的规定，提案权和召集临时会员大会请求权应属于少数股东权。由于这两项权利是股东以参与公司经营为目的的共益权，将其设置为少数股东权可以限制股东行使，有利于防止个别居心不良的股东滥用此种权利，以维护公司经营和发展。因此，为防止会员滥用权利给公司正常的经营活动带来负面影响，可借鉴《日本保险业法》上述法条的规定，对会员资格做出必要的限制，根据我国具体的实际情况，规定占总数一定比例以上，并且享有会员资格达到一定时限条件的会员才可享有提案权和召集临时会员大会请求权。

4. 相互保险会员大会

参照国外立法经验，结合我国公司法的规定，未来相互保险公司的组织机构构建中也应以会员大会作为最高决策机构。并且应当规定会员人数超过一定规模以后应设置会员代表大会，由会员代表大会代行会员大会的职权，选举会员代表的方式可以由公司章程视情况予以确定。会员大会或会员代表大会的职权适用股东大会的规定，如选举董事、监事的权力，决定预算案、决算案的权力，其中应特别强调会员利润分配的决定权由会员大会享有。会员大会行使表决权时采取一人一票制，并应严格限制管理层人员的代理投票权。对于公司章程修改、公司形式变更、公司业务的整体转移、公司的解散等重大问题应以会员大会或代表大会的绝对多数通过，具体条文可以表述为，作出上述决议时应有半数以上的会员或会员代表出席，并且出席会议会员或会员代表3/4以上投票通过。

5. 利益分配权

利益分配权包括盈余分配权、补偿权和配股权以及剩余财产分配权。

在盈余分配中，为保护会员利益，我国应借鉴德国法的强制分配原则，规定“如果公司的盈余无须转为损失准备金或其他准备金时，必须分配给公司会员”；为保证盈余分配的资金，应该参照日本法的规定，由保险监管部门规定一定的比率标准，提存分配盈余的准备金；在分配标准上应强调分配的公平性，不允许对会员有任何歧视待遇。除以上强制性规定外，对于盈余的分配方式、分配对象等具体分配规则应允许公司章程自治。

在补偿权和配股权方面，公司形式变更时，会员首先享有选择权，其既可以选择成为新公司的股东，从而享有分配股份的权利，也可以选择退出公司，获得利益补偿权。本书认为，在利益分配中应该充分尊重会员的自治权，法律只作原则性的规定，而具体规则允许变更计划书中作具体规定。如变更计划书中应规定享有补偿权的会员范围以及补偿标准，并由会员大会表决通过；享有配股权的会员应以变更决议中规定的有效期及有效期前三年内享有会员资格者为限，而分配比例则应由变更决议根据会员缴纳的保费占保险费总合的比例确定。

在剩余财产分配权方面，我国《保险法》应借鉴国外立法经验，规定在相互保险公司解散时，会员可以在公司偿还债务后分配剩余财产。在分配份额上，我国《公司法》第187条规定“股份有限公司按照股东持有的股份比例分配剩余财产”。本文认为，正如股份公司股东分配财产的权利来源于其所持有的股份一样，相互保险公司的会员分配财产权利来源于其所缴纳的保费，为保护会员权益，同时也与我国《公司法》相协调，应采纳《华盛顿州保险法》的立法模式，规定“会员分配剩余财产的份额根据会员缴纳的保费之和占保险费总合的比例确定”。另外，为保证分配的公平性，还应该对会员资格做出一定的限制，参考华盛顿州保险法的规定，应以“解散前三年内享有会员资格的会员为限”。

6. 组织形式变更

参考国际经验，我国立法首先要对保险公司组织形式的变更规定法定条件。可规定申请变更形式的公司首先要符合资本条件，由相互保险公司变更为股份公司要达到保险股份公司最低注册资本的要求，即2亿元人民币。同样，保险股份公司变更为相互保险公司也要满足相互保险公司最低基金数额的要求。其次，要在变更程序中保障会员及投保人的权益，包括前文提到的表决权、保险保障权、利益分配权以及异议权。再次，要按照法律要求规范公司章程，可规定变更后的保险股份公司和相互保险公司应当分别按照公司法和保险法的规定制定章程。最后，要完善相关的程序，可规定变更决议除由会员大会或会员代表大会以绝对多数通过之外，还应报经保险监督管理部门批准。

在公司组织形式变更时，应向保险监督管理机构提交组织形式变更计划书监管机关应对变更的实体条件和程序条件进行审查，特别要审查其关于会员利益分配方面的安排。另外，应引入会员异议权制度，对异议会员达到法定比例的不予批准。

三、明确相互保险公司会员的义务

与股东最主要的义务是缴纳出资相类似，相互制保险公司的会员最主要的义务也是出资，会员与股东一样以出资为限承担责任，这是由相互保险公司的法人性质决定的。不过，这种出资指的是缴纳保险费，即所谓“会员之责任，以保险费为限”。

如果会员不缴纳保险费会导致保险合同的解除，使得其失去会员身份，与公司脱离了关系。会员的缴费义务与股东的出资义务不同的一点是，当相互保险公司发生经营困难时，可以向会员追加保险费，这是相互保险公司的资本制度灵活性的体现，即在公司入不敷出时可以由会员来分担损失。这一特点有助于相互保险公司在发生财务危机时渡过难关，保证了其经营的稳定性。

但是公司追加保费会使会员的责任处于不确定的状态，公司一旦滥用这项权利将严重损害会员利益，因而在法律上和公司章程中都应予以严格限制。可以规定“除公司章程和保险合同有明确规定外，公司发生亏损时不得向会员追加保险费或降低保险赔付额”。

四、完善相互保险公司的监管体系

由上文可知，发达保险市场上对相互保险及相互保险公司的监管较为成熟有效，而我国保险业尚处于快速发展阶段，相互保险又是一个新兴事物，已有的监管条例和规定显然已经不能解决与相互保险相关的问题，所以监管需要与时俱进，在法律及行政法规上不断更新，以适应市场的发展。

第三篇

建 议 篇

第七章　我国开展相互保险试点的重要性研究

第一节　我国保险市场体系现状急需相互保险的发展

保险是现代经济的重要产业和风险管理的基本手段，是社会文明水平、经济发达程度、社会治理能力的重要标志。改革开放以来，我国保险业快速发展，服务领域不断拓宽，为促进经济社会发展和保障人民群众生产生活做出了重要贡献。“新国十条”不仅要求保险业保证自身发展，还强调了保险业在国民经济社会发展中承担着巨大责任。“新国十条”指出，要加快发展现代服务业，充分发挥保险行业社会“稳定器”和经济“助推器”的作用，推进完善现代金融体系，带动扩大社会就业，促进经济提质增效升级，创新社会治理方式，保障社会稳定运行，提升社会安全感，提高人民群众的生活质量。

中国自 1805 年成立第一家保险公司以来，已经走过了 200 多年的历史。自 1949 年中华人民共和国成立以来，中国保险也经历了初步发展（1949—1958 年）、停办（1958—1979 年）、恢复发展（1979 年至今）三个阶段。从总体上看，虽然我国保险业仍处于发展的初级阶段，与现代保险服务业的要求尚有不小的差距。但是，自 1979 年恢复以来，中国保险业快速发展，取得了长足进步。

但是我国保险市场体系一直处于单一状态，相互保险这一国际传统、主流的保险组织形式尚未引入我国。为探索建立我国多层次保险市场体系，同时，为贯彻中央决策部署，推进供给侧结构性改革和服务“大众创业、万众创新”战略的重要举措，我国保险市场体系现状急需相互保险的发展。

一、我国相互保险的发展现状

（一）相互保险发展的“破冰期”

近年来，我国相互保险市场逐渐破冰。2014 年 8 月，《国务院关于加快发展现代保险服务业的若干意见》提出“鼓励开展多种形式的互助合作保险”。2015 年 1 月，《相互保险组织监管试行办法》正式出台，初步确立了相互保险发展和监管的基本理念和核心原则。2015 年 1 月 23 日，保监会向各保监局、培训中心、中国保险行业协会、中国保险学会、中国精算师协会、中国保险资产管理业协会、中国保险保障基金有限责任公司、中国保险信息技术管理有限责任公司印发《相互保险组织监管试行办法》。该《办法》明确规定了设立一般相互保险组织和区域性、特殊性相互保险组织的要求，也吸引了资本和互联网巨头的目光。

自 2015 年 2 月保监会发布《相互保险组织监管试行办法》之后，就不断传出机构申请的消息，在 2016 年 6 月 27 日保监会正式批复前，已经有近 30 家机构排队申请牌照。按照保监会的监管办法，发起全国性一般相互保险组织，仅需 1 亿元初始资金，因为相互保险没有资本金，初始运营资金均为债务。

（二）相互保险发展的新阶段

2016 年 5 月，中国保监会第 6 次主席办公会议审议通过了众惠财产、汇友建工和信美人寿等三家相互保险社的筹建申请。2016 年 6 月 27 日，保监会正式批准众惠财产相互保险社、汇友建工财产相互保险社、信美人寿相互保险社筹建，标志着相互保险这一国际传统、主流的保险组织形式，即将在我国开启新一轮实践探索，国内多层次保险市场体系建设迈出了全新步伐。

众惠财产主要在运用大数据风控技术对企业开展信用评定的基础上，以互助形式专门针对特定产业链上的中小微企业和个体工商户开展信用保险和贷款保证保险业务，帮助其提高信用等级，顺利从银行等贷款机构获得贷款，进而缓解小微企业融资难、融资贵的问题。发展初期将围绕银联商务及主要发起会员产业链的小微客户群体发展会员，为主要发起会员本身或相关产业链的中小微客户群体建立金融生态服务圈。

汇友建工主要针对建筑行业产业链条长、风险点多、风险类型复杂、风控需求差异多的特点，充分挖掘建筑领域风险管理需求，专注于建筑业保险细分市场，以相互形式发展工程履约保证保险、工程质量保证保险等险种，一方面帮助建筑企业节约和释放各类保证金，缓解企业资金压力；另一方面协助地方政府利用保险机制对建筑工程进行全过程风险管控，减轻相关领域的社会管理负担，促进政府职能转变。汇友建工将通过相互保险机制开发低成本、定制化保险产品，并促进会员在风控技术、数据、经验等方面进行交流和分享，提高风险管理能力。

信美人寿针对具有同质风险需求的组织群体，以发展普惠金融为立足点，以主要发起会员单位员工和其他相关特定群体的保障需求为基础，以长期养老保险和健康保险为主营业务，采取低成本、高效率的运营模式，打造专业化相互保险组织。信美人寿在不以追求股东盈利的前提下发展创新型保障产品，是完善社会养老健康保障体系的一次全新探索。在试点阶段，信美人寿将主要通过团体保险的方式为特定组织的员工、校友及家属等提供专属保险服务。

（三）相互保险发展的前景展望

根据 *ICMIF Global Mutual Market Share*，目前全球相互保险的市场份额约为 27%，而且呈现出稳定且有所增长的局面。全球相互保险市场从 2007—2013 年增长 32.4%，年均复合增长率为 4.8%，快于全球保险行业的增长速度，市场份额也从 2007 年的 23.8% 提升至 27.3%，增长了 3.5 个百分点。相互保险公司经营的险种业务上寿险和财险规模基本相当，寿险略大于财险，且发展更稳定。

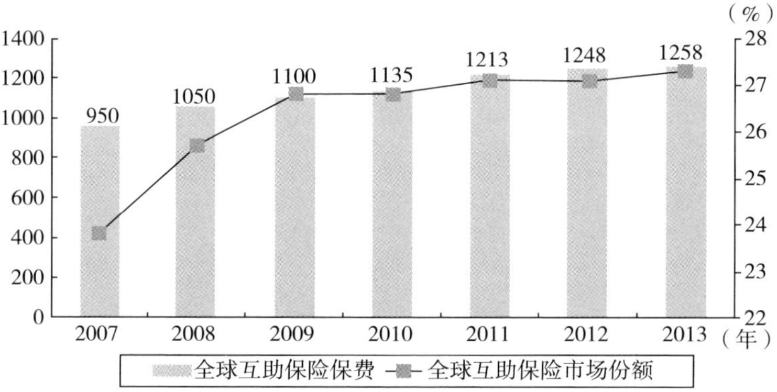

图 7－1　2007—2013 年全球互助保险保费及市场份额

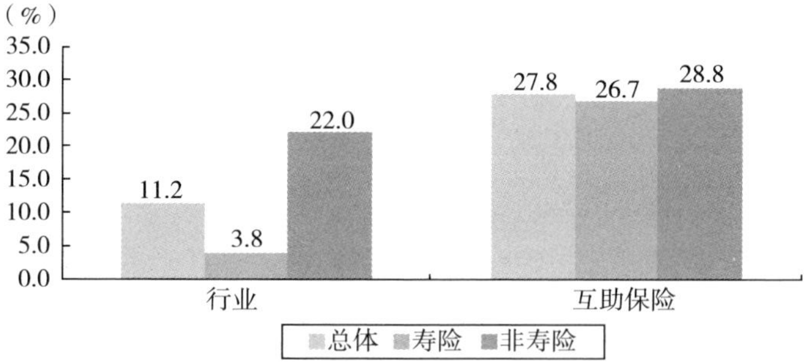

图 7－2　2013 年行业及相互保险增速比较

然而，相比于国际情况，虽然我国的相互保险从2015年起获得了“破冰期”的发展，但是我国的相互保险发展仍处于十分初级的发展阶段。根据ICMIF的统计数据，目前我国相互保险的市场份额只有0.3%左右，远低于全球27%左右的水平。与亚洲和大洋洲其他国家相比，也远低于澳大利亚、日本、韩国等国家，甚至低于印度的市场份额水平。

表7－1 全球最大的10个保险市场的相互保险份额

全球排名	国家	相互保险市场份额（%）			2013—2014增长率（%）	全球市场占比（%）	相互市场占比（%）
		2014年	2013年	2012年			
1	美国	37.10	36.70	34.60	1.10	26.90	36.90
2	日本	40.80	43.10	45.00	－5.40	9.50	14.40
3	英国	7.70	7.60	7.80	1.30	7.40	2.10
4	中国	0.30	0.30	0.30	－15.70	6.90	0.10
5	法国	47.40	46.50	45.00	2.00	6.60	11.60
6	德国	44.40	43.50	43.20	1.90	5.30	8.80
7	意大利	23.90	23.40	20.30	2.40	4.10	3.60

目前，保监会首批批准的3家相互保险公司众惠财产、汇友建工和信美人寿均处于筹备阶段，面对着巨大的市场空白和市场热情。除了相互保险形式本身具有的优势，同时在移动互联时代，新成立的三家相互保险公司有着互联网时代的巨大优势。移动互联时代确实可以使得相互保险公司的获客费用降低。网络互助平台在很短的时间内获得了大量的会员，互联网时代使得低成本、高效率地进行相同风险人群的短时间聚集成为了可能。有了会员基础的相互保险公司在设计产品时，可以有较低的费用率假设，从而增加相互保险公司产品的吸引力，形成良性循环。

目前，众惠财产、汇友建工和信美人寿作为我国相互保险首批的“正规军”如何开创新兴的相互保险市场是当下这个时代的期待，能给保险行业带来什么样的改变也是值得瞩目的。

二、我国发展相互保险的重要性

（一）发挥相互保险的优势

相互公司作为投保人自愿联合、相互扶助、分担风险的一种组织形态，与“保险”这种集腋成裘、分散风险并给予补偿的经济制度具有天然的契合性。相互保险公司作为一种新型的保险主体，可丰富我国保险市场的多样性，具有保险公司所不具有的优势，能够为特定的行业或某一区域提供更好的保险服务，同时也更容易与投保人建立紧密的联系。

相互保险公司的独特表现源于其特殊的所有权结构，即公司的所有权人是与公司建立保险关系的投保人或被保险人，有助于克服保险业的信息不对称问题与公司治理中的代理成本问题。与初始的所有权结构不同，相互保险公司在后续的利润分配及公司治理等方面都与股份制保险公司有较大的差异。

1. 公司治理上的自治性与平等性

通常情况下，相互保险公司在其主要治理机构的设置上和股份制企业差异不大，以美国加州为例，相互保险公司最高权力机构为会员（成员）代表大会，董事会则负责公司的经营管理。但由于相互制保险企业没有“资本”，由投保人组成的会员大会并不像普通公司的股东大会那样按照资本多数决定来议事，而是采用“一人一票”的原则，通常并不考虑每个会员与公司之间保险关系的数量和金额大小。“相互性”强调会员之间的团结协作，这样的制度安排旨在让每个会员都能平等地参与到相互保险公司的治理之中，充分体现了相互保险公司“社员自治”的特征。此外，有的国家（如日本）还会设置由投保人组成的评议委员会，作为经营咨询机构，就董事会向其咨询的事项陈述意见。同时，相互保险公司还会每年举办投保人恳谈会，向投保人提供经营情况，听取投保人的金额意见和要求，并在日后的会员代表大会上报告公司管理层所做的回应和改进。

2. 利润分配及服务投保人利益的宗旨

在股份制保险公司的情况下，公司的股东与保单持有人是两个分离的群体。股东按照其持股的比例享受公司净资产和股息红利。相互保险组织没有股东参与利润分配，全部经营收益都用在投保人身上，除保留偿付能力监管所要求的部分外，其余收益将分配给投保人，以分红、增加保额或者保费返还等方式体现。这也是分红保单的最初起源。分红保单后来也被股份制保险公司借鉴，但股份制保险公司始终需要将部分红利划归为股东所有。当然，由于相互保险公司缺乏发行股份筹集资本的便利，它通常会把较多的利润留存于公司中以备不时之需。

3. 易于防范道德风险

相互保险公司往往是由于同一行业中的经营者面临着类似或相同的风险，有着类似的防范风险的诉求，为了能够方便、低成本地分散风险而设立。这就意味着，相互保险公司的投保人往往是同一行业中的从业者，相互之间有着人际或者业务上的联系，相当于不仅仅是从公司层面出发进行道德风险的防范，而是在投保人之间就能够形成有效的监督和自律，因此能够约束“骗赔”问题的发生，降低道德风险的概率。即使没有业务上的联系，相互保险公司的特点决定了其业务往往集中在某几个行业或者领域，因此能够积累更多的经验，从业人员也更加“术业有专攻”，在理赔时能够更好地定损，节约理赔成本；同时由于信息比较对称和公开，可以节省核保和核赔的费用，减少不必要的理赔成本。

4. 运营成本低

相互保险公司在防范道德风险和核保核赔环节都能够节省成本，而理赔费用在传统的保险业务里是一笔重要的支出，所以可有效控制相互保险公司的成本；而且不会采取单纯追求利润的短期行为，意味着相互保险公司的投资业务往往更加有效目的也更加明确。同时由于销售渠道比较便利——多是面向职业群体、特定行业或者与行业协会合作在某地区统一开展业务，减少对代理人等参与的中间环节的依赖，节省了展业成本，投保人缴纳的保费会有更大的比例作为纯保费。

（二）促进保险经营多元化

我国保险市场上目前基本上仅有股份有限公司一种组织形式，随着国际国内经济形势的变化以及保险业自身的发展，我国保险业企业组织形式单一的弊端逐渐显现，给我国带来了诸如产品多样性受限、竞争不够激烈、服务质量低等问题，影响了保险业的健康发展。相互保险公司有其特有的减少机构成本等优势，如果引入相互保险公司这种新型的保险经营主体，使得保险公司在选择组织形式时又多了一种选择，不仅可以促进保险市场经营主体的多元化，也可以促进经营主体之间的竞争，提高产品质量，并且投保人的利益能够得到切实改善。

1. 丰富保险市场主体

由于保险业的开放程度相对较低，发展时间不长，我国保险市场体系不够完善，竞争不够充分。例如，最大的三家财产保险公司市场份额仍达到64%，最大三家人寿保险公司市场份额仍达到65%。竞争不足导致我国保险业总体经营效率低下，盈利水平不佳。引入相互保险可以极大地丰富市场主体，消除垄断，快速有效地形成多元化的市场结构，并能有效地改善保险服务质量。

2. 促进保险市场多样化、创新发展

互联网背景下发展的相互保险，赋予了当前时代对于发展创新保险，突破商业化的局限的使命与期待。相互保险结合自身优势推行的产品，从而能改变保险业同质化现状，推动保险市场差异化和特色化以及多元化发展。

（三）满足特定的保险市场需求

1. 满足特定人群的投保需求

对于有特殊投保需求的军人、煤矿工人、农民、医生、教师、记者等特殊群体，相互保险大有可为。举例来说，近期多地暴雨袭城，各地军队和武警官兵挺身而出，纷纷投入抗洪抢险一线。当他们遇到危险，或在军事演习中发生伤亡时，谁来保障他们呢？由于军事行动无法向社会披露，因为股份制保险公司无法获得相关资料导致无法为其承保。此时，相互保险则可以很好地满足其投保需求，更加充分地发掘保险潜力。

2. 符合我国大众的保险消费心理需求

保险服务的核心是满足客户需求。就我国目前大众的保险消费心理而言：消费者从漫长的、封建封闭式的小农经济中解放出来，又经过封闭式、供给制、纯意识形态的、行政计划经济时期，刚刚开始步入开放的市场信息社会的转轨阶段。这些多种层次、落差悬殊、矛盾尖锐的意识与较低经济生活水平的结合，产生了十分复杂的消费心理。据有关调查显示：某些消费者的自我意识、排他意识、平均意识较为突出。反映到保险消费意识上，对于以追求利润为目的的商业股份制保险公司，人们本来就存有成见，认为算来算去，保险公司总是要赚消费者的钱。加之近年来执行高手续费发展寿险业务和不恰当的宣传产生的负面影响，另择保险组织机构的愿望越来越强烈。而相互保险公司既能满足消费者的自我意识，又能符合消费者的排他意识。

（四）保险业国际化的必然选择

我国成为世界贸易组织成员后，作为保险市场竞争主体的保险公司日益增多，因此，为了尽快和国际保险市场接轨，我国保险业的国际化需求非常迫切。如果中国的保险市场上仍没有以相互保险公司的形式设立和存续的保险公司，则当中国保险业走出国门进入其他国家时，面临的是多种保险组织形式包括相互保险公司，而外资保险公司进入我国，却只面临一两种保险组织形式。这样我国保险业在进入其他国家时就会产生些许掣肘，而国外的保险业进入我国市场时就会对本国保险形成很大的冲击。就国内而言，一方面，单一的保险公司组织形式使得中资保险公司以相同的模式进行运作，不利于社会保险资源的最优配置。另一方面，外国的相互保险公司在中国开设分公司，则实际上是在中国引入了相互保险公司组织形式，从而会导致“超国民待遇”，不利于我国保险业的健康发展。

第二节　发展相互保险是我国保险业改革发展的一项重要探索

相互保险是国际成熟、主流的保险组织形式，在全球保险市场占据着重要地位。近年来，中央和国务院文件多次提出发展相互保险，相互保险也成为行业焦点，引起社会的广泛关注。在这一形势下，顺应经济社会发展需要，引入相互保险这一世界主流保险组织形式具有重要的现实意义。

一、是落实“大众创业、万众创新”战略的重要举措

发展相互保险是保险业落实“大众创业、万众创新”战略的重要举措。推进“大众创业、万众创新”是我国政府在经济新常态下做出的重大战略部署，对推动经济结构调整、增强发展新动力、走创新发展道路具有重要意义。2015 年 6 月，国务院第 93 次常务会议审议通过《关于大力推进大众创业万众创新若干政策措施的意见》，成为指导“双创”工作的纲领性文件，文件中有三处直接涉及保险，其中一处就专门提到“发展相互保险等新业务”。这说明，国家高度重视相互保险这一新型保险组织形式所蕴藏的巨大发展潜力和社会效用，对其成为保险业自身创新的重要内容和服务社会创业创新的切入点寄予厚望。我们必须以踏石有印、抓铁有痕

的精神落实国务院的政策要求，回应国家的殷切希望，采取切实有效的措施推动相互保险规范创新发展，发挥好相互保险对“双创”国家战略的支持作用。

二、是提升保险服务经济社会能力的重要途径

发展相互保险是推动现代保险服务业发展，提升保险服务经济社会能力的新途径。2014 年 8 月，国务院发布《关于加快发展现代保险服务业的若干意见》，将保险业放在经济社会发展全局高度统筹安排，使保险业发展从行业意愿上升到了国家意志。随着新国十条的深入贯彻落实，各项政策红利和改革红利不断释放，2015 年，中国保险业保费收入达到了 2.4 万亿元人民币，总资产达到 12.4 万亿元人民币，市场份额占世界保险市场份额的 7.74%。保险密度 271.77 美元/人，同比增长 19.44%，保险深度为 3.59%，同比增长 0.41 个百分点。保险业为全社会提供风险保障 1718 万亿元人民币，同比增长 54.2%；赔款和给付 8674.1 亿元人民币，同比增长 39.6%。保险业增速达 20%，是 2010 年以来增速最快的一年。全年保险行业投资收益率达 7.56%，创 2008 年以来的新高。保险行业的国际地位大幅提升，世界排名从 2010 年的第 6 位上升至 2015 年的第 3 位，对国际保险市场增长的贡献度达 26%，居全球首位。但是，展望未来五年，在宏观经济下行压力不断加大的情况下，要实现建设世界保险强国的目标，到 2020 年保费深度达到 5%、保费密度达到 3500 元/人，保险业仍然面临着艰巨的发展任务，迫切需要开辟新领域、探索新模式，给行业发展注入新动力。

相互保险作为新兴保险业态，具有独特的发展活力和竞争优势，蕴含着巨大的发展空间，有望成为保险业增长的新引擎；同时，相互保险具有不追求股东盈利和经营成本低廉等鲜明特点，可以为股份制保险难以覆盖

的中低收入人群、高风险领域提供简便灵活的保险服务，从而有效扩大保险覆盖面，提升保险服务经济社会能力。

三、是完善保险市场体系的重要内容

发展相互保险是深化市场准入退出改革，完善保险市场体系的重要内容。保险机构创新是行业发展壮大的原动力。近年来，保监会在推进保险市场准入退出改革、完善保险市场体系方面做了大量工作。一是坚持专业化区域化的准入方向，着眼于服务经济社会发展，推动健康、养老、信用、农业和保险资管公司等专业机构发展。二是出台保险公司并购管理办法，完善市场化退出机制。三是扶持创新型主体发展，批准众安、易安、泰康在线等专业互联网保险公司，扩大了自保公司试点。目前已经初步形成了协调发展、适度竞争、充满活力的保险市场体系。

相互保险是国际上两大主要的保险组织形式之一，是全球保险市场体系的重要组成部分。2014 年全球相互保险保费收入 1.3 万亿美元，占全球保险市场的 27.1%，覆盖人群 9.2 亿人，相互保险组织总资产超过 8 万亿美元。我国要完善多层次现代保险市场体系，不应让相互保险缺席！引入和发展相互保险，有利于突破保险业现有商业模式的局限，改变当前市场主体类型相对单一的现状，打造更加专业化、差异化、特色化、多元化的保险市场格局。

四、是提高保险服务经济新常态能力的重要探索

发展相互保险是进一步扩大保险覆盖面、渗透度和普惠性，提高保险服务经济新常态能力的重要探索。立足于发挥相互保险成本较低、有利于防范道德风险的特点，紧密围绕政府职能转变、经济提质增效以及大众养老健康保障需求升级等方面，创新性地开发简便灵活、惠而不费的保险产

品，努力“补短板、填空白”，有望进一步提高保险服务的广度和深度，使广大人民群众在更大范围内共享保险业改革发展成果。

五、是推进行业供给侧结构性改革的重要方式

发展相互保险是进一步深化保险业改革创新，推进行业供给侧结构性改革的重要方式。上述项目将立足于发挥相互保险不追求短期效益、没有股东盈利压力的优势，专注发展符合会员长期利益的高保障产品，有望带动长期限、高保障保险产品发展，提高保险产品和服务的供给质量，进一步推动行业回归保障本源。同时，在投保人和所有人身份合一的情况下，相互保险组织的投保人能够充分参与到产品开发、运营管理等环节中去，可以按照实际需求来优化产品设计、改进业务流程、完善服务内容，从而探索改变以营销为导向的做法，开启“以需求为导向，以投保人利益为中心”的保险产品服务供给机制的新尝试。

六、是丰富保险生态圈的重要尝试

发展相互保险是进一步完善保险市场组织体系，丰富保险生态圈的重要尝试。从全球保险市场发展历程来看，股份制保险和相互保险是相互促进、相互竞争的良性互动关系。相互保险可以促进股份制保险更加注重长期利益，股份制保险可以带动相互保险更加注重经营效率，两者共同推动着保险业不断向前发展。引入和发展相互保险，可以进一步促进我国保险市场与国际接轨，扭转当前保险组织形式单一的现状，促进保险市场专业化、差异化、特色化、多样化发展。

七、是防范和化解相关风险的重要手段

发展相互保险是树立规范运作典型，防范和化解相关风险的重要手

段。上述项目的启动，是保险业深化改革创新和促进规范发展并举的结果，有利于在实践中树立起相互保险规范运作的良好典型，为保险市场改革创新指明正确方向、发挥示范效应，推动相互保险市场“正本清源、回归本质”，促进相互保险市场规范、健康发展。

八、是推动“保险姓保”的重要战略选择

瑞士再保险集团发布的一项研究报告显示，2007—2014 年，相互保险机构的赔付率高于非相互保险公司约 4 个百分点。这意味着相互保险公司为其会员提供了更多的理赔。一直以来，相互保险机构不以利润最大化为目标，更加不遗余力地推动着保险向保障这一本质回归靠拢。中国正在筹建的相互保险社也在不断表达着遵循这一理念的决心，并依次设计相应的服务机制。

从筹建方案来看，众惠财产、汇友建工、信美相互都致力于在当前国家急需的小微企业、建筑企业金融服务以及特定群体养老健康保障等方面发挥积极作用，为保险需求没有得到很好满足的群体提供创新性的保险服务。以信美相互为例，其官方声明提出未来将聚焦于特定群体的养老健康需求，专注发展养老和健康等长期保障型产品，不经营类似短期理财业务的高现价产品，目标是为保险需求没有得到很好满足的特定群体提供便捷、实惠、互助的普惠保险服务，让金融的共享性、公益性得以进一步体现。所以开展好相互保险试点工作，不仅符合保监会倡导的“保险姓保”理念，也能有效优化保险产品供给，对供给侧改革发挥重要作用。

不过总体来讲，中国相互保险的发展仍处于试点阶段，试点就意味着“摸着石头过河”，此过程也需要社会各界为相互保险机构创造良好的试点环境。

首先，需要鼓励和支持创新，允许一定程度的先行先试。如在对待互

联网新技术的问题上，保险业运用互联网在关注用户需求、风险量化匹配、数据高效决策、系统动态沟通、价值组合传递等方面提升服务水平和层次，但在发展中也存在个别险种过度娱乐化等问题，当然这属于“互联网+”保险初级阶段存在的问题，是发展中的枝节问题，它反映的是保险业在“互联网+”的有关环节上没有做好，而不是保险不应该+互联网。因此，我们应该坚定地看准趋势，鼓励试点中的相互保险机构积极利用互联网新技术，探索出一条技术推动保险健康发展的新路子。

其次，在试点过程中应着力建立规范的市场秩序和良好的外部环境，防止劣币驱逐良币。近期以来，社会上刮起了一股互助保障创业热，包括很多网络互助平台。但对于保险业来讲，与服务形式的突破相比，技术方面的专业性更为重要，它是服务形式存在的基础。有关保障的承诺是需要财务基础的，并不是任意一个机构在没有专业监管的情况下都可以实现的。特别是对于普通消费者而言，既不了解相关风险的专业分级情况，又对约定的有关义务远没有做专业评估，并不知道支出成本有多高，在这种情况下，面对这种热潮，保险业金融机构应该牢牢守住创业创新的底线和红线。监管亦需要对那些非法开展相互保险业务的机构依法查处，并积极开展相互保险的宣传普及活动，让社会公众了解真相，防止不当行为给不明就里的群众造成资金损失，也避免公众误信无效保障合同，同时也能给试点中的合法相互保险机构创造良好的环境。

第八章　我国开展相互保险试点的框架设计建议

第一节　相互保险组织试点框架设计建议

相互保险是国际上主要的保险组织形式之一，其特点是具有相同风险保障需求的投保人通过参保成为会员，在平等自愿、民主管理的基础上，以互相帮助、共摊风险为目的，设立保险组织为自身提供风险保障。近年来，中国保监会在探索相互保险发展、完善保险市场体系、深化保险创新方面取得积极进展，促进保险业为经济社会发展作出了重要贡献。在我国经济进入新常态发展时期，借鉴国际保险市场发展成熟经验，鼓励支持发展相互保险，对于进一步扩大保险覆盖面、推进普惠金融发展、创新社会治理、保障服务民生、支持“大众创业、万众创新”等具有重要意义。为落实《国务院关于加快发展现代保险服务业的若干意见》的要求和部署，推动相互保险持续健康发展，我国开展相互保险试点的框架设计建议如下。

一、关于指导思想

全面贯彻落实党的十八大和十八届三中、四中、五中、六中全会精神，按照党中央、国务院决策部署，主动适应经济发展新常态，以满足个性化、多样化、保障性保险需求为出发点，深化改革、开拓创新、完善政策，稳步推进相互保险组织发展，发挥普惠金融优势，进一步丰富保险市场体系，增强保险业持续发展的活力和动力，有效提升对中低收入人群、“三农”、中小微企业等重点领域的服务能力，积极参与养老健康保障体系建设，为经济社会平稳健康发展提供有力支持。

二、关于基本原则

（一）坚持差异化发展

引导相互保险组织根据会员风险保障需求特点制定差异化战略，明确发展方向与定位，开拓保险市场新领域，形成与股份制保险公司优势互补、相互促进的良好竞争格局。

（二）坚持相互特色

推动相互保险组织建立完善会员共同所有、民主管理、共摊风险、共享盈余的经营模式，着力于提供低成本、专业化、普惠性保险服务体系，增强薄弱领域的保障能力，满足社会多元化保险需求。

（三）坚持改革创新

支持相互保险组织基于相互制优势，积极开展产品、服务、管理与组织创新，鼓励与互联网深度融合，为保险业持续发展、创新发展注入新的动力。

（四）坚持循序渐进

严格市场准入标准，坚守风险防范底线，分阶段稳步展开试点。在不断总结经验的基础上，逐步完善发展模式，建立健全监管制度体系，平稳有序地推进相互保险发展。

三、关于制度属性

（一）遵循统一监管规则

保险监管部门应在现有保险监管框架基础上，建立以风险为导向，全流程、全覆盖的相互保险监管体系。顺应第二代偿付能力监管改革趋势，建立符合相互保险发展实际的偿付能力监管规则；加强资金运用监管，推行资金全托管制度，切实保证资金运用安全；加强对管理层经营行为的规范和约束，完善会员维权机制，切实维护会员作为所有者和消费者的双重权利；逐步完善市场准入退出机制。

（二）适度创新监管

针对相互保险会员制和“互助共济”的特点，保险监管部门应积极借鉴国际监管经验，深入研究相互保险的发展趋势，在产品管理、财务管理、分支机构管理、合规经营、信息化管理等方面创新监管手段，简化监管流程，改进监管标准，探索建立“遵循基本规律、符合国际惯例、体现相互特色”的新型相互保险监管体系。同时，应根据相互保险组织的规模和业务范围实施分类监管，对农村保险、社区保险、专业保险等中小型相互保险组织采取适度灵活的监管措施。

（三）加强治理结构监管

严格规范主要发起会员行为，防止其损害组织和会员权益。依法审核相互保险组织章程，督促相互保险组织合理设计提名选举制度，构建相互制约、清晰授权、高效运行的治理机制。加强相互保险组织监督体系建设，强化独立董事和监事会作用，完善内、外部审计制度。严格高管人员准入门槛，强化道德和职业操守评估，推行任前宣誓制度，完善鼓励约束机制，促使高管人员诚实守信、谨慎决策、稳健经营，有效防范内部人员控制风险。

（四）加强信息披露监管

保险监管部门应根据相互保险组织所有者和消费者合一的特点，严格规范信息披露行为，明确治理信息、经营信息、产品信息和风险信息披露标准，建设多元化的信息披露渠道和平台，保证会员充分了解相互保险组织运作状况，有效行使参与管理的权利，共同促进相互保险组织稳健发展。

四、关于目标定位

长期以来，我国对相互保险进行了积极探索。一是作了制度准备，保险新国十条、农业保险条例等规章制度为相互保险发展预留了政策空间，正在修订的保险法也将对相互保险作出规定，特别是中国保监会出台的《相互保险监管试行办法》，填补了相互保险领域的制度空白，为相互保险发展起到了鸣锣开道的作用。二是作了实践准备。中国保监会在设立阳光农业相互保险公司的基础上，进一步扩大宁波慈溪、浙江瑞安等农村保险互助社试点，与此同时，其他社会主体也进行了长期探索。三是作了研究准备，借鉴国际经验，结合我国实际，对相互保险的设立、治理、财务等关键问题进行了深入研究，形成了丰硕的研究成果。

综上，我国相互保险探索已经进入了全新阶段，为积极推进我国相互保险规范创新发展，相互保险组织的目标定位或总体方向建议如下。

（一）坚持普惠特色，切实对接“十三五”经济社会发展对保险业的要求

中共十八届五中全会通过了十三五规划建议，描绘了我国未来五年经济社会发展的壮丽宏伟蓝图，提出了创新、协调、绿色、开放、共享五大理念，也对保险业下一步改革发展提出了多方面要求。其中，“共享”的发展理念是第一次写入国家重要文件，旨在让全体国民分享经济社会发展

成果，增进人民福祉，提高群众获得感。

我们要充分发挥相互保险普惠金融的特点，紧密结合人民群众实际保险需求，开发便捷、实惠，具有相互特色的保险产品，提高保险服务的覆盖面、可得性和满意度。一是要着眼于经济新常态，发挥相互保险简便灵活、适应性强的优势，加大对中小微企业、科技创新企业等新兴市场主体和“三农”领域等薄弱环节的保险服务力度；二是要着眼于惠民生，加大对中低收入人群和其他弱势群体的保险服务力度，让更多群众享受到惠而不费的优质保险服务，使保险业在促进脱贫、防止返贫，完善中低收入人群健康养老保障方面发挥更大的作用。

（二）坚持差异化发展，形成各类市场主体优势互补、相互促进的良好局面

与股份制保险公司相比，相互保险组织具有能够避免投保人和股东的利益冲突、有效防范道德风险、减少信息不对称等独特优势，同时也存在筹资难度大、治理透明度不高等内在劣势。可以说，两者各具特色、各有所长，都是保险市场不可或缺的重要组成部分。从国际保险业发展历史来看，相互保险和股份制保险也一直是相互借鉴、相互促进竞争甚至相互转化，共同推动保险业不断向前发展。当前我国开展相互保险试点，应当将其定位为现有保险市场主体的合理和必要的补充，而不是简单的替代，更不会是所谓的“颠覆”。

我们要坚持差异化发展原则，努力构建各类主体优势互补、良性互动、融合发展的良好市场格局。一是要着重“补短板”，发挥相互保险互助共济、风险保障程度高的特点，集中发展人民群众急需的保障类险种；二是要着重“填空白”，与股份制保险进行错位竞争，着力深耕目前保险渗透度较低、保险服务不充分的专业领域和高风险行业；三是要与现有市场主体相互促进，相互补充，加强双方在经营管理、产品开发、技术和客户等方面的合作。

（三）坚持相互保险本质，切实维护会员权益

相互保险是一种特色十分鲜明的保险组织形式，其最本质特点是“会员所有、会员管理和会员共享”。会员既是相互保险组织的所有者、管理者，又是保险消费者，同时享有参与企业管理、分配经营盈余、接受保险服务的多重权利，在相互保险组织中处于核心地位。

我们开展相互保险试点，必须始终坚持相互保险的本质，避免相互保险组织“形似神不似”，成为“变相”的股份制公司，尤其不能成为曲线获取保险牌照的通道。为此，一是在准入时要严把审核关，审慎选择认同相互理念、经营资质良好、会员基础扎实的主要发起会员；二是在经营中要设计科学规范的治理结构和严密有效的管理制度，用制度来保障会员对重大事项的决策权、对经营管理的参与权、对运营信息的知情权，提高企业经营管理透明度；三是在监管中要更加注重维护投保人利益，严格规范主要发起会员和管理层行为，强化独立董事和监事会作用，完善内外部审计制度，切实防范内部人控制风险。

（四）坚持创新发展，不断提升经营管理水平

相互保险是一种传统的保险组织形式，起源甚至早于股份制公司，随着经济社会变迁，相互保险业也在不断进步和革新。目前，仍有不少大型相互保险企业引领世界保险业潮流，如美国的州立农业保险公司、法国安盟保险公司和日本生命人寿保险公司等。

我们在引入和发展相互保险的过程中，要密切结合我国经济社会发展实际，积极开展体制机制创新，不断提升运营管理水平。特别是相互保险与互联网“民主、开放、协作、分享”的核心理念十分契合，存在天然的相互促进关系。一方面，互联网可以缩短人与人之间的距离，降低交易和信任成本，提高管理和治理效率，能够在更大范围内聚集具有同质风险保障需求的人群，为相互保险发展提供更加便捷的条件；另一方面，保险的长期性、稳定性也可以丰富互联网应用场景，增加互用户黏性，提高互联网生态圈的深度和广度，促进互联网产业不断向前进步。我们要顺应“互联网+”的发展趋势，充分利用大数据、云计算、移动互联等信息技术，优化产品设计，改进业务流程，创新运营模式，促进相互保险和互联网深度融合，打造相互保险的中国2.0版本。

（五）坚持稳健发展，守住风险防范底线

从国外的发展经验来看，相互保险的发展壮大都经历了一个较长的积累过程，都基于一定的社会、文化、经济和法制环境。而我国相互保险的实践经验相对缺乏，外部环境需要完善，发展基础有待加强。因此，必须坚持稳健发展原则，稳妥有序地分阶段开展相互保险试点，避免脱离实际、一哄而上。同时，要及时总结试点经验，完善监管体系，健全监管规则，明确相关各方风险处置责任，构建多层次风险防范机制，切实防范试点过程中可能出现的准入风险、偿付能力风险、公司治理风险、内部人控制风险等重点风险隐患，守住风险防范底线。

五、关于法律架构

（一）相互保险制度的立法依据

基于各国相互保险组织的自然演进路径，关于相互保险组织的立法模式也有不同的形态；当然，特色之外亦有共性。

1. 模式一：相互保险组织在《保险法典》中专章规定，作为与股份制保险公司并列的保险企业形式。德国、日本、美国各州均采取这种立法体例。在这种立法体例中，保险行业的监管规定与保险组织的主要运作规则统一规定在保险法中；同时，商法或股份公司法也对《保险法典》中的组织规则起到补充适用的作用。此外，对于一些新的或者特殊的相互保险组织形态，可能采取新的专门立法的方式，如日本的《农业合作社法》中关于相互保险业务的规定；美国联邦层面关于风险自留团体的立法——1981年的《产品责任险保留法》（*Product Liability Risk Retention Act*）及1986年的《风险自留法案》（*Liability Risk Retention Act*）。

2. 模式二：不存在独立且完整的相互保险组织法，而是在各类商事组织法中体现，并与《保险法》一起构成相互保险组织的法律框架。英国采取这种立法体例。在英国，既有按照公司法设立登记的相互保险公司，也有按照各类互助社法设立登记的保险互助社（mutual society），后者在法律上并没有一个非常明确的定义，泛指以社团形式组织起来的相互保险企业，包括友谊社（friendly society）、工业和互助社（industrial and provident society）及欧洲经济区互助社等，它们各自适用自己的组织法。在上述组织法外，英国还有《保险2015年法》（*Insurance Act* 2015，以下简称《保险法》）提供对各类从事保险业务的商业组织的统一的监管规则。由此形成“组织法+保险法”的法律框架。以友谊社为例，从事保险业务的友谊社既需要遵循《保险法》的规定，也需要遵守包括《友谊社1992年法》《友谊社1974年法》等的规定。

3. 模式三：区分普通的相互保险公司与从事健康医疗等社会保障类业务的相互保险组织，前者适用《保险法典》，后者适用专门的《相互法典》。法国是这种立法例的代表，其在《保险法典》外制定有专门的《相互法典》，后者专门适用于从事健康医疗等社会保障类业务的相互保险组织的运作与监管，从而呈现《保险法典》与《相互法典》并列的模式。

（二）相互保险制度的立法结构

现行《保险法》第三章“保险公司”规定了两种公司的形态：股份公司与国有公司，并提出了保险公司设立的条件及运作的一般规则，在组织结构方面则完全适用《公司法》。

在这个框架中加入“相互保险公司”的内容，建议将原有的内容处理为一节，即“第一节 保险公司的一般规定”，增加第二节“相互保险公司的特殊规定”，对相互保险公司特有的几个问题作出原则性规定。

这样处理，与德国、日本保险法的模式比较相似。当然，由于保险法典都是监管法，属于公法范畴，而相互保险公司的规则是企业组织法，属于私法范畴，有德国学者建议应将相互保险公司立法从保险法中剥离出来。从法律逻辑上说当然不错。但考虑到我国当前法律修改的现实操作问题，建议将相互保险公司立法暂时纳入现行《保险法》框架，在《保险法》第三章中增加“相互保险公司的特殊规定”一节。该章中原有的条文，除第70条、第71条外，均作为第一节“保险公司的一般规定”。

1. 保险公司可以采取如下形式：

（1）股份有限公司；

（2）相互保险组织；

（3）国有独资公司。

2. 保险公司的一般规定：同现有《保险法》，略。

3. 相互保险组织的特殊规定：

（1）相互保险组织是由全体投保人持有并为自己办理保险业务的合作保险组织。

相互保险组织名称中必须有“相互”“互助”字样。

（2）相互保险组织仅以公司资产对其债权人负责；公司的会员不对公司债权人负责。

（3）相互保险组织的投保人基于与公司订立的保险合同成为公司会员。

相互保险组织章程中明确公司与其会员之间的权利义务关系。

除章程另有规定外，投保人的会员资格于保险关系终止时丧失。

（4）设立相互保险组织，应当具备下列条件：有符合本法和公司法规定的章程；有不低于100万元人民币的运营资金借款；有具备任职专业知识和业务工作经验的高级管理人员；有健全的组织机构和管理制度；有符合要求的营业场所和与业务有关的其他设施。

（5）运营资金借款由主要发起人负责筹集，可以来自他人捐赠或者借款，必须以货币资金的形式注入。

运营资金借款为借款的，其计息水平不得超过保险监管机构确定的标准。

在公司弥补开办费之前，不得对运营资金借款提供人支付利息。运营资金借款本金自公司保留盈余达到基金本金数额时开始分期归还。

（6）保险监督管理机构根据相互保险组织的业务范围、经营规模，可以调整其运营资金借款的最低限额。

（7）相互保险组织的章程应对下列事项作出明确规定：公司名称，必须包含“相互保险”之义；公司所在地；公司经营活动的范围和业务规则；关于会员资格取得的规定；关于保费的规定；在采用预缴保费制的情形下，应规定是否保留在公司亏损或清算时追征保费的权利；关于盈余分配标准的规定；关于公司创建的初始基金，公司使用初始基金的条件，以及关于建立偿还准备金的规定；关于会员大会或会员（代表）大会、董事会、监事会的组成及权限；保险监管机关规定的其他事项。

（8）设立相互保险组织的申请经初步审查合格后，申请人应当依照本法和公司法的规定进行保险公司的筹建。具备本法第4条规定的设立条件的，向保险监督管理机构提交正式申请表和下列有关文件、资料：保险公司的章程；运营资金借款提供者名册及其资金额；法定验资机构出具的证明运营资金借款到位的证明；拟任职的高级管理人员的简历和资格证明；经营方针和计划；营业场所和与业务有关的其他设施的资料；保险监督管理机构规定的其他文件、资料。

（9）保险监督管理机构自收到设立保险公司的正式申请文件之日起6个月内，应当作出批准或者不批准的决定。

（10）经批准设立的相互保险组织，由批准部门颁发经营保险业务许可证，并凭经营保险业务许可证向工商行政管理机关办理登记，领取营业执照。

相互保险组织自取得经营保险业务许可证之日起6个月内无正当理由未办理公司设立登记的，其经营保险业务许可证自动失效。

（11）相互保险组织设立会员大会，决定公司重大事项。

除公司章程另有规定外，会员大会的权限准用《公司法》第103条的规定。

（12）相互保险组织会员大会采取一人一票的表决方式。

（13）相互保险组织设立的董事会、监事会，除公司章程另有规定外，准用《公司法》关于股份有限公司董事会、监事会的规定。

（14）相互保险组织修改章程或者一般保险合同的条款，从而改变会员与公司之间的权利义务关系的，需要经会员大会以3/4多数表决批准，并报保险监管机关核准。

（15）相互保险组织经营活动实现的盈利，应当首先提取50%作为偿还运营资金借款的准备金。该项准备金达到运营资金借款本金额后，可以不再提取。

（16）相互保险组织经营活动实现的盈利，在扣除偿还运营资金借款的准备金之后，应向公司会员进行分配。

（17）相互保险组织年度财务报告必须接受注册会计师审计。

（18）本节未规定事项，参照本法第三章第一节关于保险公司的一般规定。

六、关于管理架构

（一）相互保险规范创新

1. 发挥相互优势，践行普惠金融。相互保险组织应坚持相互保险的互助本质，利用会员与组织利益高度一致的核心优势，设计惠而不费、透明度高、与会员长期利益相一致的产品。鼓励积极参与养老、健康等民生保障体系建设，探索扩大保障人群和承包责任；关注高风险、农业、科技等专业领域和特殊领域的风险保障，实践多种形式的互助模式，鼓励会员参与管理，弘扬互助精神，为全社会提供普惠保险服务。

2. 鼓励互联网应用，支持创新发展。充分利用大数据、云计算、移动互联等新一代信息技术，优化产品设计、承保理赔、会员服务等流程，创新运营模式，提高经营管理和组织治理效率，节约营销和运营成本，建立新型的会员互动沟通机制，在确保数据信息安全的基础上，积极探索互助型、便捷型、平台型保险与服务。

（二）相互保险运营机制

相互保险组织应严格遵守《相互保险组织监管试行办法》和保监会关于加强治理的监管规定，结合自身特点规范治理结构，形成会员（代表）大会、董事会、监事会、管理层各司其职、各负其责、相互制衡、协调运转、科学有效的职责分工和制衡机制。

1. 制度建设

根据《相互保险组织监管试行办法》和《保险法》的要求制定章程，规范相互保险组织的组织和行为，全面提升相互保险组织依法合规治理水平。在此基础上，相互保险组织应制定《会员代表选举办法》《会员（代表）大会议事规则》《董事会议事规则》《监事会议事规则》《独立董事工作细则》及各专业委员会工作细则等规章制度。随着外部政策环境的变化和相互保险组织各项事业的发展，相互保险组织在各阶段应按发展需要修改《章程》，并应相继出台《战略投资委员会工作细则》《审计与风险管理委员会工作细则》《提名薪酬委员会工作细则》《关联交易管理办法》《资产管理制度》《信息披露办法》《资金运用风险管理制度》《内部审计管理制度》《绩效管理制度》《职位薪酬管理办法》《内部控制政策》《保险资金运用合规指引》《董事及高级管理人员审计管理办法》《合规政策》等，将《章程》的精神和原则具体化，形成权力制衡的法人治理架构。

2. 会员（代表）大会

在治理结构建设中尊重会员的民主权利，构建和谐的会员关系。相互保险组织筹建中，全体初始运营资金出借人应从发展大局出发，积极支持相互保险组织筹建工作，保证相互保险组织筹建工作的顺利进展。会员（代表）大会是相互保险组织的最高权力机构，代表着相互保险组织所有者的权益。依据《保险法》《相互保险组织监管试行办法》和《章程》等有关规定所赋予的权力，全体会员通过会员（代表）大会依法行使自己的法定职权和章程职权，充分表达自己的意愿，维护自己的权益，决定相互保险组织重大事项。相互保险组织应设立选举委员会，负责会员代表的选举工作，顺利完成会员代表选举工作。会员（代表）大会的召集和表决方式应遵守法律、行政法规和章程的程序规则，真正做到决议程序严谨、内容合法。会员（代表）大会对重大事项：经营方针、审议批准年度财务预算方案、修改章程、修改董事会议事规则等作出决议。同时会员（代表）大会充分行使选择、监督管理权，对非职工代表担任的董事、独立董事进行选举。

3. 董事会

董事会是法人治理结构的核心，对会员（代表）大会负责，保证实现会员（代表）大会确立的长期战略目标和组织计划实施；董事会除履行法律、法规和章程所赋予的职责外，还对会员代表大会的内控、风险和合规工作负责。

董事会应严格按照保监会相关规定程序召开，审议议案详尽，董事发言积极踊跃；严格审核预算及其执行情况；定期审核风险评估报告，并提出风险防控要求。根据《保险公司董事会运作指引》《章程》和《董事会议事规则》等有关规定，每年度董事会提名薪酬委员会组织对所有执行董事、非执行董事尽职情况进行初步考核评价上报董事会审议，经董事会审议通过后上报会员（代表）大会。董事、监事及高管人员的薪酬标准制定，均参照行业标准，结合相互保险组织实际情况，通过提名薪酬委员会审核，提交董事会、会员（代表）大会审议；严格按照薪酬管理办法和年度考核目标完成情况兑现薪酬。独立董事如期参加各次会议，充分发表专业的独立性意见，及时提出问题并提出解决方案；董事会认真听取独立董事意见，并采纳相关建议意见。

根据《保险公司董事会运作指引》《独立董事管理暂行办法》《章程》和《董事会议事规则》的规定，会员代表大会应设立独立董事，独立董事应不少于3名。独立董事能够按照法律法规、监管规定、章程、董事会议事规则的要求，持续关注法人治理结构和相互保险组织的经营发展，及时了解相互保险组织的财务、内控、合规、风险管理及其他经营情况，并提出科学合理、切合实际，有针对性、操作性的建议；独立董事勤勉尽责，切实维护相互保险组织、被保险人和全体会员的利益。

4. 董事会专业委员会

相互保险组织应设立董事会决策辅助机构，包括提名薪酬委员会、审计与风险管理委员会、战略投资委员会等专业委员会，为董事会科学决策提供有力支持。

战略投资委员会主要负责审核资产战略配置和投资策略，对相互保险组织重大投资决策提出建议，向董事会报告工作并对董事会负责。

审计与风险管理委员会工作细则主要负责定期审查内部审计部门提交的内控评估报告、合规管理部门提交的合规报告，并就相互保险组织的内控和合规方面的问题向董事会提出意见和改进建议。负责审定风险管理制度和基本战略，监督评估风险管理执行情况，包括全面了解相互保险组织面临的各项重大风险及其管理状况，监督风险管理体系运行的有效性，对相互保险组织风险管理有关事项进行审议并向董事会提出意见和建议。

提名薪酬委员会主要负责，按照保监会规定和董事会要求，拟订董事及高管人员的选任条件、考核标准和薪酬激励措施；对董事及高管人员的人选进行初审并向董事会提出建议；对高管人员进行绩效考核并向董事会提出意见。

5. 监事会

监事会对会员（代表）大会负责，监督董事、经理和其他高级管理人员依法履行职责。监事会代表列席董事会，并及时提出意见和建议。本着对全体会员负责、对相互保险组织负责的立场和原则，坚持监事会集体行使职权，对相互保险组织依法经营情况、财务状况和相互保险组织董事、高管履行职责等情况进行监督。

6. 管理层

管理层作为法人治理结构中的执行机构，实施会员（代表）大会和董事会确定的战略目标和计划，真正对相互保险组织的日常经营管理负责。相互保险组织应对会员（代表）大会、董事会和管理层职责明确分工，并明确各部门职责及重大事项的审议程序；董事会与管理层沟通顺畅、协调；管理层具备履职能力并配合协调良好，强化主要负责人责任管理，对高级管理人员均按规定进行任中审计与离任审计；相互保险组织应建立责任追究机制，层层落实责任，规范其行为。

7. 激励和约束机制

相互保险组织应努力建立健全董事及高管的激励和约束机制，以提高对优秀人才的吸引力，提升企业的生命力。高管的任命按照监管机构的要求进行审核。相互保险组织应明确董事及高管的尽职考核制度，经营目标责任、绩效考核和激励约束有机结合起来，充分调动经营者的积极性。

8. 关联交易

为规范关联交易，防范经营风险，防止初始运营资金出借人、会员代表、董事、监事、高级管理人员及其他关联方利用其特殊地位、通过关联交易或者其他方式侵害相互保险组织或者会员的利益，参照中国保监会下发的《保险公司管理规定》《保险公司关联交易管理办法》及其他相关监管规定，相互保险组织应制定《关联交易管理办法》。规定重大关联交易应当由董事会批准。独立董事对重大关联交易的公允性、内部审批程序履行情况以及对会员权益的影响发表书面意见。规定要求董事会在审议关联交易时，与该交易有关联关系的董事应当回避表决；会员（代表）大会审议关联交易时，与该交易有关联关系的会员代表应当回避表决。

9. 公开信息披露

为进一步增强相互保险组织经营管理的规范性与透明度，切实保护会员的合法权益，相互保险组织信息披露的标准应不低于上市公司，部分信息披露要求高于上市公司。按照上述标准，相互保险组织应参照中国保监会下发的《保险公司信息披露管理办法》等有关规定，制定《信息披露管理办法》，明确相互保险组织信息披露基本要求，确立董事会秘书是相互保险组织信息披露管理工作的直接责任人，保证信息披露有效管理；明确会员代表、董事、监事、高级管理人员以及相互保险组织所有人员信息披露职责，从上到下，责任到所有部门，确保信息披露工作的有效开展。相互保险组织应通过在官方网站上设立“公开信息披露专栏”等多种方式，准确及时完整披露各项信息，充分接受社会、媒体对相互保险组织的监督，确保会员的合法权益。

七、关于方案选择

（一）相互保险组织形式

作为会员/社员/会员（Member）持有型的保险组织，相互保险主要是源于西欧社会的一种组织形态。由于各国的历史文化与社会经济发展背景不同，相互保险在自然演进中呈现的形态也是多种多样。在主流的相互保险公司之外，互助社、交互社（Reciprocal insurer）、友谊社（Friendly societies）、互惠社、合作社、自保公司（Captive insurance company）、风险自留团体（Risk retention group，RRG）、自主相互基金（Discretional mutual fund，DMF）等在不同国家中不同程度上扮演着相互保险提供者的角色。

相互保险的渊源可以追溯到古希腊罗马慈善团体进行的健康方面的互帮互助活动。在古罗马时代，工匠、士兵甚至角斗士都会组成某种团体或俱乐部组织并向其捐款，团体则在会员生病时提供必要的帮助，或者为故去会员的孤儿寡母提供生活费用，特别是葬礼费用。11 世纪后，类似的互助需求主要是由行会组织（Guild，又译作基尔特）来满足的，其会员多为特定行业的从业人员。此外，也有由不同职业会员组成的兄弟会组织（Fraternity），其更多地与宗教传统相联系。M. 福瑟吉尔·罗宾逊对英国历史上行会组织的研究指出，行会组织最初成立的主要目的是基于宗教和社会上的需求，此后才演变为贸易行会和手工艺人行会。

17 世纪在英国出现的友谊社继承并发展了中世纪行会组织互帮互助的理念。友谊社对处于生病和生活窘迫的社员提供援助，减轻了教会的压力。当然，早期友谊社虽然被称为社团（Society），但非成熟稳定的组织体，而是会员基于互帮互助的理念，在从传统的农牧业社会向工商业社会发展背景下逐渐形成的分摊风险的松散联合。另一方面，1666年的伦敦城大火导致20万人无家可归，也构成了推动相互类保险组织诞生的一个重要契机。

18世纪后，随着精算技术的出现，早期的会员互助团体开始向现代相互保险组织转型。现存最古老的会员持有型保险组织，都是在这一时期诞生的，如1752年在美国成立的费城贡献组织社（非寿险），英国1762年成立的公平人寿保险公司（寿险），丹麦1761年的KAB（商业保险）以及法国1781年成立的特立尼达慈善协会（健康保险）等。

可以说，在相互保险组织演变为现代保险行业主要组织形式的过程中，各国不同的政治、经济、法律与文化传统都影响了它的发展历程。这也使得各国相互保险组织在名称与立法模式上各具特色。如英国除相互保险公司外，还有友谊社、工业和互助社等；德国的相互保险组织不称为公司，而是称为互助社。此外，由会员所有，专为会员或者主要为会员提供保险服务的组织不仅限于名为“相互保险公司（社）”的实体，也包括其他合作组织为会员提供的保险服务，如日本在相互保险公司之外，还存在农协、渔协等农业合作组织为会员提供的保险服务，尽管后者并不作为金融机构接受监管，而是适用相关的合作社法。美国则更加多元化，仅以纽约州为例，其《保险法典》就在相互保险公司之外，列举了交互保险社、非营利财产/事故保险公司、合作保险/事故保险公司、自保公司等多种具有相互保险特征的组织形态；此外，该州还有基于联邦立法组建的风险自留团体（RRG）。可以说，相互保险组织发展到当代，并没有一个适用于所有国家的单一组织形式标准；在不同的法域下，许多组织形式都符合相互保险的理念，可以纳入到广义的相互保险组织的范畴之中。

图8－1展示了历史上存在过的会员持有的保险组织，它们都具有广义相互保险的一些特征。

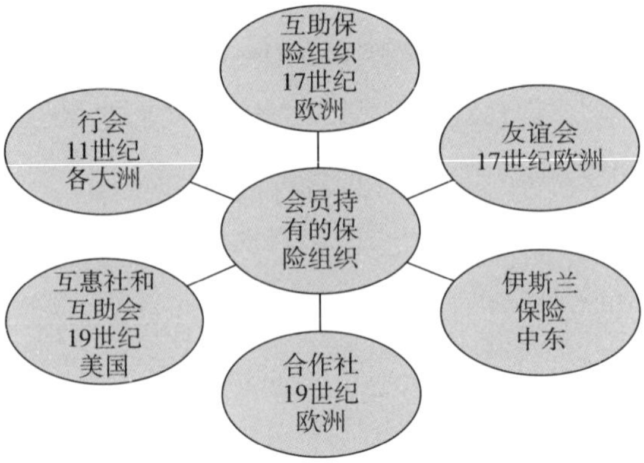

图8－1　历史上由会员持有的保险组织

（二）目前试点的相互保险组织形式：公司制

我国目前引入相互保险组织的试点，是为了改变以资本出资为主的公司制保险公司单一垄断的格局，增加不同企业组织的市场竞争，以便向社会大众提供更多的保险产品与更好的保险服务。从这一目标出发，我国引入的相互保险组织是域外比较成熟的、主流的相互保险组织形态——如美国、英国、日本的相互保险公司以及德国的大型保险互助社等。因此，本报告的研究对象被限定为域外专门的相互保险公司，而不包括兼营相互保险业务的合作社。

（三）未来可考虑试点交互社组织形式：非公司制

交互保险社（Reciprocalinsurance exchange）是指由若干商人共同组成互相约定交换保险的组织。在交互保险社中，认购人（Subscriber）通过共同的实际代理人（Attorney－in－fact）实现保单互换（Insuranceexchange），每位认购人既是被保险人（Policyholder），又是保险人（Underwriter），承保其他认购人的风险。

根据加州保险法典，交互保险社（Reciprocal exchange）与相互保险公司比较接近，但二者有许多区别，具体体现在：（1）相互保险公司是公司制法人，而交互保险社不是；（2）相互保险公司的承保人是公司本身，而交互保险社的承保人是社员本身；（3）相互保险公司会员广泛，可以是任何人，而交互保险社的社员只能是公司；（4）相互保险公司由会员组成的董事会管理，而交互保险社通常由实际代理人管理；（5）法律对相互保险公司的业务范围没有限制，而交互保险社不能经营人寿、产权、抵押、抵押保证及破产保险；（6）法律对交互保险社的实收资本要求高于相互保险公司。

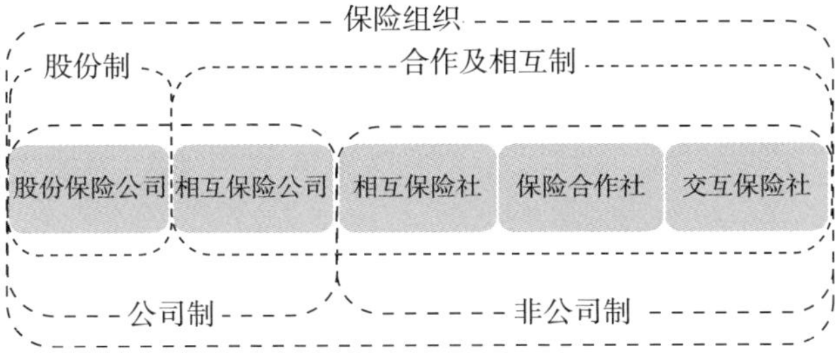

图 8－2　相互保险组织的公司制与非公司制

尽管交互保险社与相互保险公司存在一些区别，但交互保险社创建和运作的核心与相互保险公司趋同，都是为了会员利益最大化而分散风险以实现“互保”的目的，都属于合作及相互制保险组织。在中国相互制保险组织内引入交互保险社，有利于引导健康创新方向、规范保险市场秩序。

八、关于运行监管

我们应在借鉴国际经验的基础上，加强研究，完善政策，优化环境，积极稳妥地探索具有中国特色的相互保险运行监管模式，确保相互保险在中国的发展起好步、开好头。

（一）试点先行，积极稳妥地做好相互保险市场准入工作。中国保监会要按照“循序渐进、风险可控”的总体原则，审慎选择符合条件、准备充分、有较好发展前景的市场主体开展试点，在不断完善审核标准和准入机制的基础上，分阶段有序推进相互保险准入工作。

（二）完善监管，形成完整的相互保险监管体系。相互保险要规范创新发展，制度必须先行。中国保监会要抓紧制定各项监管配套细则，尽快形成完善的相互保险监管体系。一是要坚持统一监管。相互保险也是保险，要遵循保险的一般运行规律，相互保险监管也应与现有保险监管框架基本保持一致。二是坚持创新监管。根据相互保险的特点，要在产品审核、偿付能力、分支机构管理等方面创新监管手段，特别是对于小型相互保险组织，要采用适当灵活的监管标准。三是突出监管重点。针对相互保险治理透明度低等问题，要有针对性地加强公司治理监管和信息披露监管，提高经营透明度，切实防范内部人员控制风险。相互保险监管是一项创新性、系统性工程，各部门要加强协作，统筹配合，形成合力，抓紧制定各自领域的监管细则，共同打造一个“遵循基本规律、符合国际惯例、体现相互特色”的新型相互保险监管体系。

（三）优化环境，夯实发展基础。相互保险事业的健康发展，离不开良好的经济、文化、法制和舆论环境。商事制度方面，中国保监会通过与工商总局进行积极沟通，得到了工商总局的大力支持，相互保险组织注册制度初步成型。另外，还要加强与税务总局等部委的沟通协调，研究出台符合相互保险特点的税收政策。舆论环境方面，要加强宣传引导，增强社会公众对相互保险的了解和认知，大力弘扬“我为人人，人人为我”“扶危济困”的保险互助文化，打造相互保险良好行业形象。

（四）加强研究和交流，借鉴国际经验。相互保险在有数百年的发展历史，有关国家积累了丰富的发展和监管经验，要采取借鉴、消化、转化方式。另外，要加大对相互保险发展战略、经营模式以及监管规则的研究力度，积极探索有关规律，努力走出一条符合中国国情的相互保险发展道路。

九、关于政策完善

（一）推进法规建设。针对相互保险业务特点和发展趋势，结合试点情况，积极推动制定相互保险管理条例，将相互保险纳入《保险法》修订内容，进一步明确相互保险组织的法律地位。

（二）落实完善政策。积极协商财政、税务、工商等相关部门，参照国际惯例，研究制定相关税收优惠政策，对从事农业保险、符合条件的，可按规定享受政策性农业保险税收优惠政策。支持相互保险组织依法办理工商登记，明确登记流程，完善登记办法。

（三）建立行业自律。适时建立相互保险行业自律组织，制定经营服务、高管人员行为规范等行为标准，明确自律惩戒机制，规范从业机构市场行为；搭建行业交流平台，探讨行业发展战略，研究发展中的共性问题，建立信息共享机制，推进会员单位之间的业务协作，共同维护良好的市场秩序。

（四）做好舆论宣传。加强对相互保险政策的宣传和解读，增强社会公众对相互保险的了解和认知，引导公众提升风险识别能力，防范非法集资风险，加大舆论监督，为相互保险健康持续发展创造良好的舆论环境。

十、关于试点推进

（一）发起人资质良好，会员基础扎实。鼓励认同相互理念、符合条件的社会主体设立相互保险组织。主要发起会员负责提供初始运营资金，并充分了解其有别于股权的出资性质；应具有良好的社会声誉、财务状况、诚信记录、纳税记录、公司治理结构、持续出资能力和经营管理能力，且最近三年内无重大违法违规记录。设立相互保险组织应具有来源稳定、数量充足、有同质风险需求的会员群体，具备较好的业务发展能力。

（二）治理结构科学规范，管理制度严密有效。相互保险组织应设计符合相互保险特点、科学规范的治理结构，清晰界定主要发起会员、一般发起会员的权利和义务，建立以会员（代表）大会为最高权力机构的治理体系，健全董（理）事会和监事会制度，明晰职责分工、运作机制和议事规则；应建立科学合理、运行高效的内部管理制度，选择具有良好的职业道德操守、丰富的从业经历、任职所需的专业知识，并秉持会员利益至上理念的高级管理人员。

（三）发展规划合理可行，风险防范机制健全完备。相互保险组织应确定科学可行的市场定位、发展规划、业务范围和经营方针，建立健全符合相互制特点的产品精算、业务运营、财务管理、资金运用、信息化建设、再保险体系以及会员利益保护机制等；应针对偿付能力、内控合规、业务经营等方面制定切实有效的多层次风险防范机制，明确相关各方的风险处置责任，拟定偿付能力严重不足时的风险处置预案。

（四）积极稳妥推进试点工作，防范非法经营风险。按照“循序渐进、风险可控”的原则，选择符合条件、准备充分的市场主体先行试点，不断完善审核标准和准入机制，分阶段有序推进相互保险准入工作，未经批准不得擅自设立相互保险组织或经营相互保险业务，建议暂不允许通过互联网等渠道向不特定对象公开募集初始运营资金。

第二节　相互保险组织试点创新规范建议

相互保险组织将成为我国保险业的重要组成部分。促进相互保险组织规范健康发展，是保持保险市场稳健发展的重要基础，是增强保险业发展动力和活力的有效手段，是提高保险业服务水平的重要途径，是防范化解行业风险的基本要求。基于现有股份制保险公司的监管体系，相互保险组织的整体实力、创新能力和发展活力都将存在问题，为了促进相互保险组织提高竞争能力，转变发展方式，实现规范创新发展，我国促进相互保险组织规范创新发展建议如下。

一、减轻相互保险组织负担

（一）减轻运营负担

1. 合理降低相互保险组织机构设立成本。建议在运营服务功能齐备、保证工作场所安全的前提下，不对相互保险组织机构营业场所的面积、位置和装修档次等提出具体要求。

2. 探索建立相互保险组织信息共享平台，如灾备中心、互联网平台等共享，降低相互保险组织在信息化建设方面的投入。

3. 鼓励相互保险组织精简人员和内设机构，建议在不影响公司管理效能和内控安全的情况下，允许相互保险组织高管人员及内设机构一人多岗，一部多职。监管部门原则上不对相互保险组织的高管人员和内设机构提出新的增设要求。

（二）减轻监管负担

1. 转变职能，完善监管方式，减轻相互保险组织的监管负担。建议进一步推进行政审批改革，减少行政审批事项，提高行政审批效率。

2. 进一步精简监管部门召开的会议和要求报送的文件。建议清理相互保险组织报送的各类监管报告，逐步整合相互保险组织报送的偿付能力、风险评估、内部控制、公司治理、内部审计、合规管理、薪酬管理等报告。

（三）减轻费用负担

1. 建议对相互保险组织适度减收监管费用，按照现有保险业务监管费标准降低 50% 收取。

2. 建议开业前 3 年内，相互保险组织可以免缴保险保障基金。经申请，相互保险组织可以递延 3 年缴纳保险保障基金。

3. 完善保险行业协会和保险学会的会费制度，建议给予相互保险组织适当的缴费优惠，如降低收取 50% 行业协会和保险学会会费。

二、提高相互保险组织竞争力

（一）支持相互保险组织专业化、区域化发展

1. 引导相互保险组织找准市场定位，摒弃“大而全、小而全”的发展思路，制定专业化、区域化的长期发展战略，促使相互保险组织集中资源，在细分市场上形成局部优势。

2. 加强对相互保险组织发展规划工作的指导，促使相互保险组织高度重视发展规划，制定符合行业发展规划和监管要求、符合自身经营特点，具有战略性和可操作性的发展目标与实施路径，建立完整的评估评价机制，评价结果与机构准入、资金运用、产品审核、资本管理、偿付能力等监管工作相关联。

3. 完善政策措施，支持相互保险组织专业化、区域化发展战略有效实施。对于已制定专业化、区域化发展战略的相互保险组织在机构铺设、产品监管、经营管理等方面予以差异化对待。

4. 支持专业性公司根据市场需求跨区域发展，拓展专业市场规模。对专业技术优势突出、风险防范措施到位的相互保险组织，经批准可以在危险单位划分、纯风险损失率测算等方面给予一定的自主权。

5. 鼓励区域性相互保险组织深耕区域市场，发展具有当地特色的保险产品，开展“一省一特色、一市一特色”活动，并给予优先开设所在地省以下分支机构的优惠政策。支持综合性相互保险组织收缩业务领域，发展

成为细分市场的行业龙头。

（二）支持相互保险组织创新发展

发挥相互保险组织“船小好调头”和机制灵活的优势，放开手脚、鼓励创新，使相互保险组织成为保险创新的试验田和打破行业同质化局面的排头兵。

1. 产品渠道创新

建立创新平等参与机制。在确定创新试点资质以及政策性保险入围名单时，统筹考虑相互保险组织的专业方向，尽量使用能力指标和绩效指标，减少使用资本金、保费收入等规模指标和经营年限指标。在互联网保险等重大产品服务创新领域以及重大政策支持业务方面，形成“双头并举”模式，既支持大型保险公司积极探索，也保证符合条件的相互保险组织进行适度规模或局部地区试点，保证相互保险组织在各项行业改革创新中都具有参与权，确保改革创新红利惠及所有公司。

建立相互保险组织创新保护机制。对监管部门认定的首创新型产品设定两年保护期，在保护期内适度降低对首创公司销售该产品的最低资本要求，并在风险可控、效益良好的情况下，支持其优先扩大该产品业务规模。同时积极探索设立创新产品开发和保护机制，对在产品研发、销售模式和服务提升等方面具有突破性和一定推广价值的创新产品予以重点保护，探索给予一定范围内的专属经营权。

建立相互保险组织先行先试机制。在重大行业改革创新中，探索由相互保险组织进行先行试点。放松保险产品监管，探索建立对相互保险组织产品渠道设计的负面清单制度，对偿付能力充足的相互保险组织开展负面清单之外的产品创新原则上不禁止。其中，在开拓细分市场、应用新技术以及创新商业模式等方面确有差异化优势、成本效率更高的，允许其在产品定价方面拥有更大的灵活度。

2. 资金运用创新

支持符合条件的相互保险组织单独或联合设立保险资产管理公司。近三年来在专项领域投资业绩突出的相互保险组织，可试点设立专营该领域的保险资产管理公司。

提高相互保险组织资金运用的灵活性。在条件允许的情况下，降低投资无担保债、信托产品、债权计划、不动产等投资能力的要求，支持相互保险组织在进一步扩宽资金运用范围方面先行先试。

提高相互保险组织资金运用的自主性。在评估相互保险组织投资能力时，应重点考虑投资绩效、风险管控能力等指标，对总资产、净资产以及成立年限等指标要求比现行标准降低30%。相互保险组织主要发起人投资能力突出并明确承诺给予相互保险组织协同支持的，在切实防范关联交易风险的情况下，可以将相互保险组织投资能力和投资资质评估与其控股股东情况进行统筹考虑。

3. 经营管理创新

鼓励业务外包。研究制定规范相互保险组织业务外包的专项政策，在符合内控要求、明确风险责任的前提下，鼓励相互保险组织扩大业务外包范围。

鼓励相互保险组织进行集中化、垂直化管理，切实提高效率、降低成本。

探索组织扁平化。在专业化、区域性相互保险组织中进行组织机构扁平化试点，经批准，试点公司可根据自身业务特点自主决定是否设置和设置何类层级的分支机构。

探索业务联盟。鼓励相互保险组织在权责明确的情况下，建立理赔服务、数据共享等领域的保险业务联盟，共同解决服务网络和服务能力不足问题。业务联盟协议或因此设立的机构应报监管部门批准。

加强体制机制创新。支持相互保险组织在人事用工管理、薪酬管理等方面进行创新，支持符合条件的相互保险组织探索创新中长期激励手段。

（三）改善相互保险组织发展环境

改善监管方式，优化相互保险组织监管环境。建立健全对相互保险组织的差异化监管政策，对经营理念稳健、经营效益突出、风险较为分散及连续两年分类监管结果为A的相互保险组织适度降低偿付能力要求。进一步深化保险市场化改革，坚持“放开前端、管住后端”，减少对相互保险组织日常经营行为的干预。以相互保险组织为重点，扩大属地监管试点，提高监管效率，促进相互保险组织区域化、差异化发展。改进监管手段，提高监管信息化水平，加大非现场检查力度，提高现场检查效率。

统一各地保监局对相互保险组织的监管标准，包括公司治理、机构设立、业务开展等相关政策，避免在保监会的政策架构下，过多存在地方的实施细则，使相互保险组织能够集中精力放在公司经营发展上。

完善相互保险组织运营资金补充方式、拓宽运营资金补充渠道。支持符合条件的相互保险组织进行资本补充创新方式的先行试点，探索永续债、可转债以及银行间市场发行次级债等方式补充资本。

健全行业自律组织，扩大相互保险组织的市场影响力。探索在保险行业协会下设相互保险组织专门委员会，建立交流平台，代表相互保险组织针对行业重大政策措施提出意见，反映诉求，保障相互保险组织权益。

加强政策协调。各保监局要加强与当地政府及财政、税收、工商等有关部门的沟通和协调，积极争取有利的政策环境，切实做好相互保险组织发展的引导、支持和服务工作。

三、防范相互保险组织风险

（一）转变相互保险组织经营理念，树立效益意识。顺应市场化改革趋势，引导相互保险组织成为真正理性经营的市场化主体。转变相互保险组织外延、粗放、跟随的发展方式，切实树立以效益和质量为根本的经营理念。进一步督促相互保险组织完善绩效考核方式，建立稳健薪酬机制，发挥薪酬对理性经营行为的引导作用。

（二）防范相互保险组织偿付能力风险。相互保险组织应当根据发展战略、业务发展计划及风险状况，切实做好运营资金补充中长期规划，并协调促进公司资本需求与主要发起人补充能力相匹配。相互保险组织主要发起人应切实履行运营资金借款协助义务，保证公司运营资金满足监管要求。

（三）完善相互保险组织治理结构，保持治理结构的适度稳定。进一步加强相互保险组织治理监管，明确相互保险组织会员（代表）大会、董事会、监事会和管理层等各方职责，保持公司治理机制依法有效运作，防范相互保险组织的治理风险。

（四）健全市场化退出机制，维护保险市场稳定。制定相互保险组织兼并重组的管理办法，规范实施相互保险组织兼并重组。建立多层次市场退出机制，允许相互保险组织根据业务需要退出部分分支机构，减少相互保险组织的运行成本。明确法人机构退出的步骤和措施，构建风险处置工具箱，确保必要的市场退出行为依法有效稳定进行。

第四篇

展 望 篇

第九章　互联网时代的相互保险

第一节　互联网时代相互保险的机遇与挑战

一、互联网时代急需相互保险组织形式

历史原因，现代保险业在我国属于“舶来品”，股份制是保险公司的主要组织形式，而相互保险公司这种一般自发产生的组织机构形式由于没有生存的土壤而没有成长起来。20 世纪 80 年代恢复国内商业保险业务后，由于经济体制原因，相互保险公司仍然不具备发展的条件。直到 2005 年，我国出现了第一家相互制保险公司——阳光农业相互保险公司，但由于发展的特殊性，其不是一个可复制的例子。

随着行业的不断发展，单一的保险机构组织形式逐渐暴露出问题，包括经营成本过高、产品同质化严重、经营缺乏稳定性等等，无法满足国内社会经济发展的多重需要，阻碍了保险创新，不利于扩大保险的覆盖面和行业的持续、健康发展。2014 年 5 月 13 日，《相互保险组织管理暂行办法（征求意见稿）》下发；2015 年 1 月 23 日，保监会下发《相互保险组织监管试行办法》，相互保险组织监管规则的出台，为新的相互保险组织的设

立、运行提供了法律依据。相互保险发展迎来了一个新的契机，弥补了市场中的空白。

（一）相互保险天然具有普惠金融的特点

中共十八届五中全会通过了“十三五规划”建议，描绘了我国未来五年经济社会发展的壮丽宏伟蓝图，提出了创新、协调、绿色、开放、共享五大理念，也对保险业下一步改革发展提出了多方面要求。其中，“共享”的发展理念是第一次写入国家重要文件，旨在让全体国民分享经济社会发展成果，增进人民福祉，提高群众获得感。

相互保险具有普惠金融的特点，相互保险组织与股份制保险公司是世界保险业的两种基本形态。相互保险公司实际上是投保人基于相互保障的原则设立并共同拥有，为投保人自己经营保险业务的法人组织。因此，与股份制保险公司相比，相互保险实现了“股东”和“客户”的身份统一，有利于避免一般股份制保险公司中存在的保险人股东与被保险人之间的利益冲突，即保险人有冲动赚取更多的利润，从而忽略甚至侵害被保险人的利益，出现“理赔难”等众多问题。“股东”与“客户”二合一是相互保险的最大特点，这也决定了相互保险公司的非营利性，相互保险的资本主要来源于会员，同时运营的盈余成果在偿还借入资金后将最终由会员享有。

（二）相互保险特点与互联网文化一脉相承

1. 投保人与被保险人目标一致，有“互助共济”的本质。相互保险组织没有外部股东，由全体投保人共同所有，不存在投保人与保险人之间的利益冲突。

2. 逆向选择和道德风险较低。相互保险作为一个互助性组织，专注于某个特定群体，这个群体对自身的风险有更清楚的认识和评价，能很好地克服信息不对称问题，从而可以更好地防止逆向选择。其次，成员之间相互了解，且利益相关，有较强的道德氛围，产生道德风险的可能性比较低，从而可以规避“骗保”等风险。

3. 产品价格低廉，保障范围较大，会员有接受和购买能力。相互保险往往能拥有更低廉的产品定价。首先，相互保险公司是非营利性的，投保人不必像股份制保险公司一样，为了股东要求的利润而额外付出过多保费；其次，由于信息较对称，很多相互保险公司可省去一部分核保和核赔的费用；最后，由于逆向选择和道德风险相对较低，相互保险公司不必在定价中过多地体现这方面的风险。在美国，相互保险公司在业务竞争中曾经大幅度降价，一直降到了股份制保险公司无法与之竞争的水平。

4. 获客优势明显。相互保险能够有效地控制获客成本，并获得更多长期优质的客户。首先，由于非营利性的特性使得客户更容易信任相互保险公司，从而降低了获客难度；其次，相互保险专注于职业群体等特定的客户群体，往往有着特殊的销售渠道，如与相关的专业协会合作等，能快速直达客户，从而有利于降低销售成本；最后，由于客户的“主人翁”意识，客户有更强烈的意愿去推荐公司和产品给其他客户，从而实现了一个更强大的“口口相传”的效应。

5. 客户的满意度和忠诚度较高。由于没有股东盈利的压力，减轻了后顾之忧，相互保险公司往往能够开发符合投保人长期利益但无法马上获益的险种，从而使得产品真正适合客户。其次，由于客户即为股东，客户与公司的关系比较紧密，因此误导销售、理赔难等乱象将会得到有效地改善，相互保险公司会更注重对客户的服务质量。最后，“股东”身份的参与感也将进一步加强这种忠诚度。综上所述，相互保险公司的客户满意度和忠诚度会相对较高。

6. 管理未来的能力较强。股份制保险公司在制定保险费率时的假设若在未来发生负面的变化（如长寿风险增加、投资收益率下降等），则可能直接影响到保险公司的偿付能力，严重时可能会导致保险公司破产。而相互保险公司在保险定价上则有较大的回旋余地，可以使保险费率高到保持足够的准备金，当情况更悲观时，可以最终通过投保人分摊（如增加保费、减少保额等）的方式加以解决；当情况更乐观时，则可清理过多的准备金，返还给投保人。

（三）新技术为相互保险注入新红利

技术进步往往会给金融行业带来整体的进化。试点中的国内相互保险主体，自然也不会忽视信息技术领域正在发生的一系列变革。我们高兴地看到，筹建中的三家相互保险社正在积极探索运用移动互联、云计算、大数据、人工智能、区块链等新技术，为相互保险“旧瓶”装入“新酒”。

以往相互保险以同质化风险人群为服务对象，受限于时空距离，传统相互保险机构很难大范围地去发掘同质化风险人群。如今我们无须再回到熟人社会的模式下发展相互保险，互联网形成一个天然渠道，大大缩短了人与人之间的距离，减少了时空距离带来的信息不对称，能在更大范围内快速聚集有同质风险保障需求的人群，突破传统相互保险的范围和地域限制，为相互保险发展提供更加便捷的条件。同时，互联网还可以减少保险销售和服务过程中不必要的中间环节，降低相互保险公司的交易、信任和运营成本，提高管理运行和治理的效率。且传统意义上的相互保险机构一直诟病可能存在信息不透明、内部人控制等风险，在移动互联时代，这一问题将得到很好地解决。借助移动互联网、社交媒体等，相互保险机构可以持续、实时地与会员进行双向沟通，信息披露也可以第一时间让分散在各地的会员获知。会员则可以依靠互联网，方便地行使自身权利，履行相应的义务。

随着移动互联时代的来临，其典型特征就是金融服务呈现出实时化、社交化等特点，并且与场景结合得越来越紧密，这对保险机构的 IT 系统提出了新挑战，传统的IOE架构很难与之相适应，分布式的云计算则可以帮助相互保险公司很好地去完成这种转型。保险自诞生之日起就是建立在数据基础上的，互联网将人在线化之后，保险公司能获取的数据量越来越大，维度也越来越多样，云计算的强大数据存储和处理能力正好为相互保险机构运用大数据打下了基础。在大数据时代，保险机构可利用的数据量已今非昔比，这使为保险“做菜”的精算师有了更加丰富的原材料，在进行保险产品设计时有了更多的素材。同样，利用好云计算和大数据的相互保险机构，也可以让风险定价更加精确化，保险产品更加个性化。因此云计算、大数据的应用为相互保险带来了很多前所未有的体验。

另外，随着金融科技蓬勃地发展，人工智能、区块链技术在相互保险领域也有着非常广泛的应用，如通过区块链技术可以更加有效地使相互保险这种带有共享经济特征的保险形式减少逆选择和道德风险问题。

二、“互联网+相互保险”面临的机遇

随着保监会《相互保险组织监管试行办法》和《相互保险组织管理暂行办法（征求意见稿）》的陆续出台，相互保险的政策红利逐步放开，借助“互联网+”的时代背景，业界掀起了一股关于“互联网+相互保险”的探索热潮，相互保险逐渐进入公众的视野，引起更多人的关注。

“自己投保，自己承保”的相互保险并不是新鲜的事物，早在罗马时期和中世纪，防范火灾、海难、家畜损失、监禁等一系列风险的相互保险就已司空见惯，蔚然成风。相互保险是由一些具有同一危险且有某种保障要求的人所形成的组织，组织里的成员需要交纳一定的保费形成保险基金，发生灾害时用这笔基金弥补损失，以互帮互助为目的，真正实现“收益共享，风险共摊”。相互保险不以营利为目的，运营成本比股份制保险公司低。“互联网+”是一种全新的经济形态，它要求将互联网的创新成

果深度融合于经济社会各领域之中，以互联网为依托，运用云计算、物联网、大数据等发展现代经济。

可以说，相互保险的合作制比股份制保险公司的公司制更具有制度上的灵活性优势，互联网相比传统人海战术、线下模式更具有技术优势。相互保险互助共济，互联网互通共享，当相互保险遇上“互联网+”时，势必会激起一层奇妙的浪花。

（一）快速汇聚海量会员

相互保险以互联网为平台，跨越时间和空间的局限性，利用互联网高效便捷的信息传输技术和海量的资源信息优势在短时间内可汇聚具有同质风险保障需求的个人或单位，构建“自愿、互助、平等、共享”的互助体系，实现“人人为我，我为人人”的相互保险局面。

（二）大幅度降低成本

相互保险中投保人、会员与客户三位一体的制度设计特点极大地降低了参保人的逆向选择和道德风险，提高了客户的忠诚度，同时会员推荐产品降低了展业成本，会员参与管理、保全、理赔等业务降低了运营成本。而互联网无纸化、全天候、跨区域、跨渠道的业务模式更是极大地缩减了人们的地理距离和沟通成本。相互保险与互联网的强强联合更能为消费者降低保费支出，符合普惠金融的要求。

（三）满足多元化的保险需求

相互保险具有独特的发展活力和竞争优势，可以预见，未来随着相互保险组织的增多，相互保险将会提供更专业化、差异化、特色化、多元化的保险产品和服务，用户可通过互联网的保险产品分析、比较和测评系统快速找到适合自己保险需求的产品并加入成为会员，满足用户对保险多元化、多层次的个人保险需求。

（四）快速提升经营效率

人们可以随时随地通过各类软件在互联网上查询相互保险公司的各类保险产品、并且完成在线即时的投保以及申请并获取理赔等服务，促使相互保险公司的经营效率显著提高，且经营成本大大降低，从而使边际成本趋近于零。

（五）传达信息效率上升

相互保险公司可以借助互联网将其保险产品进行低成本、无边界地快速营销，并且进行口碑传播；在为会员提供健康信息推送和咨询等增值服务的同时促使会员之间构建起更为紧密的社群化关系。另外，由于相互保险公司的特殊属性，会比上市公司更加公众化和透明化，所以互联网还能有助于相互保险公司更及时地向会员、监管机构和社会进行信息披露，并且接受来自全体会员和社会各方的监督。

（六）会员参与度上升

会员能够借助互联网，更直接、高效、便捷地参与到相互保险公司的日常相关事务中，共同推动与促进公司治理体系的不断改进和优化。

随着目前国内对于相互保险制度的引进、加上移动互联网技术的日趋成熟及发展变革，随之而来的或许是难能可贵的发展机遇。互联网的信息即时传递共享，相互保险的会员协力互助共济，我们有理由相信互联网时代下的相互保险是科技和传统的完美融合，而相互保险公司即是这个融合的承载者。依靠互联网为平台，构建共保的体系，让真正有需求的会员，以更低的成本，享受更优质的保险保障，有利于发挥保险作为“社会稳定器”的作用，实现真正的“普惠金融”，同时，互联网时代下的相互保险公司，也能在与时俱进的同时，让保险和保障都真正回归到最原始的状态。

三、“互联网＋相互保险”面临的挑战

随着互联网与相互保险融合程度的逐渐深入，相互保险业将在销售和服务渠道、定价和可保风险范围等方面发生深刻变化，推动相互保险业发展进入新阶段。但在现阶段市场经济的发展程度下，初创的相互制保险组织仍面临着一些挑战。例如，初始运营资金的募集，相互制的体制决定了公司归全体投保人所有，初始发起人仅有债权资格，且可收回本息还具有一定的不确定性，从发展初期来看，权、责、利不对等。而且后期募资问题，国际上的相互保险公司具有上百年历史，具有丰厚的积累，所以在资本工具发行和增信上具有较好的评价。未来新设相互制保险公司不具备此基础，所以在后续运营补充上会面临更大的难题。

当然，目前我国相互保险的发展和互联网保险的发展都处于探索阶段，“互联网＋相互保险”还有待时间和市场的检验。相互保险与互联网的深度融合也存在着风险和一些劣势。

首先，相关法律有待完善。虽说保险监管部门对相互保险和互联网保险都持看好和支持的态度，也出台了一系列相关的文件，但具体涉及相互保险的相关法律还远远不够，相互保险的发展还需要保险法、税法、公平交易法及财务制度等法律和制度的规范。

其次，会员风险的存在。从国外经验来看，相互保险的会员多基于“熟人社会”，会员之间具有某种共同联结的关系，如相近的职业或共同的居住区域，这将降低相互保险经营的监督成本，从而提高相互保险组织经营上的效率。然而通过互联网聚集的会员来自天南海北，会员力量分散，潜在风险不易被相互保险组织知晓，不利于相互保险组织的管理和会员的筛选。

再次，信息安全风险不容忽视。依托互联网发展的相互保险在处理会

员信息资料时应更加关注数据加密、硬件防护和防灾防损等应急救护方面的建设。

最后，欺诈风险不容小觑。相比于传统的保险营销，互联网的相互保险营销监管更为困难，若有不法分子打着“互助”的旗号骗取投保人的保费，更是有损保险行业的整体形象。

相互保险遇上“互联网+”既有机遇又有挑战，未来有极其广阔的发展空间，我们坚信这种新型的保险发展模式定能在中国保险市场上占有一席之地，但为促进其健康发展还有大量的工作要做。就监管而言，要尽快落实相关法律法规，使相互保险的发展有法可依。同时严格把控相互保险组织准入，遵循“循序渐进、风险可控”的原则，从源头上防范风险并利用“互联网+”的方式探索监管新路子。就相互保险组织而言，可以选择从发展滞后、有痛点的保险险种出发，增加自主性、参与性、透明性，做到精准营销、精准定价、精细管理及精细服务，运用云计算和大数据更好地服务于会员。就消费者而言，要提高风险意识，认真甄别，选择保监会批准的相互保险组织投保，培养会员的主人翁意识，合力促进相互保险的快速发展。

在相互制的发展和探索上，我国要借鉴国外的模式和经验，再结合中国经济和保险市场自身的特色，去发展更适合我国的道路。这样既能保证会员的权益、保证经营的稳定性，又能同时满足主要发起人（初始运营资金出借人）的收益，真正做到三方共赢。

第二节　互联网时代相互保险的发展展望

一、“互联网+相互保险”：重塑保险行业?

保险行业对于保险本质的偏离已非一朝一夕，其中存在商业环境、技术条件、监管政策、金融演化等多种因素，并不适宜归咎于某一团体或某一机构。“互联网 + 相互保险”能否重塑保险行业，促进保险回归本质，推动“保险姓保”，下面我们从保险行业的关键问题着手进行分析。

（一）用户需求

保险行业首当其冲的关键问题是漠视用户需求，漠视的原因在于低成本用户的接触渠道受限和可获取的用户数量受限，因而提供服务的成本偏高，不能覆盖其运营成本。这是互联网最擅长之处，同时也是“互联网 + 相互保险”可以重塑保险行业的重要理由。

互联网机构对于用户需求有着充分的敏感性，这一方面得益于互联网机构“以用户为中心”的特质，更得益于互联网金融具备极低的用户接触成本；另一方面，互联网机构能够从大量传统机构手中抢到用户，正在于其对用户需求的用心把握以及对用户体验的极致追求，这也是其提高用户黏性、降低边际成本的首要手段。

互联网对于传统行业的重塑，一向从需求端发动，重在满足用户的长尾化、个性化需求。在满足这部分用户的需求之后，传统的“主流用户”被吸引进来，带动行业前端交易环节的整体线上化。然后以更加深入地满足用户需求为牵引，互联网开始对传统行业进行深层次的改造，包括生产方式、交付流程，乃至金融支持等，甚至开始转向 C2B，即直接搜集个性化用户的订单再进行生产。在此过程中，传统行业逐步实现了面向互联网的自我改造。

而相互保险行业与其他已被改造的传统行业类似，在用户需求满足方面尚存在巨大的空白，因而可能更适宜被互联网改造。

（二）信息对称

保险机构与用户之间的信息不对称包括两个方面，一个是对保险产品本身的信息不对称，保险公司掌握保险产品的全部信息而用户不掌握，使用户难以真正评估保险产品的定价是否合理、保障是否到位；另一个是对机构运营信息的不对称，用户难以了解保险机构运营的真实状况，更不清楚自己缴纳的保险金将被如何使用，既无从衡量保险公司的违约风险，也无法获得保险金的额外收益。

利用低成本的信息展现和传播能力降低信息不对称，是“互联网＋相互保险”的拿手好戏。相互保险公司可以借助互联网对于其保险产品进行低成本、无边界地快速营销，并且进行口碑传播；在为会员提供健康信息推送和咨询等增值服务的同时促使会员之间构建更为紧密的社群化关系。另外，由于相互保险公司的特殊属性，会比股份制公司更加公众化和透明化，所以互联网还能有助于相互保险公司更及时地向会员、监管机构和社会进行信息披露，并且接受来自全体会员和社会各方的监督。

（三）降低成本

传统保险机构的大量成本花费在销售渠道、资金管理、内部管理和监管应对上，这导致用户缴纳的保险金大部分被非核心业务成本占据，真正投入风险保障的资金被严重侵蚀，是其脱离保险本质的重要表现。

“互联网＋相互保险”在降低保险行业成本方面具有巨大的优势，可表现在多个方面。例如，通过会员关系降低销售成本；通过线上报案、理赔、支付降低赔付成本；通过市场化的专业分工降低资金管理成本，通过互助组织降低内部管理成本，通过会员之间的相互监督等降低监管成本。

“互联网＋相互保险”具备的交易效率优势和由此引发的组织形态调整，是降低保险行业成本的根本保障。

（四）积累数据

数据的重要性不言而喻，它是传统保险机构对互联网技术的最大憧憬。一方面，互联网可以帮助保险机构高频次接触、获取、服务用户，获得大量的用户数据；另一方面，互联网引发的大数据积累在各行各业均在发生，这为保险机构连接、汇集多方面的保险数据带来了便利。大数据的获取和使用，对于相互保险行业降低成本、提高效率具有多方面的益处，例如，精细化风险预测，提高产品设计与定价的效率；精准刻画用户行为特征、预测用户偏好，提高产品销售的效率；自动反欺诈，提高保险案件的理赔效率，避免资金浪费和欺诈损失；等等。

（五）提高效率

一旦大量用户的需求开始从互联网渠道满足，高频次的用户交互得以建立，互联网对于保险行业的改造便无可避免。用户需求始终是互联网革新传统行业的发动机，为了抢到用户、留住用户，“触网”的保险机构不得不持续优化体验、改进产品设计。在用户体验被逐步优化的过程中，传统保险机构的响应机制、决策流程、产品操作、组织结构必然会发生深刻变化，使得自己更像互联网机构，能够更快地响应需求、更快地交付产品、更快地提供服务。

其中的关键，同样在于组织流程再造和服务环节细分，相互保险组织通过“脱媒”或“去中介化”实现对保险资源的全网络调度，保持产品与服务的动态优化，将是大幅度提高效率的重中之重。

（六）重归互助

“互联网＋相互保险”组织流程的再造和“去中介化”趋势，有可能帮助相互保险组织重回互助形态。这一回归，一方面可借助相互保险组织实现，相互保险组织天生具有适合互联网的运作机制，在互联网的推动下，有望在我国短期内发展壮大；另一方面，“去中介化”后的相互保险组织在实质上也会具有更多的互助组织特征，能显著提升用户在保险事务中的自主权和管理权。

“互联网＋相互保险”去实体化、去中心化演进的趋势不可避免，这一趋势无疑将促进保险行业重回互助形态。

（七）践行普惠

如果上述“互联网 + 相互保险”成本降低、效率提升、中介弱化、权利对等的猜想均能发生，那么相互保险的普惠色彩将会重新焕发。其结果是市场的极度扩大——保险人、被保险人齐心协力强化风险管理、扩展保险品类，将此前囿于技术、成本、机制等不能覆盖的风险类型纳入保险范畴，使得相互保险行业真正成为社会风险的保障人。

综上所述，“互联网 + 相互保险”对于保险行业的影响绝不可能是仅仅局限于产品、渠道、服务层面，后者有着充足的改造空间，并有其他金融行业可作参照。这一改造进程的速度，预计将更多受到传统保险机构思维、组织惯性和法规政策的制约。

（八）正当其时

总体来说，国内老百姓对相互保险的了解较少，在三家相互保险社的试点工作开启后，社会上仍有人对为什么要推动这项工作存在疑问。而直接原因是21世纪初全球范围内出现的“去相互制”浪潮，一些相互保险公司在此期间转成了股份制保险公司，有不少人据此提出，相互保险这种形式是否已经过时。确实，在1997年亚洲金融危机前达到巅峰之后，相互保险于世纪之交迎来了一次大考验。在金融混业和全球化趋势的推动下，不少相互保险公司都转成了股份制，包括人们耳熟能详的太都会等保险巨头，这直接导致相互保险在全球的市场份额大幅下降，但这并不意味着相互保险是被市场淘汰的形式。

如果我们把镜头拉长，观察整个保险行业的发展史就会发现，21世纪初的“去相互化”浪潮之前亦曾出现过股份制转相互制的浪潮。相互制和股份制作为保险的两种主流形式，一直并行不悖地存在着。二者各有长处，亦各有局限，在不同的历史阶段与社会发展环境下，它们之间会出现相互转换。一个显而易见的事实是，2007年美国金融危机后，人们发现相互保险公司抵御金融危机的能力要优于其他保险公司。因此在金融危机最严重的时候，相互保险的保费增长反而更为强劲。随之而来的是相互保险在全球范围内重新进入了发展快车道，其保费增速要高于其他类型的保险公司。2007年以来，美国、欧洲、拉丁美洲都相继新成立了一批相互保险公司，中国也在2016年开始了相互保险的试点。据国际相互与合作保险组织联盟（ICMIF）统计，截至2014年，相互保险占全球保险市场总份额的27.1%，覆盖9.2亿人。在发达国家，相互保险的市场份额明显高于发展中国家，几个主要发达国家的份额几乎都超过了四成。

事实上，相互保险不仅未过时，而且在经济社会的风险和飞跃机遇并存的今天，中国发展相互保险正当其时。随着居民收入增加和保险需求不断扩大，中国保险行业处于历史最好的发展阶段。但保险市场也同时存在主体单一，供给端难以完全满足群众日益升级的保险需求的问题，亟须引入相互制这一全新形式，以完善多层次的保险市场体系，为群众提供更加丰富多样的保险产品和服务。

二、“互联网+相互保险”：开启保险新方式

（一）“互联网+相互保险”对传统保险的突破

“互联网+相互保险”，为传统保险带来了全新的解决方式。“互联网+相互保险”最有价值的并不是自己能产生很多新事物，而是对传统保险行业潜力的再次挖掘，用互联网思维去提升传统行业效率。“互联网+相互保险”并不会颠覆传统保险业，而是会与其形成互补，成为传统保险前端渠道延伸和后端支持平台，核心在于极大地降低交易成本。与互联网相结合的相互保险可以在商业和生活场景中借助系统自动获取数据，并实时更新在线数据（活数据），进而对跨机构数据进行整合和分享，利用数据进行定价、风控和客户挖掘，使得客户、保险产品、保险体系运

行的透明程度显著提高，创造一个保险与消费生活、社交互相融合的良性循环。同时，“互联网＋相互保险”还可以通过大数据实现风险识别、精准定价、资产管理和处置，建设分工合作的互联网保险生态：通过桥梁账户，可对接传统金融机构资金（如银行、保险、信托、小贷），实现轻资产运行；通过 P2P 合作，信用保证保险，实现债权、债务的信息对等沟通，引入社交化蜂群风控手段，实现透明化经营，最终降低综合系统成本，使资金效益、利润回归生产者和用户。这些都将为解决传统保险领域的问题提供有益的途径和探索。

（二）“互联网＋相互保险”的实践探索

互联网保险的出现，首先解决了互联网用户对场景化、碎片化保险的需求。同样产生于互联网发展的滚滚浪潮中，“互联网＋相互保险”和“互联网保险”无论在经营理念、业务模式还是经营特点上，都既有相似之处，又各有特点。

1. 经营理念方面

互联网技术与相互保险的结合并不是新鲜事物，传统的保险公司早在若干年前就开始尝试利用网络为客户提供账户管理服务和销售保险。当时，互联网仅仅发挥了其渠道功能，并未能从根本上撼动传统保险业的经营理念。然而，真正的“互联网＋相互保险”是体现在其独特的经营理念上：即通过先进的科技手段，一方面填补传统保险业无法覆盖的领域，另一方面满足互联网发展过程中催生出的新的保险需求。让相互保险真正做到普惠，走向每一位用户。

2. 业务模式方面

互联网金融之所以能称为“互联网金融”，是因为构成互联网生态的不同场景是产品设计之源、需求产生之时及产品交易之处。互联网金融的业务模式特点可以简要归纳为以下几个步骤：

（1）发掘不同场景下用户的金融需求。

（2）进行大数据分析并完成金融产品设计。

（3）大量导入流量将用户置身于碎片化的“互联网金融场景”。

（4）用户的金融服务需求得到自然满足。

如果说互联网金融经营理念的革新来自于“互联网精神”，那么其业务模式与传统模式的根本区别则在于对大数据的挖掘应用及用户的获取方式上。

针对大数据挖掘上，“互联网保险”需要通过大数据实现风险识别、精准定价。而“互联网＋相互保险”则更需要大数据分析引导保险产品寻找最合适的“场景切入”，从场景直达客户，实现无缝衔接。

3. 经营特点方面

在经营特点方面，“互联网＋相互保险”以先进技术为驱动，实现低成本、高效率的运营。全程在线的业务经营特点简化了传统保险的业务规则，在为客户带来更多便利的同时，利用新技术同样可以做到风险的防范。这一切，既要求建立在对互联网保险和相互保险两个产业规则的深刻理解上，同时还需要拥有强大的IT能力和对领先技术的掌握和运用。

（三）“互联网＋相互保险”的弯道超越

在“互联网＋”的时代，“互联网＋相互保险”无疑有着广阔的前景。但“互联网保险”更多是在现有互联网场景中寻找优化空间，是对既有蛋糕的重新划分，是革传统保险业务的命；但对于相互保险而言，其无处不在的触角则可以深入到更多的保险领域发挥作用，有着开疆拓土的意味，是一项创造新蛋糕的过程，是革传统金融行业的命，而非仅限于保险行业本身。

因此，在互联网的推动下，相互保险在整个保险体系中的功能、作用和地位将得到进一步提升，为保险体系的重构做出更大的贡献。“互联网＋相互保险”不仅为保险业的创新发展带来技术手段，更是将整个行业的经营理念、业务模式做了颠覆式的创新，相互保险可以借助于“互联网+”，实现多重功能的汇集，成为新的保险模式，从而真正地跳出保险做相互保险，实现整个行业的弯道超车，在整个保险体系中发挥更大的价值。

三、“互联网+相互保险”：跳出保险做相互保险

随着“互联网+”时代的来临，相互保险的未来发展前景广阔，“互联网+相互保险”要定好位、站准位、走到位，跳出保险做相互保险，就有可能让相互保险实现弯道超车。

（一）定好位：数据、产品、场景，逐层突破

1. 利用数据撬动产品，从底层打通

在“互联网+”时代，数据在底层相互打通，相互保险可以通过多种渠道接触到传统条件下无法得到的客户信息数据、客户行为数据等。互联网时代正赋予相互保险重塑传统保险生态的机遇，“互联网+相互保险”是打破传统保险的突破口。相互保险作为整个生态圈中新的商业模式，成为连接所有金融产品的纽带。“相互保险”可以连接一切，搭建生态，成为最底层的基石。

2. 利用产品优势，过渡为新的保险形态

在“互联网+”的时代，相互保险作为一个既有能力获取并管理各类风险数据，又有能力通过信用保证保险提供增信或信用传导的机构，同时还拥有充足的低成本资本，可以有效提高资金和资产的撮合效率，降低优质信用资产的融资成本，从而成为金融新常态的枢纽，成为连接各类金融产品和服务的纽带。

（二）站准位，站到大数据的风口位置

在金融科技应用综合价值潜力方面，IT、金融、政府及贸易四大领域的潜力最高，而从金融行业金融科技应用现状和未来发展来看，保险是下一个金融科技的风口。

随着金融科技的发展，保险行业无疑能在金融科技的浪潮中掀起最大的波浪，得到最大的红利，因为保险生来就是一个依托金融科技，也最有能力玩好、玩转金融科技的行业。目前保险市场已经开始通过对海量数据的挖掘实现保险业个人量化的风险描述，而且这些因素已经开始影响保险定价决策。大数据挖掘的应用将从聚焦于高风险用户细分市场中的欺诈检测和亏损防堵转移到个性化定价，客户行为数据的挖掘已经用于保险公司的决策制定，进而打造彻底“去中介化”的全新互联网保险模式。

金融科技大数据下的相互保险具有独特的优势。从产品设计来看，费率厘定更加精准，产品设计更加科学。互联网的发展和大数据、云计算的广泛运用，使费率厘定可取用到更多、更完善、更具有直接意义的用户数据，其对客户的适用性和准确性将会大大提高，产品设计将更加科学，促进了市场差异化竞争；从满足保险需求来看，个性化需求更易满足，营销更加精准。互联网具有快速收集、处理、分析大数据并转化为商业价值的能力。这将从根本上解决企业与客户（会员）信息不对称的问题，也有助于加强彼此互动、良性沟通、降低成本、吸引客户，有助于推动公司由“以产品为中心”向“以客户（会员）为中心”转型发展；从交易行为来看，消费者主动购买成为达成交易的重要方式，有利于提升用户体验，减少销售误导，改善整个保险行业的形象。

在“互联网+”下，相互保险可以实现从依赖数据到管理数据、生产数据的转变，把保险产品打造成数据的接口，掌握第一手数据，从而将保险塑造成大数据的聚会点，让跨界的数据通过保险进行集成，并挖掘出新的价

值，进而利用集成的数据；保险对于信用风险的费率定价，完全可以构成人和物的重要征信数据，并成为互联网产品重要的定价基础；保险也可以利用数据优势实现对其他金融行业的“过顶传球”，从而分到最大的“一杯羹”。

（三）走到位，互联网保险的五点“走位”策略

相互保险站的位置，就是金融科技的位置，在金融科技的风口下，相互保险会走出更广阔的空间。而相互保险站在最佳的位置，务必要利用“互联网＋”来实现“站位”之后的漂亮“走位”。实现“互联网＋相互保险”在金融科技背景下的引入和应用可以从几个方面来着手。

（1）建立低成本、高效率的操作流程

在金融科技时代，利用信息技术手段采集保险经营管理相关数据，可建立标准化、系统性的互联网保险数据体系，一方面，让保险客户定位与保险产品定价等方面的数据统计变得容易，较传统保险大大减少了搜集数据的时间与成本，提高了保险效率；另一方面，保险业务自动化处理水平不断提高。利用相关数据建立网络智能核保核赔平台，推进智能终端等移动互联网设备的应用，可提高互联网保险业务流程自动化程度，从而可以在有效提高操作效率的同时又得以控制各流程的操作风险。

（2）通过欺诈行为分析降低骗保风险

基于企业内外部交易和历史数据，基于消费场景实时或准实时预测和分析欺诈等非法行为，降低骗保风险，从而降低保险定价。如医疗保险欺诈与滥用、中小企业或个人信贷欺诈以及车险欺诈等，保险公司能够利用过去的数据，寻找影响保险欺诈最为显著的因素及这些因素的取值区间，建立预测模型，并通过自动化计分功能，快速将理赔案件依照滥用欺诈可能性进行分类处理。

（3）高效率挖掘客户需求

“互联网＋相互保险”可以运用先进的技术对历史数据进行收集、整理、分析和加工，能有效进行挖掘客户的需求，对风险管理、产品创新、投资和决策能力的提高都可以发挥重要作用。在大数据时代，通过客户在相关互联网平台留下的浏览与交易痕迹，统计相关数据，发现客户的购买倾向，挖掘客户的需求，再通过这些数据来设计新的产品。如定位于服务互联网、依托的信用保证保险，可以实现对互联网风险数据的统计与有效利用，对互联网用户需求进行主动挖掘。

（4）提升精准定价与营销能力

首先，互联网和大数据将转变传统保险产品的定价规则。一方面，从精算的角度来看，传统产品中，精算师基于大数法则，根据随机原理，从长期、大量的经营实践中提取部分数据，构建数学模型，计算保险费率，并进一步做出产品定价。而在大数据时代，能收集全面数据、完整数据和综合数据，挖掘出数据背后的关系，大大提高了产品的精准定价能力。另一方面，在大数据时代，一些产品可以实现动态定价，根据客户要求开发产品，提供服务，真正做到“以客户（会员）为导向”，让保险产品更加符合客户的需求。其次，在大数据时代，运用数据采集技术，总结互联网出现的客户共同特征和购买规律，针对具备共同特征的客户，制定销售策略，实现精确营销。

（5）大数据加速互联网保险渠道向“业态”转化

互联网保险“业态”是指从保险产品的开发、保险信息咨询、保险计划书设计、销售到理赔等后期服务所有环节都依托互联网来完成。互联网作为单纯的保险销售渠道已经发展了十余年，在大数据时代下，互联网保险将改变保险互联网化的简单销售模式，向真正的互联网保险“业态”发展。通过对互联网数据的挖掘与分析，让保险真正服务于互联网，开发互联网化的产品，使互联网向“业态”转化。

四、“互联网 + 相互保险”：保险监管需要新思路

相互保险要想在互联网时代得到高速发展，不仅要通过自身的努力，紧紧抓住难得的历史机遇，充分利用新科学、新技术，更与监管机构的坚定支持、悉心指导、宽容理解、积极推进密不可分。只有怀着开放的心态拥抱互联网、理解互联网、熟悉并融入互联网，相互保险才能在互联网金融体系重构的过程中发挥重要的支撑作用，从而实现完美的弯道超车，在跑赢其他金融行业的同时，真正成为互联网金融业的枢纽。

（一）政策引领方向

鼓励“互联网 + 相互保险”的创新尝试，提供政策支持。创新是保险业在互联网环境下探索更广阔发展空间和服务外延的重要过程。具有创新精神的专业互联网保险公司，则承担着探索传统保险业向互联网转型的责任。创新就是要跳出传统思维，在实践中不断地尝试新的业务，这意味着“互联网 + 相互保险”在发挥强有力的创新能力的同时，也需要承担试错的风险，只有不断尝试、不怕失败，总结经验，吸取教训，才能为整个互联网保险行业趟出一条切实可行的发展道路。

因此，在创新这条未知又充满挑战的前行路上，“互联网 + 相互保险”需要监管机构给予一定的容错机会，并出台符合互联网生态的监管政策，从“互联网 + 相互保险”全局发展的角度出发，支持专业互联网相互保险组织的创新尝试，对试点工作给予充分的肯定、宽容并提供政策支持。

在条件可控、思路可行的前提下，“互联网 + 相互保险”需要勇于承担“试点”的责任，结合特定的范围或区域，在经营范围、合作领域、产品、运营等方面，大胆进行创新性尝试，充当互联网保险业快速发展的开路先锋。当然，既然是创新，就一定存在风险，失败是在所难免的，监管机构需要对试点工作给予充分的肯定、宽容并提供政策支持，如新型业务

（现行政策无法覆盖的空白领域的新型保险）的特批等。当试点工作开花结果，取得成效时，“互联网＋相互保险”也应在监管机构的指导下深度分享和积极推广，以点带面，快速复制、推广经验，从而加快互联网保险在互联网环境下的整体布局，提升互联网保险在整个互联网金融领域的权重。

（二）基础决定走向

1. 行业研究：开展“互联网＋相互保险”产品和商业模式研究

行业研究能够促进“互联网＋相互保险”认清自身的发展状况和发展前景，能够帮助“互联网＋相互保险”不断修正前进步伐，确定方向，在商业模式、产品、运营、风控等领域引领创新。行业研究还能够从客观上更清晰地描述互联网金融领域的发展趋势，对“互联网＋相互保险”的健康发展起到指导和借鉴作用，从而推动“互联网＋相互保险”加快发展，缩短与其他互联网金融行业的差距，实现追赶与超越。行业研究还能够加深整个保险业对互联网环境发展速度的认知，不仅能够加快互联网保险业整体服务能力的迭代和更新，还能够推进整个保险行业的互联网化进程，提升保险业的整体服务水平。

2. 人才培养：为互联网金融培训和人才交流服务提供支持

“互联网＋相互保险”要发展，最重要的发展动力来自于互联网金融人才。完整的基础教育培训体系是培养互联网金融人才的重要途径。要搭建互联网金融人才上升通道：金融要互联网化，保险要互联网化，监管队伍和从业人员队伍同样要互联网化，设置合理的互联网金融人才门槛和标准化的上升通道，将对互联网人才的培养和选拔起到有效的激励和推动作用。同时，积极提供互联网金融人才交流平台：高效的互联网人才交流平台能够促进互联网思维的碰撞，激发行业的创新和人才素质的提升，对行业的整体发展起到积极、重要的推动作用，有利于互联网金融行业的蓬勃发展。

3. 政策基础，逐步完善互联网保险经营规范与监管条例

一方面，监管机构可根据当前互联网保险发展现状，逐步理清发展脉络，在充分调研和总结的基础上，结合互联网广阔的发展空间和多元化的发展趋势，积极推进“互联网＋相互保险”相关政策的出台，以切实有效的监管措施和行业规范，正确引导“互联网＋相互保险”实现健康、可持续的发展。另一方面，监管机构需对既往下发的监管政策进行完整梳理，评估各项制度与互联网保险发展现状和发展趋势的适配度，针对不适配的旧政策适时调整，以促进“互联网＋相互保险”政策环境的与时俱进。

（三）推进“互联网＋相互保险”基础设施项目建设

1. 推动互联网新技术在相互保险中的应用

“新国十条”细则中明确提出：“支持保险公司积极运用网络、云计算、大数据、移动互联网等新技术，促进保险业销售渠道和服务模式创新”。

大数据、云计算、区块链、人工智能、AR/VR 等新技术与相互保险有着天然的适配性，两者的结合将产生强大的化学反应。将新技术应用到相互保险的相关领域，能够有效促进销售渠道和服务领域的拓展，提升保险业的服务水平和服务能力。

对于“互联网＋相互保险”来说，这些新技术是基础服务设施，更是其赖以生存的根本要件。“互联网＋相互保险”要发展，就要不断提升新技术的研发和应用。尤其是在云计算、云柜台、征信体系、保险支付系统等方面，需要保险行业与信息技术行业紧密联系，从政策上推动保险行业的信息化进程。

2. 推动数据开放

从 IT 时代到 DT 时代，数据是核心竞争力，为促进相互保险在互联网时代的高速发展，需要更多的数据开放。目前保险行业积累的数据主要为

保险机构自身积累的客户信息和业务数据，以及行业协会积累的行业数据，这些数据属于结构化数据，且数据跨度较小，离真正意义上的大数据尚有较大差距。而保险行业外的海量数据，与现有保险行业数据相结合后，在数据的搜集、整合、挖掘、应用层面上，能够起到重要的补充作用和关键的催化剂作用。这些作用将在多个方面得到体现。

（1）产品：保险产品形态多样化，费率厘定更加精确。通过对大数据的分析，可进一步细分保险责任，搭配组合出更多的产品形态；在费率厘定上也会因为受到更多的因子影响而更加精确。

（2）两核：核保手段更加丰富，理赔支出更加合理。大数据带来的有价值的参考因子，更有利于保险公司实现精准核保；在理赔方面，保险公司将有更多依据确定赔付的结果，有效防范“骗保”等风险。

（3）销售：数据交互越频繁就越有价值，“0 边际成本”成为可能。海量的数据交互为保险产品的多场景化销售提供了无限可能，保险业整体销售规模将有可能实现几何级增长，边际成本将大大降低。

（4）风控：有效防范道德风险。大数据将有效提升保险机构风控手段和等级，为道德风险防控提供重要依据。

大数据对相互保险的发展将起到极其重要的推进作用。数据开放共享，是互联网发展的必然结果。保险行业对大数据在使用上具备天然的优势，合理开采和利用大数据，是保险业的根本需求，也是其他互联网金融行业无法比拟的独特优势。但目前保险机构自身能力有限，没有获取大数据的途径，更没有生产大数据的能力，无法将大数据应用于实际业务中。这点需要监管机构从保险业整体发展的角度通盘考虑，切实从政策高度推动跨行业、跨地域互联网大数据的共享工作。数据越早开放，越早打开数据壁垒，互联网保险业就越早能为中国亿万人民群众的衣、食、住、行提供更精准、更全面、更广阔的保险保障。

第十章　相互保险的融合发展之道

第一节　相互保险与传统保险的融合

一、相互保险与传统保险的比较

相互保险的最独特之处在于其资本获取的方式与股份制公司不同，并由此衍生出在公司治理、经营目标和方式、分配机制等方面的差异。

首先，从所有制来看，相互保险组织没有股东而归参保会员共同所有，保险人与投保人、被保险人的利益是高度一致的；股份制保险公司则归股东所有，人们购买保险后成为客户，股东和客户的利益是不完全相同的。

其次，从公司治理结构来看，相互保险组织强调“人合性”，最高权力机构是会员（代表）大会，重大决策事项通常由会员代表投票表决；股份制保险公司更强调“资合性”，公司权力机构是股东大会，由股东投票行使最终表决权。

再次，从经营目标来看，相互保险组织以会员利益为中心，在经营上追求为会员提供可靠的、高性价比的保险产品和服务。经营过程中产生的盈余是相互保险组织稳健经营、持续服务的保证，而不是经营的目的。

最后，从利益分配机制来看，相互保险组织的经营盈余由符合法规或章程要求的会员所共享；股份制保险公司的盈余则归属股东而非客户。

二、相互保险与传统保险的关系

相互保险公司作为与股份保险公司并驾齐驱的世界两大保险公司组织形式之一，在全球保险市场上占有重要地位。改革开放30多年来，我国保险业发展迅速，是国民经济中发展最快、也是最具活力的行业之一，在服务整个经济社会发展全局的进程中发挥着日益重要的作用。但是，与发达国家的保险业相比，我国的保险产业属于新兴行业，尚处于发展的初级阶段，无论是保险的深度、密度，还是市场的成熟程度都还有相当大的差距。在保险业全球化和我国加入世界贸易组织的大背景下，若不及时引进相互保险公司这种组织形式，我国的保险企业无论是“走出去”或者是“引进来”，都将面临多种保险组织形式的竞争，这将使我国的保险企业在国际竞争中陷入被动。因此，扩大保险业开放、丰富我国的保险业组织形式是中国保险业改革与发展的必然选择。通过对国外保险市场和法律制度的考察，以及目前我国的实践情况，不难看出相互保险公司具有股份保险公司所不具备的优势，如果能够通过构建完善的保险法律制度，从而把它引入我国，作为对商业保险公司所不能达到的领域的有效补充，对于完善我国的保险体系，促进有效市场竞争，增强社会的抗风险能力，促进社会的和谐稳定必将起到重要作用。

历史上，相互保险和股份制保险相互竞争、相互借鉴，在客观上促进了保险经营和产品形态的不断向前发展。今后，相互保险与股份制保险可以更多地形成优势互补、相互促进的发展关系。借鉴国际经验，相互保险与股份制保险可以在三方面相互合作。

一是管理合作。国际上，有的股份制保险公司可以为相互保险组织提供资金支持和管理服务，从而解决相互保险缺资金、缺技术的问题。有的股份制保险公司甚至设立管理公司，专门负责管理相互保险组织。

二是客户资源合作。相互保险的客户资源、风险数据是宝贵的财富，可以对外进行合作，可以通过交叉销售的方式，为股份制保险带来大量长期的优质客户。

三是风险领域的合作。相互保险可以借助互助优势，将保险机制引入股份制保险难以涉及的领域。对同一风险，股份制保险可以承担其中一部分领域风险，其他部分则可由相互保险承担，从而扩大股份制保险的可保范围，为消费者提供更加全面的保障，也有利于提高整个社会的风险管理水平。

三、相互保险与传统保险的融合

相互保险与传统保险的融合即相互化与非相互化过程，首先是相互保险组织不断渗透传统保险行业，并极大地影响和改变了传统保险企业的组织经营方式，不断催生出新的商业机会和商业模式，甚至是颠覆性、革命性的变革；其次是相互保险将借助传统保险为客户创造全新的生活方式和消费体验，并将逐步改良甚至完全重塑传统保险的经营模式，带动“以服务为核心、以保险为工具”的全新商业模式，这将对保险原理和商业模式产生颠覆性、革命性的变革。

相互保险与传统保险的融合，都有其特定而深刻的时代背景原因，不能单纯地从优劣性或者适用性的角度去解读。

首先，20 世纪 90 年代末，确实出现了一波“非相互化”的浪潮。其根本原因，在于当时全球化和金融混业经营的趋势，使保险公司产生了强烈的资本和规模扩张冲动，相互保险机构由于融资渠道受限，从而选择通过改制来实现扩张。

其次，在更早些时期，也曾出现过“相互化”浪潮，寿险机构也是其中的主力军。20 世纪初期，以美国纽约州阿姆斯特朗委员会调查报告为导火索，全球掀起了股份制向相互制转变的浪潮。仅在美国，20 世纪前 30 年就有至少 15 家股份制寿险公司转变为相互公司，其中包括当时最大的三家人寿保险公司。

最后，21 世纪初全球金融危机爆发后，相互保险又迎来了一个新的发展阶段。2007 年美国金融风暴发生之后，保险行业开始反思盲目追求资本规模和利润的问题。此后，相互保险又重新进入了一个快速发展阶段，市场份额稳步提升。

可见，无论是股份制转相互制还是相互制转股份制，都是保险行业在一定社会和经济发展背景下的顺势选择，代表了当时人们对保险行业的理解和认知，但这并不意味着相互制和股份制谁更有优势、更有前途。

第二节　相互保险与互联网金融的融合

一、互联网金融创新的三个阶段

从互联网金融的创新发展来看，主要包括渠道与技术创新、结构与机制创新、组织与权利创新。

（一）渠道与技术创新

第三方支付与互联网银行可视为传统金融业务自发向互联网迁徙的结果。随着人们的工作、生活和消费行为逐渐向互联网转移，必然需要适应互联网的支付服务和借贷服务。因此，互联网早期对金融行业的影响主要聚焦于渠道：资金的线上转移渠道、理财产品的线上销售渠道、借款人的线上获取渠道等等。

仅由渠道和技术出发便可构成互联网金融创新的第一层逻辑：通过互联网渠道和技术革新为大量新增用户提供低成本、高满意度的金融服务，在此基础上积累大数据，利用大数据技术显著提升风险定价的效率和精度，真正降低风险管理成本、避免资金浪费，从而在根本上提升金融效率，展现金融“本质”。

（二）结构与机制创新

众筹和P2P借贷则展现了一种结构与机制层面的创新，在出现集中式的风险管理机构（传统金融中介，如银行、投行、商业保险公司等）之前，资金的融通大多是点对点的，是对等主体之间的一种临时性财务安排。

以众筹和P2P借贷为代表的“金融脱媒”则展现了行业之外对于金融本质的探索。点对点的交易结构移除了风险的集中承担者，还把风险管理职责分配给中介平台和投资人，前者依靠数据化、算法化的信用评估机制降低投融资双方之间的信息不对称并量化投资风险，但并不承担实际的违约风险；后者则根据中介平台提供的信息，自主进行项目选择和组合，自行承担风险。

这种分散化的交易结构和风险承担机制既继承了传统金融机构的优点：有专业人员进行风险评估和管理；又消除了传统金融机构的弊端：不必自行承担全部风险损失，因此不必占用大量的风险准备金，避免资金的浪费。P2P结构中透明的中介机制和技术化操作方法还带来一个额外的好处，由于平台的交易规模基本不受资本金的制约，其在投融资两端可对接的需求体量几乎是无限的，平台的运营成本可被快速扩大的交易规模分摊，展现出显著的边际成本优势，更容易发挥其普惠价值。

（三）组织与权利创新

组织是一种调配社会资源的方式，无论是普通企业、非企业机构还是金融机构，均不例外。社会、经济、文化、技术等基础环境的变化，必然会影响到社会资源调配方式的变化，因而引起组织的变化。互联网正是当前带动社会、经济、文化和技术共同产生深刻变革的基础条件，金融行业在这种变革的洪流中，将不可避免地遭遇组织革新问题。

虚拟货币和相互保险体现了互联网金融的两种组织革新思路。前者不存在严格意义上的企业组织，其发行机构是一个算法，这个算法被一个松散的开发小组管理，但是其对算法的修改又必须得到货币系统维护者的认可。虚拟货币所催生的大范围社会化松散组织常被称为 DAC——分布式自治系统，即通过一系列公开、公正的规则，可以在无人干预和管理的情况下自主运行的组织系统。

相互保险组织虽然具有严密的组织，但是在权利平等上却与 DAC 具有共性，会员一人一票，目标明确，承担同样的成本，获得同样的保障。这种组织方式同样可大幅节省管理成本，它或将通向一种即时化的保险资源调度方式，在没有损失事件发生时，组织就像不存在一样，一旦发生损失事件，整个组织将迅速被激活，遭受损失的会员能快速获得预先规定好的赔偿资金及相关服务。

虚拟货币和相互保险均可视为未来“人人金融”的一种雏形，它们的共同价值在于通过明晰的规则和平等的权利，迅速进行低成本的金融资源调度。这种调度方式在本质上未必需要借助互联网，但是通过互联网能极大地降低调度成本，提高调度效率。金融机构（未来也可能是松散化组织）融合互联网革新组织形式、优化自身的资源调度能力，不但意味着切实提高社会资金配置效率，更意味着与未来的互联网社会相配合，形成随时可获得、可聚合、可配置的高效金融服务，是互联网金融中最具想象空间的创新层次。

二、互联网保险创新的三个阶段

理论上，互联网拥有重塑保险行业的潜力，但是这一过程不可能一蹴而就。预计互联网保险的创新将经历渠道与需求、技术与机制、组织与结构三个阶段。这三个阶段整体上具有递进关系，但在同一时间点上，不同保险机构可能居于不同的阶段，同家保险机构的多种业务也可能横跨多个阶段。

（一）渠道与需求创新阶段

保险产品的售卖由线下的实体性、接触性渠道转向线上的虚拟性、自助性渠道（即所谓的网销保险），是互联网保险最原始的创新形态，它主要用于改善传统销售渠道覆盖面低、销售人员多、人均销售额低的问题，根本目的是降低销售成本。

目前我国保险产品的网销渠道大致有三种形式：官网（自建）模式、电商合作模式和第三方保险超市模式。这三种模式各有利弊，官网模式经营灵活，但受到平台自身影响力和流量的制约，需要较高的投入，适合产品丰富、名气较大或网络营销能力较强的保险机构；电商合作模式可充分享受大型电商平台的流量，但是产品之间的竞争比较激烈，没有强大资源和特色的产品难以吸引到电商用户的关注；第三方保险超市实质上是垂直型保险电商，其特点是产品丰富、专业化程度高，但是同样也可能受到自身影响力和流量的制约。

销售渠道的创新简单、直接，是保险行业“触网”的第一步，除了降低销售成本、提高保险公司的利润，对于保险业务并无实质性影响。但是在渠道迁移过程中，保险机构或保险销售机构（以下统称保险机构）获得了与大量保险用户进行低成本接触的机会，可以更加及时、密切地了解用户需求，为用户提供更有趣味的产品，这种尝试反过来会进一步深化销售渠道的创新。

围绕用户需求进行创新性的产品设计，在另一方面表现为保险服务与互联网经济的结合。互联网经济所催生的新型保险需求正源源不断地涌现，远未得到充分满足。这类需求天然具有用户数量巨大、使用频繁、全线上操作等特点，具备真正的互联网保险属性，未来将构成互联网保险的主战场，全面促进保险销售渠道的迁移。

因此，在考察互联网保险创新时，我们不应只着眼于其销售渠道的简单迁徙，而应关注两个基本事实：互联网带动了整个经济的线上化迁徙，围绕这个迁徙产生的方方面面的保险需求和截然不同的用户体验、服务特质，是催动互联网保险创新的根本动力；互联网保险的线上化迁徙必然随着经济、生活的线上化迁徙而逐步深化，实现整个保险业务流程的线上化。这既是渠道创新的要求也是产品创新的要求，二者互为表里、互相促进，但是不能混为一谈，否则就只能掉入“噱头营销”的陷阱而难以自拔。

从目前我国互联网保险的状况来看，渠道迁移工作主要集中在销售端，而且销售形式单一，互联网属性较弱；产品创新尚处于萌芽、尝试期，大量个性化保险需求有待发掘。因此，即使在渠道和需求创新层次，互联网保险也还处于早期阶段，有较长的路要走。

（二）技术与机制创新阶段

渠道与需求的全面创新首先需要依托新的技术。以销售为例，传统网销方式主要依靠产品的被动展示和硬广宣传，包括搜索引擎、电商竞价、媒体广告等，相对欠缺技术含量而严重依赖资金投入。在移动互联网环境下，随着用户上网操作的碎片化和社交化，简单的展示广告已经很难吸引用户的注意力，追求爆点效应和病毒式传播成为主流营销手法。这就需要创新性的保险营销方式，如社交营销、场景营销等。而支撑营销创新的，必然是更加深入的用户刻画、用户理解与需求洞察技术。

围绕上述技术革新，必然牵动保险机制的创新，涵盖多个层面，例如，在保险机构的内部资源分配机制上，技术类、专业类部门将获得更多的重视，数据连接、数据拓展可能成为保险机构的新部门；在保险产品的设计机制上，交互设计部门、数据整合部门将获得更大的发挥空间；在保险产品的服务机制上，人工服务将逐渐淡化，“客服机器人”有望出现；在保险行业的监管机制上，数据合作机构的道德风险需要重点约束。可以预计：部分人工依赖度低的保险产品将首先在重度互联网用户中产生影响力，获得忠实用户，并带动其他产品走向全面互联网之路。

这是互联网保险发展的第二阶段，旨在深入解决渠道迁移和用户需求变化带来的新问题，可切实促进保险业务核心效率的提高。也是大部分保险机构所憧憬的创新阶段，目前我国有少数保险产品和保险机构位于这一阶段的边缘，正在努力跨入门槛。渠道与需求创新阶段、技术与机制创新阶段之间存在一定的鸿沟，跨越这个鸿沟的速度和质量，将决定未来我国互联网保险行业的格局。

（三）组织与结构创新阶段

技术成熟、机制革新之后，互联网保险行业的下一步演化，很可能导向产品结构与组织结构变革，这是基于互联网的社会经济属性以及其他互联网金融行业的发展所做出的一个推断，它的核心在于消除维护庞大保险机构所必须支出的高昂成本，让保险回归互助的本质。

组织与结构的创新首先表现于产品形态的变化。目前保险行业的主流产品形式，是保险机构作为保险产品的售卖方为用户提供服务，承担所有风险并获得所有经营收益。保险机构作为风险中介，切断了用户之间的所有联系。尽管保险公司支付的赔偿金来自于投保用户，表面上看仍然属于用户互助，但是这种互助是间接的、不透明的，包含着各种隐性成本与巨大的道德风险。

如此，实际上普通主体部分承担了保险产品的设计职能，并负责保险产品的销售（发放）、理赔等后续操作。保险公司则真正成为专业保险服务机构，普通主体作为前台终端，保险公司作为后台支撑，共同完成完整的保险流程。“去中介化”导致权利平等，普通主体随时作为保险机构的一部分，在各专业服务方的协作下，根据自身需要推出个性化的保险产品，形成广阔的泛保险市场，是互联网保险组织与结构创新第三层面的含义。

无论互联网保险最终走向上述何种组织与结构创新，均会促进保险业务回归本质，在平等权利和极低交易成本的前提下充分的、细粒度的、动态的市场竞争和自由选择空间，是所有互联网金融演化的共同目标。

三、相互保险与互联网金融的融合

互联网金融未来发展的核心在于，体现大众化的互联网精神，就是要把产品简单化、标准化，而这正是相互保险的优势所在。

互联网金融的普惠化和民主化，意味着人人都可以平等、自由地获取金融服务，实现自己的金融权利，即逐步接近金融上的充分有效性。在这一过程中，相互保险因其特有的风险评估、风险定价和风险管理能力，以及风险保障作用，成为互联网金融各个场景中不可或缺的基础设施。同时，移动互联网的普及，使得过去难以去触达的个人和小微企业的信用、消费、经营等数据变得可统计、可追踪、甚至可以预测，这些是对传统金融所惯用的大型企业财务与经营风险管理理论的挑战，但却恰恰带给相互保险的风险管理模式一个前所未有的机遇。

（一）相互保险与互联金融的融合基础

在消费者与生产者的权利平等方面，相互保险是一个典型的代表。根据中国保监会颁布的《相互保险组织监管试行办法》，相互保险是具有同质风险保障需求的单位或个人，通过订立合同成为会员，并缴纳保费形成互助基金，由该基金对合同约定的事故发生所造成的损失承担赔偿责任，或者当被保险人死亡、伤残、疾病或者达到合同约定的年龄、期限等条件时承担给付保险金责任的保险活动。

相互保险在项目选择、资金筹集、资金管理、损失补偿方面均由参与会员民主协商、共同确定，“相互保险组织应当设立会员（代表）大会，决定该组织的重大事项。会员（代表）大会由全体会员（代表）组成，是相互保险组织的最高权力机构，原则上采取一人一票的表决方式”，具有典型的点对点结构和“金融脱媒”特征，会员既是保险产品的“生产者”又是“消费者”。

相互保险与社会保险、商业保险并列为当今世界保险市场的最主要形式，占据保险行业约30%的份额。由于长期以来缺乏相关政策，相互保险在我国几乎是完全空白。相互保险的服务形式与互联网具有天然的可结合性，未来可能成为互联网金融的一种重要形态。

（二）相互保险与互联金融的融合之道

1. 顺势而为

互联网时代的关键词可分为：（1）客户体验：创新、改变、颠覆、用户至上、体验为王、免费模式、专注、极致、口碑、快、参与感……；（2）移动互联：粉丝经济、自媒体、微沟通、微营销……；（3）大数据：可穿戴、物联网、车联网、云计算、O2O ……这些关键词，要求我们围绕客户必须注重客户体验、必须注重移动互联工具的使用、必须注重借助大数据的支持；大道至简，“互联网＋相互保险”的核心，就是以客户（会员）为中心。

综上所述，不管是否情愿，我们都已经步入移动互联网时代；移动互联网时代的关键词是创新、改变、颠覆；一切正在被深刻地改变——我们必须顺势而为。

2. 积极作为

相互保险组织只有通过吸引力（关注带来流量、良好的体验赢得客户满意度、提高黏性铸就客户忠诚度）借助基于互动的社会化网络来锁定客户（会员），对接相关产品；通过营收力，构建闭环的营销、销售、服务电子商务（通过互联网营销扩大企业影响力，通过销售增强保险深度，通过服务提升企业价值，通过技术整合实现流程优化）；通过创新力，把握未来保险行业产品、服务、渠道的发展（模式创新盈利驱动，流程创新提升效率，产品创新增强竞争力）；以大数据运营平台为基础形成实时、精准、前瞻的洞察力，从而形成相互保险组织“互联网＋相互保险”的业务模型。

3. 心态修为

不忘初心、精进务实、追求卓越、追求宁静。只有用宁静、专注的修为，才能回复到“初心”；只有回复到赤子之心的原初状态，才能再把握事物的本原，才能最真切地领会客户（会员）内心深处的需求和期望，才能为客户（会员）提供他所需要的服务，才能让客户（会员）获得极致的体验。

第十一章　相互保险之外的网络互助平台

第一节　保险、公益和网络互助的比较

一、保险、公益和网络互助的基本概念

（一）保险概述

《中华人民共和国保险法》（以下简称《保险法》）第 2 条明确了保险的定义："本法所称保险，是指投保人根据合同约定，向保险人支付保险费，保险人对于合同约定的可能发生的事故因其发生所造成的财产损失承担赔偿保险金责任，或者当被保险人死亡、伤残、疾病或者达到合同约定的年龄、期限时承担给付保险金责任的商业保险行为。"

根据以上定义可知，首先商业保险行为是一种以保险合同为形式、以经济补偿为内容的民事法律行为，不同于以国家立法为基础的社会保险；其次，投保人必须根据合同约定，履行交费义务，才可享有保险事故发生时的索赔权和经济补偿，不同于以单方给予为基础的社会救济；最后保险人的赔偿给付义务的履行（人寿保险除外）是不确定的，有赖于合同约定的事故（人身保险也称事件）的发生与否，不同于以确定的受益权为基础

的储蓄制度。

（二）公益概述

《中华人民共和国慈善法》（以下简称《慈善法》）第3条明确了慈善活动的定义：“本法所称慈善活动，是指自然人、法人和其他组织以捐赠财产或者提供服务等方式，自愿开展的下列公益活动：（1）扶贫、济困；（2）扶老、救孤、恤病、助残、优抚；（3）救助自然灾害、事故灾难和公共卫生事件等突发事件造成的损害；（4）促进教育、科学、文化、卫生、体育等事业的发展；（5）防治污染和其他公害，保护和改善生态环境；（6）符合本法规定的其他公益活动。”

《中华人民共和国公益事业捐赠法》（以下简称《捐赠法》）第3条明确了公益事业的定义：“本法所称公益事业是指非营利的下列事项：

（1）救助灾害、救济贫困、扶助残疾人等困难的社会群体和个人的活动；

（2）教育、科学、文化、卫生、体育事业；

（3）环境保护、社会公共设施建设；

（4）促进社会发展和进步的其他社会公共和福利事业。”

根据以上定义可知，公益是个人或组织自愿通过做好事、行善举而提供给社会公众的公共产品，是不带任何附加条件的单方面捐赠或捐助的行为。在这里，做好事、行善举是对个人或组织行为的价值判断；行动的结果是向非特定的社会成员提供公益产品。

（三）网络互助概述

网络互助是一种原始保险形态与互联网结合，利用互联网的信息撮合功能，会员之间通过协议承担彼此的风险损失，为了避免个体负担过重，约定单次互助金不超过若干元，并规避偿付能力问题。这种模式在保险的发展历史上并不特殊，其实就是保险的原始形态。其收费方式，相当于教科书上的“课赋制”，通俗地讲叫“即收即付”。网络互助的理念来自于原始的保险形态，其最大特点是去中介化，所有的会员都通过互联网获取，不预交保费、不设基金、事后付费。但这种原始的互助形态与互联网结合产生了异化，宣称“可获得30万元保障”，宣称足额赔付，其宣传越来越向保险靠拢，颇有“拿保健品当药品销售”的架势。

网络互助的运作模式类似于“众筹”“P2P”。究其性质，介于保险和公益之间。综观目前市场上的网络互助平台，大致可分为两类。一类以互联网创新为名，在缺乏保险经营资质的前提下行网络保险销售或者网络保险中介之实；另一类则对外宣称为慈善救助，但大多并不具备相应的慈善组织资质。游走于“保险”和“公益”之间，既不愿意申请相应的资质和牌照，也不接受相应法律法规和监管部门的约束，一时间，网络互助成了无所畏惧、肆意生长的真空地带。

二、保险、公益和网络互助的基本特征

（一）保险

1. 互助性

保险具有“一人为众，众为一人”的互助特性。保险在一定条件下，分担了单位和个人所不能承担的风险，从而形成了一种经济互助关系。这种经济互助关系通过保险人用多数投保人交纳的保险费建立的保险基金对少数遭受损失的被保险人提供补偿或给付而得以体现。

2. 法律性

从法律的角度看，保险是一种合同行为，是一方同意补偿另一方损失的合同安排，同意提供损失赔偿的一方是保险人，接受损失赔偿的一方是投保人或被保险人。

3. 经济性

保险是通过保险补偿或给付而实现的一种经济保障活动。其保障对象的财产和人身都直接或间接属于社会再生产中的生产资料和劳动力两大经济要素；其实现保障的手段，大多最终都必须采取支付倾向的形式进行补偿或给付；其保障的根本目的，无论从宏观的角度，还是从微观的角度，都是与社会经济发展相关的。

4. 商品性

保险体现了一种对价交换的经济关系，也就是商品经济关系。这种商品经济关系直接表现为个别保险人与个别人之间的交换关系；间接表现为在一定时期内全部保险人与全部投保人之间的交换关系，即保险人销售保险产品，投保人购买保险产品的关系；具体表现为，保险人提供保险的补偿或给付，保障社会生产的正常进行和人民生活的安定。

5. 科学性

保险是处理风险的科学措施。现代保险经营以概率论和大数法则等科学的数理理论为基础，保险费率的厘定、保险准备金的提存等都是以科学的数理计算为依据的。

（二）公益

1. 互助性

公益是一种团结互助活动。

2. 社会性

公益是一种社会责任感活动，而个体的自由意志是实现其社会责任的前提。

3. 自愿性

公益是一种参与意识，这种参与体现的不是一种地位，而是一种生活方式，是一种公民的自觉自知的参与精神。

4. 公益精神是一种文化精神，具有深厚的文化内涵，它能整合人类的总体力量，并引导人类的实践活动。

（三）网络互助

1. 互助性

互助是人类社会赖以生存最基本的观念和行为之一。从原始社会开始，人类就过着群体生活，有福同享、有难同当，这种生活方式使个人产生了对群体的认同感；人类社会的共同利益又进一步使人与人之间必须构成这种以积极的互动关系为经纬的社会支持网络，于是便又产生了相互依存感。

2. 责任不确定性

从现行的各网络互助平台的会员公约来看，平台仅仅是为会员发布求助信息和信息撮合，自身不承诺救助，而会员对他人的救助并没有法律上或合同上的义务。一旦发生需救济事项，由会员自愿发起捐助，救济额度不确定，无法保证兑现互助平台承诺的保障额度。如会员对结果存疑或基于其他原因不愿履责，受助会员的风险将无人兜底。

3. 难以持续性

不可否认的是，目前的互助计划既未基于保险精算进行风险定价和费率厘定，没有科学提取责任准备金，也没有政府部门的严格监管，在财务稳定性和赔偿给付能力方面没有充分的保证。此外，网络互助平台在核保、理赔等环节的缺陷及较高的逆选择概率也导致事故发生率并不像保险公司一样稳定和可预测，平台持续运营存在一定的隐患。

三、保险、公益和网络互助：为自己的未来埋单？

《为自己的未来埋单》一书中提到“你的未来完全由自己掌握，今天的因会收获明天的果。对于每个人来说，想要过什么样的生活，决定权完全在自己手中。因此，你必须为自己的未来负责”。许多人在选择保险、公益或是网络互助时可能并未经过细致的思考和研判，然而，一旦遭遇风险，我们才蓦然发现这个看似简单的选择攸关我们的尊严能否保全，生活水平能否维系，甚至是生命能否延续。

（一）保险

保险的基本职能是转移风险、补偿损失，即投保人通过交纳少量保险费，将风险转由保险人承担；一旦发生风险，则进行损失分摊，由众多的企业和个人共同分摊少数遭受灾害事故的企业和个人的损失。由于保险具有这一基本职能，因此，对家庭和个人具有不可低估的保障作用。首先可以保障家庭生活的安定。因为个人的财力有限，很难积累足以应付天灾人祸的后备资金，一旦受损，正常生活便难以为继。如果个人和家庭参加了财产保险和人身保险，则可以根据保险合同约定，从保险人处获得赔偿和给付，由此保障了家庭生活的安定；其次可以积累个人资金。因为长期人寿保险具有类似储蓄的投资作用。虽然参加长期人寿保险没有买股票获利的机会多，但没有风险性，而且可以获得生老病死的经济保障。由于人寿保险单本身具有现金价值，可以抵押，可以转让，故在国外普遍被认作个人金融资产，购买人寿保险无疑是既能获得经济保障，又能使货币保值增值的一举两得的最好投资方式。随着改革开放的进一步深化，社会主义市场经济体制的逐步建立，人们对保险的认识从量的积累实现到质的飞跃，最终由过去的被动型转变为当今的主动型。“有风险，买保险”，已成为现代经济社会的共识。

（二）公益

中世纪犹太教经院哲学家迈蒙尼德曾经说过，最高境界的慈善，就是避免让人落到接受慈善的地步。最好的施舍是让人人能够自立，从而远离施舍。慈善不论多么崇高，都只能是道德上的一个补充手段。一个人如果沦落到只能仰仗慈善才能生存，这样的生活能有多幸福？

中国有句古训：“自长骨头，自生肉。”一个国家强调“独立自主，自力更生”，一个小家，个人更是要做到这一点。

（三）网络互助

当前，网络互助虽号称进入门槛低，缴费方式灵活，具有自传播的口碑效应。然而，其尚未有明确的商业模式，运营网络互助的互联网公司并不具备保险经营资质或保险中介经营资质，没有政府部门的严格监管，部分经营主体的持续经营能力和财务稳定状况存在隐患，在赔偿给付能力方面没有充分的保证，与保险产品有着严格区别，可能会有为消费者招致资金安全难以保证、承诺保障无法兑现、个人隐私泄露、纠纷争议难以解决等风险。

当你垂垂老矣，或是罹患疫病，是寄希望于保险的保障和补偿，还是公益的救济，抑或是寻求网络互助不确定额度的给付？以不确定的保障应对不确定的风险，既是对自己人生的轻慢，也是对家庭的不负责任。平安喜乐时的付出，是为有可能到来的困厄埋单；今天的选择，是为了未来的自己筑牢风险之墙。选择风险保障，为自己的未来埋单，需三思而后行。

第二节　网络互助平台的发展现状

一、国内网络互助平台现状

2011 年以来，各类互联网互助保险平台呈现出井喷式发展，不少平台甚至在短时间内获得了百万级别的用户，而且目前也有许多新平台正在不断上线发展，同时一些网络互助平台也在不停地关闭。表 11 －1 和表 11 －2 给出了截至 2016 年 12 月 10 日部分互助平台的会员情况。

表 11－1 网络互助平台会员数量排名（人身互助）

排名	平台	会员量（人）	较上期增量	增长率（%）
1	轻松互助	4780469	154095	3.33
2	众托帮	4440809	366844	9.00
3	水滴互助	1696996	49583	3.01
4	夸克联盟	1167518	11659	1.01
5	17 互助	1057924	120879	12.90
6	壁虎互助	989828	46054	4.88
7	E 互助	886682	34425	4.04
8	抗癌公社	733984	11820	1.64
9	八方互助	705705	160507	29.44
10	爱心筹互助	417796	20490	5.16
11	同心互助	348909	－81	－0.02
12	互助街	203178	15594	8.31
13	蝌蚪互助	197436	7323	3.80
14	分子互助	135676	－360	－0.26
15	校友互助	84773	8327	10.89
16	互助筹	66692	4	0.01
17	斑马社	59113	7903	15.43
18	人人互助	35867	5	0.01
19	惠家互助	31802	49	0.15
20	星星互助	31802	9	0.03
21	置上互助	28462	162	0.57
22	乡助 1	26458	1477	5.91
23	福宝互助	24165	0	0.00
24	无畏互助	24078	87	0.36
25	大树互助	16650	1154	7.45
26	物联互助	15910	0	0.00
27	爱邦互助	15195	9750	179.06
28	同当互助	14921	54	0.36

续表

排名	平台	会员量（人）	较上期增量	增长率（%）
29	磐石互助	13468	0	0
30	比邻互助	10046	4765	90.23

表11-2　网络互助平台会员数量排名（财产互助）

排名	平台	会员量（人）	较上期增量	增长率（%）
1	九行互助	550515	19774	3.73
2	58车友互助	42992	0	0
3	青草互助	19147	5726	42.66
4	么么宠	9349	1691	22.08
5	小草公社	1614	779	93.29

二、国外网络互助平台现状

相互保险是世界保险市场上的重要形式之一，自1696年英国设立第一家火灾相互保险公司以来，相互保险公司就表现出了强大的竞争优势和生命力。而国外的相互保险模式在拥抱了互联网后，衍生出了多种基于互联网的类互助平台，如与社交结合催生出的个人P2P保险等。

本节对国外近几年出现的互联网类互助保险根据模式进行梳理分析，将其大致分类如下。

（一）个体互助模式（Peer-to-Peer Insurance）

1. 模式阐述

网络社交媒体通过允许保险顾客线上组织风险共担群体，催生了个体互助模式（Peer-to-Peer Insurance），使得个体可以选择线上风险共担的群体。该模式极大地减少了商业保险面临的道德风险和保险欺诈问题，以及利用互联网方式降低了传统商业保险的销售和运营费用，通过分红形式降低保费来吸引保险客户。采取个体互助模式的互助保险平台的运作模式大致可以归纳简化成如下6个步骤：

①互助会员在社交网络在线发起或加入在线群体进行风险共担。

②互助会员将其部分预缴的保费注入一个互助资金池（mutual pool）。

③互助会员将其保费剩余部分给保险公司。

④互助资金池对索赔进行赔付。

⑤保险公司承担再保险的角色，当互助资金池消耗完后承担互助资金池不能承受的索赔事件，同时也为互助资金池提供服务，如服务制定和管理等。

⑥年末，在所有的索赔都赔付后，对互助资金池剩余的现金进行处理：返还给会员或者留存到下一年。

2. 个体互助模式平台案例

（1）Friendsurance

地点：德国

业务描述：Friendsurance 的业务是独立保险中介，在德国有60多家合作机构，销售的产品包括私营有限责任公司险、房屋与家私保险以及法律诉讼险；在C端 Friendsurance 对用户归类进行风险管理，若年末未发生上述条目索赔则给予现金分红。

业务模式：保险中介/保险经纪

资金来源：Horizon Ventures，Vantage Fund 和 E. Ventures

Friendsurance 模式可以当之无愧说是国外互联网互助平台的鼻祖，其开创性地将风险划分成“小额高频”和“大额低频”，分别通过团体互助和高免赔额商业保险进行覆盖。

（2）Guevara

地点：英国

业务描述：Guevara 主要经营汽车保险，用户可基于朋友或熟人关系购置 5 人以上的团体险，保费用于支付未来发生的偿付费用，索赔率低的用户同样可以获得折扣。

业务模式：保险中介/保险经纪

资金来源：Mosaic Ventures

Guevara 专注于汽车保险的互助模式，而且主张的分享共担群体也是以朋友为关系基础，其用意在于防范道德风险和保险欺诈。

（3） InsPeer

地点：法国

业务描述：InsPeer 主要经营汽车和房产保险，并实行允许家庭成员关系的风险共担模式；InsPeer 平台的赔付免赔下限为 100 欧元，上限为 1500 欧元，以此降低保费。InsPeer 平台从支付的每笔赔偿金中抽取 10% 作为收入。

业务模式：保险中介

资金来源：未透露

InsPeer 模式盈利模式：根据理赔现金流量收取佣金，收取 10% 的比例

（4） Peercover

地点：新西兰

业务描述：PeerCover 要求用户自行组合成投保团体，并预缴一定的费用。平台实行自治管理模式，一旦发生保险事故，如果团体同意理赔，则进行保险事故赔付；每个用户获得的赔付不超过其账户价值的 3 倍。

业务模式：保险中介

资金来源：未透露

PeerCover 模式最值得国内互助保险平台思考和学习的一点在于预缴费模式的设置。相比于国外 P2P 保险平台的预缴费用，国内的互助保险平台

显得太“抠门”，预缴费都是9元、6元个位数；可以理解，预缴费少是为了方便推广客户量。但是，国外互助平台的预缴费不少已经和商业保险的保费一致，其优惠体现在分红上。其实，国内互助平台“少量多次”的扣费模式，背后反映的是客户对于平台模式的不信任和低黏性。下一步这些平台应该朝着收费精算化、客户体验优化的，相对大额的预缴费的方向发展势在必行。PeerCover提出了将保额与预缴费账户挂钩的思路，即你预缴的部分与你的权利挂钩。

3. 个体互助模式成本优势

个体互助模式（Peer - to - Peer Insurance）相比传统保险的一个重要优势在于该模式具有成本优势。英国的个体互助车险平台Guevara的数据显示，该模式最多可以替会员节省80%的保险费；德国的个体互助平台Friendsurance的财险平均替会员节省1/3的保险费用。总体而言，个体互助模式的成本优势体现在如下几个方面：

第一，基于人脉的自治制度降低了道德风险和保险欺诈的可能性。由于风险共享的群体实行的是自治制度，当群体发现某个会员进行保险欺诈时，群体有可能投票通过将其从群体中除名。因此，个体互助模式比传统模式有着更小的欺诈风险。

第二，会员自治的核保能力和对风险群体的选择优于保险公司。由于个体互助模式下风险群体的选择有着比保险更多的信息，因此群体里的个体有着更多了解其他成员信息的渠道。

第三，个体互助模式降低了其他运营费用。个体互助模式下互助资金池与保险公司进行风险分类分担。以Friendsurance为例，高频的小额索赔事件由互助池承担，降低了核赔的费用。同时，由于核保环节也是群体自治，降低了保险人的费用，因此降低了群体缴纳给保险公司的保费。

第四，个体互助模式相比于传统保险公司有着更低的销售成本。销售成本是传统保险公司成本中重要的成本环节，但是在个体互助模式下，由于群体的组织和建立的过程是会员自发完成的，因此保费里不需包含市场推广和销售费用。

成本优势也促进了个体互助平台的推广，Guevara 平台在上线的前 2 天里收入的保费超过 10 万英镑；Friendsurance 每月保持着 20% 的会员增长速度。

（二）群体定制模式

1. 模式阐述

参加互助保险的群体是一群具有相同风险属性和风险需求的群体，这些群体通过互助保险解决保障需求的原因除了降低保障成本，还因为部分风险是传统商业保险不能保障的。群体定制模式的原理是：保险中介通过互联网方式聚集具有相同风险需求的群体，包括具有特殊风险需求的群体；在具有一定客户基数后中介与保险公司协商定制产品。群体定制模式的互助性更多地体现在团体具有共同属性风险，该模式的“团购属性”更加明显。通常，这类群体定制模式的运作大致可以归纳简化成如下 3 个步骤：

（1）保险中介平台通过线上社交等方式识别并聚集保险需求不被保险公司满足的群体，如需要旅游保险的心脏病患者群体等；

（2）保险中介平台对类似的客户进行分组；

（3）保险中介平台代表客户与保险公司谈判定制保险。

2. 群体定制模式平台案例

群体定制模式以英国的 Bought By Many 平台为典型（以下简称 BBM）。

地点：英国

业务描述：Bought By Many 主要通过和保险机构合作来为边缘客户指定保单，如拯救狗的宠物保险、移动美容美发保险等，盈利模式是收取佣金。

业务模式：保险中介

资金来源：未透露

3. 群体定制模式的竞争优势

群体定制模式下保险中介平台的竞争优势有：

第一，保险中介平台可以为客户减少相当的保费。根据 BBM 的统计，平均而言，BBM 通过代表群体客户谈判的保费给客户节约了 19%。

第二，现实中有大量的群体，其保险需求不能被保险机构满足或者在保险公司中受到保险歧视。例如，英国每年最多时候有近百万的群体是首次购买机动车保险，但是该群体由于缺乏驾驶经验往往在保险定价上被收取过高的保费，BBM 平台上总共聚集了 65000 名这样的人。

群体定制模式对于保险公司既是机遇也是挑战，诸如 BBM 这样的中介平台可以为保险公司起到聚集人群和风险的作用，保险公司往往在提供了折扣后也仍然有获利的空间；但同时中介平台在链条中的存在也可能使得客户降低对于保险公司的黏性和忠诚度，使得保险公司更难把握客户的需求。

（三）其他创新模式

除上文已经形成分类模式的互联网 + 互助保险模式之外，互联网和保险这个传统金融行业的结合也正在催生着各类的创新模式。可以说，国外互联网类互助平台也是方兴未艾的创新创业热点，备受着资本市场的瞩目，还有许多创新公司正在开创着值得我们关注的创新模式。

1. 创新模式平台案例

（1）Lemonade

地点：纽约

业务描述：Lemonade 的业务是 P2P 与在线保险运营商结合的模式，并已经向纽约市提交了保险经营牌照申请。

业务模式：互联网保险公司

资金来源：种子轮、红杉资本 &Aleph 提供的 1300 万美元种子轮

Lemonade 可以算是国外互助保险平台中“土豪”和“明星”级别的，而且其正在申请保险经营牌照，定位于 P2P 互联网保险，以区别于其他平台的中介定位。其定位就相当于互联网互助保险公司，优势在于结合了 P2P 互助和互联网的基因，其盈利模式也是清晰的，利用的是 P2P 互助模式，但其本质是家互联网保险公司，盈利的来源和保险公司类似，但是具有了互助属性带来的低保费和互联网属性带来的低销售成本，具有巨大的成本优势。

（2）Uvamo

地点：芝加哥

业务描述：美国 P2P 平台上市公司 Lending Club 旗下业务，希望在保险领域试验 P2P 卖场模式。

业务模式：不详

资金来源：未透露

Uvamo 属于 P2P 平台 Lending Club 旗下业务，有着丰富的互联网基因和 Lending Club 丰富的个人客户资源。可以说，Uvamo 在资金支持、平台资源和推广经验上具有很大的优势，很可能在互联网互助保险界成为“黑马”。

三、网络互助平台模式大同小异

通过对现有网络互助平台的比较，不难发现网络互助模式大同小异。从用户体验的整个过程来看，主要有两种：

（1）注册会员—互助事件—分摊互助金并筹款—账户充值互助金—未

充值缴款—退出

（2）注册会员—充值保证金—其他会员出现互助事件—每人每事件最多缴纳 3 元—保证金不足—退出

从以上两条线中，我们可以抽象出网络互助平台运行包括这几个环节：用户加入、事件核实及赔付、用户退出。

（一）用户加入

从上面的两种模式来看，用户加入这一环节的主要区别点在于是否需要预先缴纳互助金，以抗癌公社为代表的平台（少数）并不对用户设置准入门槛，而大多数的互助平台则需要预缴一定的准备金（一般为 9 元）才能加入，然后用户进入 180 天的观察期，以防止“带病入保”的现象发生。

至于为何会产生是否预缴互助金的区别？这里有一个矛盾，预先缴纳互助金在一定程度上更难以获取用户的信任，并且会产生相关的资金风险，但是又更能够保证平台的持续保障能力。

对于预缴互助金的平台来说，涉及的一个问题是如何保证预缴保障金的安全，现有的方式有三种：

（1）托管给商业银行进行第三方资金托管，由银行定期出具监管报告并公示账户情况，如 17 互助、通信互助等；

（1）与公募基金合作，如水滴互助将资金托管到中国社会福利基金会，由双方共同监管；

（3）第三方支付，如微信支付、易宝支付，由平台为每位会员开通专属钱包，如壁虎互助。

（二）事件核实赔付

平台一旦发生互助事件，一般引入第三方公估机构对事件的真实性进行核实。

在赔付方面，则有不同的规则（大多数互助平台设立的上限是3元）：

（1）根据会员人数进行分摊，会员数量越多，分摊金额越低；

（2）引入年龄系数，不同年龄段的人群分摊的互助金也有所差异，以同心互助为例，其计算公式为：单次分担互助金 =（互助金额/全体加权风险系数）×会员风险系数，并且根据年龄段设置了分摊上限。

（3）而有的平台则根据计划的保障内容采取不同的分摊方式，以壁虎互助为例，其推出的全民互助计划包括意外和重疾保障，其分摊规则为意外事件采用平均分摊的方式，每人每次上限3元；而重疾则根据年龄设计了扣费系数，年龄越小，分摊金额越少。

抗癌公社在这方面的做法有所不同，它从区分保障额度来保证公平性，年龄越大，获得的保障额度越低，并且加入计划时的观察期越长。

当然，无论是哪种赔付方式，用户规模都是关键。如若没有大量的用户，捐助的金额可能就达不到承诺的额度，所以也有平台会留出部分准备金在互助金额未达到最高保障的时候补足剩余的保障金。

（三）用户退出

目前，大多数互助保障平台可随时退出，具体规则和加入时是否缴纳互助金相关，关于此点，从前面的两种模式中可以看出，这里不再赘述。

第三节　网络互助平台的风险问题

一、保障难以兑现

与特定非公开群体之间的约定相比，一旦一项约定涉及社会公众的权利和义务，那么其就需要评估约定的价值和成本，而且向公众披露；同时，需要主动安排可靠的机制以便能够保证其可靠性，而不是仅仅靠信誓旦旦的单方面承诺。目前的网络互助平台，不仅没有针对相关的承诺安排社会公众可以信任的兑现机制，而且向社会不特定群体做出的承诺存在明显的技术障碍使之难以兑现。因此，所发布的信息和宣传口径，自然就存在严重的误导性、虚假性内容，通过误导来吸引消费者，更谈不上有效保障消费者权益的问题了。以疾病互助保障平台为例，假设承诺一旦会员得了大病，将会得到30万元的互助金，我们可以看一下，这种承诺的成本有多少。我们以中国人身保险业重大疾病经验发生率表（2006—2010）6病种经验发生率男表（CI1）为参照依据，可以做一个粗略的测算，例如，30岁男性的发生率大约为万分之八（0.000783），51岁男性的发生率大约为万分之八十（0.00796）。我们很容易发现，30岁的男性群体每人分摊240元，才能实现患者的30万元互助金；而51岁的男性群体，每人需要分摊2400元，才能实现患者的30万元互助金。这仅仅是6种大病的疾病率，如果是25种或者是更多的疾病，其疾病率会更高，分摊的钱会更多一点。进入这个平台的人，有多少人知道这个数字？大家做好这个准备了吗？是不是有人误以为不超过10元钱就够了？一旦人们发现要交的钱远远超出了自己的预期，选择退出这个平台，那一部分患病而真正需要这些钱治病的人，如何获得互助金呢？对于保险公司而言，是有确保其偿付能力的资本金来保障这一切的，但对于机制不健全、约束性不强的网络互助平台，前期承诺的保障可能就变成镜中花、水中月了。

二、业务模式难以持续

负责任的承诺和约定，必须有负相应责任的基础，其财务准备和机制是其中的必备要素。然而，目前互助平台自身尚存在一定的缺陷，所做出的承诺缺乏可靠的保障，社会公众的切实权益难以得到保证。

一是服务机构的实力不足，其治理体系不够完整有效，无论是资本金，还是运营体系、风险控制体系等等，均未达到监管要求，未获得相应的市场准入资质，不符合专业经营的条件。

二是所做的承诺或约定不符合逻辑。风险定价和费率厘定并不是基于保险精算的相关原则进行的，责任准备金提取不够科学等，无法保证所做承诺或约定能够实现，平台无法长期稳定、持续良好地运转。

三是未对偿付能力进行有效管理，无法保证平台的偿付能力充足并实现持续经营；同时，对操作风险和经营风险的控制不足。

四是信息不够公开透明。部分网络平台未明示是按照“预缴保费制”还是“摊收保费制”进行经营；如果采用“预缴保费制”，条款中还必须说明公司是否保留或放弃要求投保人在保费之外缴付追征金的或有义务。互助平台在互助计划的存续人数及赔付情况方面披露不够充分、准确，使得平台内会员不能完整、全面、及时地掌握其所加入计划的运行状况。

三、操作风险巨大

只有完善、适度的约束机制，才能保证复杂的保险保障与风险管理活动有序进行。互助平台面向社会不特定群体提供疾病保障等风险管理服务，其涉及面广、社会影响大，且存在着诸多脆弱性较大的环节。一旦这些互助平台的风险控制措施不完善，发生操作风险，就会严重伤害社会公众的利益，影响社会秩序。而这些约束机制不完善甚至是缺位的互助平台，其操作风险隐患较大，包括用虚构的事件恶意套现、会员制造虚假赔案等道德风险；非法建立资金池的资金安全风险；同时多数互助平台缺乏核保、理赔等保险技术，经营风险难以有效控制。很明显，诱发恶性事件的风险较大。

四、道德风险难以消除

许多网络平台都自称将保险形态与互联网结合，动辄以“互联网创新”自居。在此必须提醒平台运营方，金融保险业是涉及社会秩序的重要发展要素，并在经济社会的资源配置中扮演着极重要的角色，一旦无序，必然会重创社会秩序，对其的约束和要求应当更加严格。只有金融业稳定可靠，才能有利于社会的健康发展。特别是保险保障服务，是社会的稳定器、安全阀，其稳定性和可靠性高于一切。保险保障只有在有序健康的发展轨道中，才能切实为经济社会的发展保驾护航。

信息不对称对金融保险的运行有着重大影响，也影响着互助计划的运行，突出表现之一就是道德风险难以消除。在网络互助计划中，信息不对称体现在互助计划中的会员对彼此的健康信息并不了解，互助计划的管理者同样对会员的健康信息不了解，互助计划中缺乏相对健全的健康筛选机制以保证同质的风险归类。在信息不对称的情况下，高风险群体的加入提高了互助计划的整体赔付成本，而在互助计划会员的存续不存在任何限制的情况下，低风险群体有可能逐渐退出互助计划。此时，互助计划将会由于会员人数减少且剩余的有效会员普遍风险偏高，导致会员对风险事故的分摊支出明显提高，从而会员留在互助计划的意愿迅速降低，互助计划容易随之瓦解。互助计划中的信息不对称还体现在前文所提到的会员对于互助计划的运行状况不能得到及时的了解和预判，从而影响会员面对风险时的应对措施。

由于互助计划给予会员较高的预期，当预期最终未能实现时，互助计划的会员便会受到巨大影响。试想一个依赖互助计划管理癌症风险的会员在罹患癌症后却未能取得预期的“保障”时遭受的经济上和心理上的双重打击，这将造成对具体会员的生活和社会稳定性的冲击。相比于互助计划，尽管保险公司同样不能够完全保证具体某业务的长期存续，但是在监管体系下对于偿付能力、准备金等财务指标的约束使得保险公司破产的概率大大降低。与此同时，由保险公司缴纳的保险保障基金能够在保险公司濒临破产时或清算时予以支持，而相应的保险业务在保险公司破产时能够被其他保险公司接管。因此，由具有相当可靠性的保险公司负责社会公众的风险保障，才能真正为人民群众免除后顾之忧。只有专业经营的保险业，才能在风险面前真正筑起保障经济社会健康发展的“万里长城”。

五、正本清源，避免劣币驱逐良币

严重的人口老龄化和指数化增长的医疗支出，使我国面临着养老保障和健康保障的双重困境，成为当今社会的巨大矛盾。医养护理支出在个人资产中的占比大大跃升。健康和养老保障的供给重构工作将逐步进入关键性阶段。此时，如果不能保证相关保障形式的可靠性，必然无法迎接未来的挑战。

目前，我国医疗养老资源紧张、医患矛盾突出，保险作为服务医养结合的重要手段既不能缺位，也不能错位。人民群众迫切希望通过保险保障服务合理规划所需的医疗养老资源，实现最优化配置，实现“病有所医、老有所养”。然而，当前网络互助平台以“互助共济”的名义，公开承诺责任保障、宣称足额赔付和提取准备金，将互助计划与保险产品进行挂钩和比较，发布误导性、虚假性宣传，诱导社会公众产生获取高额保障的刚性赔付预期。如果对网络互助听之任之，不尽快结束鱼龙混杂的局面，人们就有可能对存在巨大风险隐患的互助计划盲目乐观，网络互助更有可能成为少数不法分子设计骗局的土壤，进入“劣币驱逐良币”的恶性循环中，最终使得人们对本来具有重要意义的各种合法的保险保障形式也失去信心，这必将影响保险业供给侧改革和健康中国的大计。

在供给侧改革的进程中，保险行业要与大健康和养老产业共进，努力提供多样化、专业化、客户细分的保险综合服务，包括专家会诊、绿色就医通道、健康行为干预等高质量的服务，构建健康中国的路径。伟大的事业中，难免有试图仙魔共舞的鬼怪。重要的是让真相大白于天下，这样志士豪杰自然就可以大显身手。

第四节　网络互助平台的发展建议

一、定位建议

根据我国目前的法律监管，从合规性的角度出发，网络互助平台的法律定位角度可以既不是相互保险也不是商业保险。

首先，网络互助组织如果不以营利为目的，坚持公益路线，便不是商业保险，根据保险法，或可获得普通保险牌照豁免。在法律定义上，保险本身是“商业保险行为”，因此从这个角度来看，非商业行为（如公益行为）不受中华人民共和国保险法的规制。如果网络互助机构从公益的角度出发开展广义性质上的保险业务，则无须持有保险牌照。

其次，网络互助组织如果不是全员持有，或者采用非缴费模式不设立互助基金，不以互助基金承担给付责任，则可不受《相互保险组织管理暂行办法》的规制，因而无须获得相互保险牌照。

从合规性的角度考虑，网络互助平台可以定位为个人求助信息发布平台及会员间的相互求助平台。在该定位下，网络互助平台可以存在如下两种角色模式：

1. 技术支持或者服务商定位

网络互助平台仅为个人求助信息发布及会员间的相互求助提供技术支

持（包括信息发布、会员交流和转账等），不参与互助计划的设立、维护等实质性业务，由会员自治团体运用平台提供的工具自行进行求助及互助。值得注意的是，目前的网络互助平台已经有少数提出类似定位，如斑马社提出做 B2B2C 的自治互助社群。

该模式下平台的职责相对较轻，只需恪守技术中立原则，遵守互联网运营的相关法律，积极为会员提供求助和互助工具即可，理论上亦可接受会员团体的委托承担或外包（视运营公司自身的牌照资质和业务能力而定）身份审核、事件调查、损失评估等业务并收取相应的费用，其所受的监管压力较轻，合规性风险较低。

2. 信息中介定位

网络互助平台不但提供技术服务，而且主导或介入互助计划的设立、维护和管理，撮合求助者和救助者，帮助会员团体达成计划。

该模式下平台具有中介的性质，即使其不收取中介费用，理论上也应该根据合同法的要求，向会员如实报告与设立、达成、实施计划相关的事项。如果故意隐瞒有关的重要事实或者提供虚假情况，损害会员利益，则需承担相应的损害赔偿责任。

二、运营建议

网络互助无论是技术支持或者服务商定位，还是信息中介定位，或者可能今后衍生发展出的各种创新模式，都为运营机构提供了平台供会员们开展求助和互助，本节给出如下合规建议：

1. 规范用语和宣传，避免劝诱性、诱导性宣传

网络互助平台和运营机构应该尽量不要把互助计划宣传为保险或互助保险、相互保险，不要自称“相互保险机构”，不要把互助计划与其他保险进行比较，不与其他保险产品混搭销售，要严格遵循保监会提示的各项

禁令。

2. 明确与规范风险提示

网络互助平台和运营机构应该明确计划加入和禁入的条件，并对风险进行明确的提示，如会员人数不足时无法得到充分救助的风险、救助事件频发时会员可能支付高额捐助的风险、互助计划满足特定条件时或将解散的风险等潜在与实际风险。

3. 明确平台合规性

强调和坚持不以营利为目的的运营机构应该申请为民办非营利企业，减少运营的风险。对于更有条件的运营机构，可考虑申请相互保险牌照，但在牌照获批之前，机构同样须按照网络互助的模式运行，不设互助基金，不设资金池，不自称相互保险机构。

4. 明确规范会员管理方式

网络互助平台和运营机构应该加强对会员信息和求助信息的审核，防范欺诈。

同时，在计划章程或者平台章程注明民主机制的平台，尽快建立会员大会或会员代表大会，由会员自主确定互助计划事项，运营机构减少对互助计划的实质性介入，如需介入，则应首先获得相应的授权；规范公司的营运规范，增加信息的透明度。

5. 资金安全与第三方托管

网络互助平台和运营机构应该注意资金的安全管理，设立资金池，不要触碰会员的充值资金和救助资金，确保会员对其资金拥有完全的所有权和处置权，有条件的机构应优先与银行合作，存管会员的充值资金。在发生救助事件时，应依据实现约定的程序，由银行进行资金划拨。如暂时无法与银行达成合作，建议寻找有公信力的第三方机构进行资金存管。

6. 慈善性质的合规

网络互助平台和运营机构应该充分遵守《中华人民共和国慈善法》，不能主动进行募捐，而只能由会员个人主动或委托平台发起求助。有条件的机构可与慈善组织合作或自行设立慈善组织，在慈善法框架下协助会员进行个人求助或募捐，部分互助计划理论上也可以采用定向募捐的方式。

机构不要承诺救助，互助应是会员之间相互救助的承诺和行为，互助承诺或者协议应在会员之间达成，机构仅为便利会员互助提供某些服务，如技术支持或撮合。机构应尤其坚持会员自己提起求助申请，而非平台替该会员向其他会员募捐，严格避免触碰变相公开募捐乃至非法集资的红线。

7. 信息的公开透明性

网络互助平台和运营机构应该坚持诚实披露、信息透明，可引入必要的外部审计机构、专业服务机构进行监督，诚实、透明是获取会员信任的最佳方法，也是出现问题时证明自己清白的有力武器。

三、发展建议

对于传统的商业保险而言，无论是相互保险公司还是在互联网上迅速发展的网络互助平台，都是保险行业中的“鲶鱼”，相互保险的概念与模式将会慢慢在我国的保险行业改变一些既有格局，也将给保险行业带来创新之处。本节对于相互保险和互助保险平台可能给保险行业带来的变革做一个展望。

1. 健康保险

从国家政策层面看，鼓励以商业健康险发挥主要保障作用的态度十分明确。坊间一度传闻 OTC 药品将退出医保目录，虽后被有关部门辟谣，但如果 OTC 药品退出医保，无疑将进一步加大癌症等重疾的治疗费用，刺激对健康保险的需求。

在互联网时代下，面对庞大的健康保险需求，传统险企重投资轻保障的高费用保险产品毫无竞争力，简易的纯保障型互联网健康保险和健康互助保险将成为主流。根据目前网络互助平台提供的互助计划来看，几乎所有的网络互助平台都覆盖了重疾类保障；而且甚至不少短时间内聚集了百万级别的健康险用户。网络互助在健康险保障领域的成功，充分说明了纯保障型健康保险和健康互助保险在互联网模式下的成功适应。我国的健康保险行业还存在着巨大的市场潜力，这或许将会是相互保险和类互助保险在保险行业第一个带来改变的行业。

2. 互助保险衍生服务

在大量客户聚集的基础上，互助保险的衍生服务将大量产生，健康互助保险平台将与健康咨询、私人医疗服务、健身、预防医疗等业态深度合作；汽车类保险互助平台将与维修保养、二手车、汽车销售、配件等互联网和实体企业强化联系，为用户提供多元化服务。

由于提供的产品和服务的差异，互助保险和传统保险并不矛盾，如斑马社、e互助等互助保险平台可以与传统商业保险开展良好合作，利用良好的用户体验和用户黏性，互助保险平台可以有效开展补充商业保险的团购，如补充医疗保险、商业车损险等。数据和信息服务业务将是互助保险企业未来增强盈利能力的重要一环，在有大量的客户基数和丰富的衍生服务项目基础上，用户的风险、信用、行为等数据存在着巨大的商业价值。

3. 保费比较优势

传统保险业中，投保人无法分享企业利润，而且普通投资者也无法深度分享收益。而互助保险天然具有保险属性和金融属性，通过对互联网技术和大数据的应用，互助保险组织可以将较低风险的客户组成新的资金池，建立资产包，引入投资人通过互联网投资资产产品，从而获得充裕的流动资金和额外收益。这些资产收益可分配给资产包里的会员，也可以进入资金池，使得会员未来的支出变得更低，总之，这将使得更多的低风险用户进一步受益，从而使互助保险平台在优质低风险客户方面获得更明显的比价优势。

第十二章　相互保险发展的延伸思考

第一节　相互保险与互联网文化的契合

一、相互保险文化

根据《相互保险组织监管试行办法》的相关规定，相互保险是指具有同质风险保障需求的单位或个人，通过订立合同成为会员，并缴纳保费形成互助基金，由该基金对合同约定的事故发生所造成的损失承担赔偿责任，或者当被保险人死亡、伤残、疾病或者达到合同约定的年龄、期限等条件时承担给付保险金责任的保险活动。

相互保险组织是指在平等自愿、民主管理的基础上，由全体会员持有并以互助合作方式为会员提供保险服务的组织，包括一般相互保险组织，专业性、区域性相互保险组织等组织形式。

（一）互助文化

保险具有“一人为众，众为一人”的互助特性。保险在一定条件下，分担了单位和个人所不能承担的风险，从而形成了一种经济互助关系。这种经济互助关系通过保险人用多数投保人交纳的保险费建立的保险基金对少数遭受损失的被保险人提供补偿或给付而得以体现。

（二）共享文化

中共十八届五中全会通过了“十三五规划”建议，描绘了我国未来五年经济社会发展的壮丽宏伟蓝图，提出了创新、协调、绿色、开放、共享五大理念，也对保险业下一步改革发展提出了多方面要求。其中，“共享”的发展理念是第一次写入国家重要文件，旨在让全体国民分享经济社会发展成果，增进人民福祉，提高群众获得感。

相互保险具有普惠金融的特点，可以紧密结合人民群众的实际保险需求，开发便捷、实惠，具有相互特色的保险产品，提高保险服务的覆盖面、可得性和满意度。一是要着眼于经济新常态，发挥相互保险简便灵活、适应性强的优势，加大对中小微企业、科技创新企业等新兴市场主体和“三农”领域等薄弱环节的保险服务力度；二是要着眼于惠民生，加大对中低收入人群和其他弱势群体的保险服务力度，让更多群众享受到“惠而不费”的优质保险服务，使保险业在促进脱贫、防止返贫，完善中低收入人群健康养老保障方面发挥更大的作用。

（三）民主文化

相互保险组织法人治理应本着“会员共有、会员共治、会员共享”这一核心理念，充分保障会员参与组织治理的民主权利。相互保险组织法人治理分为决策权、执行权、监督权，会员代表大会是相互保险组织的最高权力机构，董事会为会员代表大会执行机构，监事会代表会员代表大会行使监督权，权责明确，各司其职，保证三权的充分行使。

全体发起会员选举产生会员代表，会员代表代表全体会员行使民主权利。全体会员代表组成会员代表大会，会员代表大会是相互保险组织的最高权力机构，决定相互保险组织的重大事项。

为充分保障会员代表大会的正常运行，相互保险组织会员代表大会下设选举委员会与秘书处，选举委员会负责组织会员代表选举工作；秘书处负责日常会员服务、召开会员恳谈会、协助选举委员会组织选举以及会员代表大会交办的工作。

董事会为会员代表大会执行机构，对会员代表大会负责。相互保险组织董事会由会员董事、执行董事以及独立董事组成，会员董事代表会员，直接参与重大决策的执行；执行董事作为组织管理人员，能够从组织运营、组织发展的角度更好地推动相互保险组织发展，同时，相互保险组织董事会引入独立董事，保障董事会充分执行会员代表大会决议。

监事会负责对董事会、总经理执行章程的情况以及会员代表大会决定、董事会决议等情况进行监督。监事会由会员监事以及员工监事组成，董事、高级管理人员不得担任监事，确保监事会独立运行，并且会员监事人数不低于2/3，以保证监督权力的充分行使。

二、互联网文化

互联网精神有别于金融精神，互联网精神就是“开放，共享，去中心化，平等，选择，普惠，民主”（有专家也将“开放、平等、协作和共享”定义为互联网精神，本报告以谢平先生所定义的为准）。金融业就是精英化，神秘化，通过制造信息不对称，去获取利润。互联网技术发展了数十年，目前以大数据、云计算、移动互联网和物联网为主要技术特征，并日益影响着每个人生活的每个环节和方面。因此本报告以为：互联网思维是在互联网技术对生活和作业影响力不断增强的大背景下，企业对用户、产品、营销和创新，乃至整个价值链和生态系统重新审视的思维方式，互联网思维不是技术思维，不是营销思维，也不是电商思维，而是以互联网精神作为灵魂的系统性的商业思维，而且不只是适用于互联网企业，而是适用于所有企业。

三、相互保险与互联网文化的契合

（一）相互保险的服务形式与互联网具有天然的可结合性

在消费者与生产者的权利平等方面，相互保险是一个典型代表。根据中国保监会颁布的《相互保险组织监管试行办法》，相互保险是具有同质风险保障需求的单位或个人，通过订立合同成为会员，并缴纳保费形成互助基金，由该基金对合同约定的事故发生所造成的损失承担赔偿责任，或者当被保险人死亡、伤残、疾病或者达到合同约定的年龄、期限等条件时承担给付保险金责任的保险活动。

相互保险在项目选择、资金筹集、资金管理、损失补偿方面均由参与会员民主协商、共同确定，“相互保险组织应当设立会员（代表）大会，决定该组织的重大事项。会员（代表）大会由全体会员（代表）组成，是相互保险组织的最高权力机构，原则上采取一人一票的表决方式，具有典型的点对点结构和“金融脱媒”特征，会员既是保险产品的“生产者”，又是“消费者”。

相互保险与社会保险、商业保险并列为当今世界保险市场的最主要形式，占据保险行业约30%的份额。由于长期以来缺乏相关政策，相互保险在我国几乎是完全空白。相互保险的服务形式与互联网具有天然的可结合性，未来可能会成为互联网保险的一种重要形态。

（二）相互保险和互联网是相互促进的关系

相互保险的会员共同所有、民主管理、共摊风险和共享盈余的文化与互联网的开放、平等、协作、分享文化是一脉相承的，因此相互保险和互联网存在着相互促进的关系。

一方面互联网可以缩减地理距离和沟通成本，使相互保险能够在更大范围内聚集相同保险需求的人群。同时，互联网可以极大地提高经营管理、组织治理以及信息披露效率，减少中间环节，降低交易成本和信任成本。此外，随着区块链技术的发展与运用，二者还能达到更好的契合。

另一方面，保险的长期性、稳定性以及对生产生活方方面面的渗透，又可以丰富互联网应用的场景，并增加用户黏性。

（三）互联网时代我国相互保险大有可为

相互制在国际上一直是主流、成熟的保险组织形式，通过互助共济对抗风险，相互制的这一特点十分贴近保险的本质，因此只要是有人的地方，只要个人的力量不足以防御一切风险，就会有相互保险的需求，就有它的生长土壤。

同时，东方文化中有很深的“集体主义”情结，自古以来，我们就有互帮互助的传统，相互保险在文化相近的东亚国家如日本、新加坡等发展得很好，日本前三大寿险公司全部是相互保险。从文化上来说，相互保险在中国具备很好的生根发芽的土壤。

因此我们认为相互保险在中国大有可为。我们的国家发展到今天这个阶段，一方面老百姓的保险意识正在觉醒，保险行业正在进入一个快速发展期；另一方面老龄化、恶性疾病高发等问题又客观存在，完全依靠公共财政和社会保险无法解决这些问题，相互制专注于特定群体和特定风险领域，产品和服务更贴近用户，可以在养老、重疾等领域对社会保险及现有商业保险形成有力的补充。同时，还有一个有利的外部条件是互联网技术的发展。互联网缩短了人与人之间的距离，降低了交易和信任成本，提高了管理和治理效率，能够在更大范围内聚集有同质风险保障需求的人群，为相互保险的发展提供更加便捷的条件。当然，相互保险在国内刚刚起步，社会对它的认识还有待提升，发展中难免会有这样或者那样的困难。

四、相互保险与互联网的融合

2014 年，全球保险市场经历了一次令人印象深刻的复苏，保费收入的增长率达到了 3.7%，这是自 2007 年金融危机爆发以来实现的最高增长率，也是首次保费增长率超过全球 GDP 的增长率。2014 年世界保费收入增长的原因之一是寿险市场份额的增长。2014 年寿险市场保费收入增长率为 2.2%，达到 2623 千万美元。2008 年的金融危机导致 2007—2014 年全球保费收入增长率仅为 5.1%。2007—2014 年，全球非寿险市场表现出比寿险市场更强的恢复能力和稳定性，保费收入增长了 3.9%，达到了 2138 千万美元。2007—2014 年，非寿险市场保费收入的平均增长率为 3.4%。这种飞速发展的趋势与当前互联网发达的环境有很大的关系，具体表现在以下几方面。

（一）数字化大环境

保险越来越受到数字革命的影响。大数据、智能分析、认知计算、可穿戴设备及信息技术和物联网（IoT）的出现共同打破了保险从产品和定价，到分销和政策/索赔管理的价值链。

通过专用传感器、智能手机或其他设备收集到的数据被不断扩散，为更细粒度地承保个体风险提供了机会。智能分析、预测建模和连接的远程信息处理设备有助于保险公司以被保险人的实际行为为基础设定保费，而不是使用一般的替代变量，如年龄、婚姻状况和性别来评估风险。

科技创新和消费者偏好的转变都扰乱了传统保险分配。比价网使消费者可以获得更多产品和价格信息，尤其是更多商业化的产品如汽车和旅行险。且现代消费者的保险决策更加自主，希望在买保险时通过各种渠道互动。调查表明，消费者仍然重视个人的互动以及代理和经纪人的专业咨询，尤其是当涉及复杂的商业、金融、生活和健康风险敞口的时候。但他们也希望随时随地，无论是通过网上，电话、实体店或代理公司，都可以有一个无缝对接的购物体验。

（二）如何应对技术变化

相互保险公司意识到了数字技术的潜力。根据 2013 年一项涵盖 21 个国家的调查，84% 的受访相互保险公司首席执行官表示已将创新放在其战略议程上的重要位置，尤其是专注于使用数字技术来简化核心功能（见图 12 -1）。同样，在 2014 年的一项调查中，94% 的美国相互保险公司 CEO 也表示科技是他们最紧迫的问题。

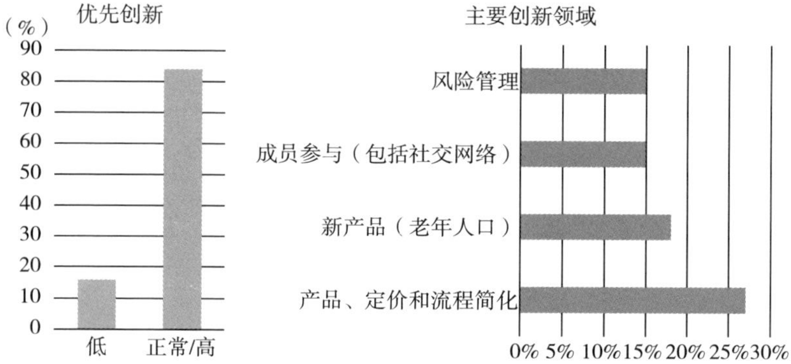

图 12 -1　相互保险公司的创新措施

一些基金已经建立了专门的创新实验室以设计和实地测验新观念来突破传统的思维。例如，美国军事相互保险公司 USAA 已自行开发了一套在线社区，使员工可以提交建议，参与具体企业问题，同时还可以与同伴合作探索问题的解决方案。

观察几家相互保险公司的网站可以看到，较大的公司往往有相对较高程度的在线功能，这也许反映了小规模相互保险公司面临的正是其在数字化投资上的不足。而在网上承销和分销/索赔处理能力上大小相互保险公司的差别尤为明显（见图 12 -2）。

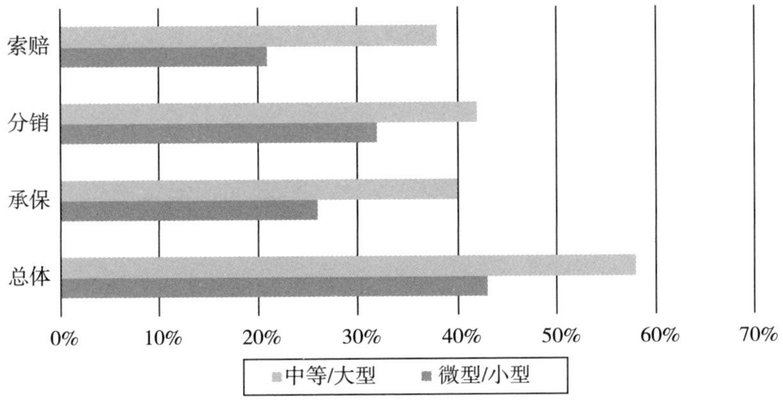

图 12－2　不同规模的相互保险公司技术采用情况

1. 全面迈向以风险为基础的产品设计和承销

技术的进步将会改变保险市场上的信息不对称程度。具有创新定价的模型及个体风险识别的公司能更好地确定低风险客户，而那些高风险又自己保留信息的顾客则会选择没经验、能收集到信息较少从而提供的回报对他们来说相对多的公司。这样，越晚采用新技术的公司就会越容易受逆向选择的威胁。

为警惕竞争威胁，一些保险公司推出了以远程信息处理技术为基础的政策，尤其是在汽车保险公司。例如，美国的利宝相互保险公司向愿意给自己的汽车安装形式跟踪仪的客户，推出了一款以行驶里程为基础的“用多少付多少的”汽车保险。其他公司则要么增强自己的内部预测建模团队，要么与其他分析公司增强承保能力预测。但对于大多数相互保险公司来说，遗留计算机系统和技术成本仍然是面临的大问题。根据 ICMIF 在 2015 年 10 月一个会议上的调查，64% 的代表认为解决大数据和先进的数据处理技术还需要 1～3 年，甚至是更多年。

2. 全通道，多触点分布

相互保险公司一直依靠独立的专业中介机构来发布产品，未来很可能还会如此。这些代理机构能为其会员关于可购买的保险方案提供公正而专业的指导。2014 年的一项调查显示，在问到销售渠道的时候，大约 70% 的美国相互保险公司表示要增加独立代理机构的数量。

代理经纪人模式可能适合现有的客户，但新一代的保险购买者需要的则是全渠道多触摸的销售模式。而在 1980—2000 年出生的这一代消费者则对各种形式都有需求。据最新调查显示，这一代人通过社交媒体与保险公司的互动量是其他消费者的 2. 5 倍，通过移动互联网渠道互动是其他消费者的 2 倍。

在承保方面，相互保险公司正在适应新的数字渠道这一现实。在 2015 年 10 月的 ICMIF 会议上，1/3 的与会者表示消费偏好变化和日渐发达的数字化是他们创新的最大动力。相互保险公司，无论规模大小，都在自己的网站上推出了增强版的产品说明及网上购买面指引设施，有的是通过会员专有门户。有些还提供在线聊天功能，可能与独立经纪人聊天，这使得客户在审视、评估保险选项时可以随时获得互动建议。一些相互保险公司还会采用游戏化技术来促使顾客参与、了解复杂的保险产品。

一些相互保险公司也与技术公司合作，以提高他们的数字技术和效率，从而提供更好的客户体验。同时外部咨询公司或软件服务公司还能提供从改善客户关系管理到投资风险咨询的各种服务。在某些情况下，相互保险公司还选择相互之间进行合作。一组加拿大相互保险公司联手拥有并经营两个处理策略管理、索赔处理及会计软件的 IT 系统的公司。除此之外，一些大的美国相互保险公司也会设立风险资本业务，资助各种金融科技初创公司，包括金融咨询公司、物联网及网络安全保障公司等。有些也将其投资的这些公司的服务提供给其会员作为额外福利。

数字分布进一步在一些地区比其他先进。美国北部和南部的较小相互保险公司在先进的在线功能方面较滞后，这也许反映了它们对传统的代理

/代理分销的依赖及对潜在的渠道冲突的担忧（见图 12 -3）。亚洲大的相互保险公司（尤其是日本）似乎不大愿意明显转向线上销售，也许这与消费者对传统销售渠道的偏好有关。例如，在日本，调查发现，大约 2/3 的消费者在挑选或购买保险产品时更愿意进行面对面互动。虽然还是有很多日本消费者表现出在买产品前愿意使用在线渠道先进行研究，然而这一数量依然少于亚洲其他地区。

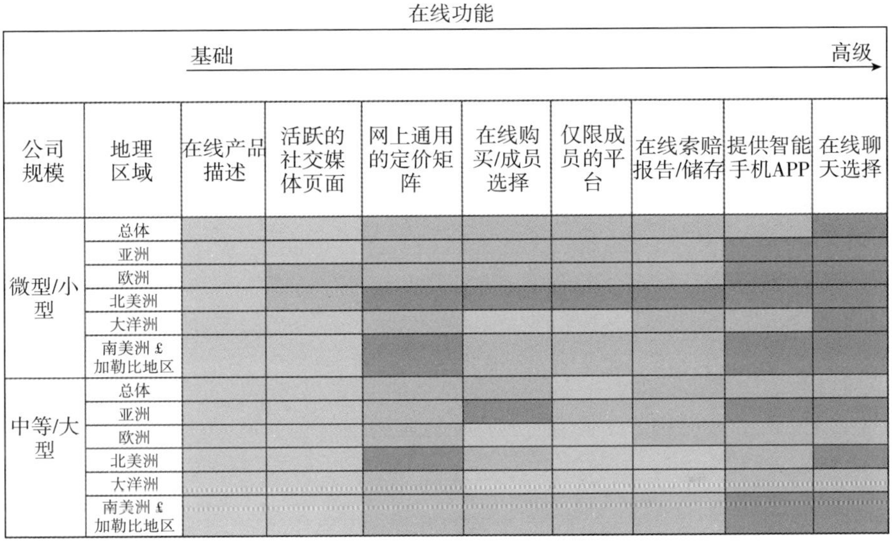

图 12 -3　相互保险公司在渠道方面采用新技术情况

然而欧洲和澳大利亚的相互保险公司提供有更多的数字产品，包括智能手机应用软件。调查的澳大利亚卫生领域的互助公司网站中，有一半以上有非常先进的在线功能，这反映出澳大利亚医疗行业使用创新的通信技术由来已久。

（三）保险格局的变化

数字化不仅影响保险价值链，而且会从根本上改变保险公司经营环境的整体竞争格局。市场参与者之间的关联性和依赖性越来越强。基于互联网的合作正在加速。随着社会联结越来越容易，世界正在走向一个“共享经济”和对等平台。

一项调查再次印证了相互保险公司历来有着较高的会员忠诚度（见图12－4）。这反映了它们不仅在价格上有竞争力，而且在提供的增值服务中也有竞争力。但通过多个分销渠道销售的商业化个人系列产品可能会使自主客户更善变。对于相互保险公司来说，随着科技打破行业壁垒，使更多非传统竞争者，尤其是通过大数据及智能分析为顾客提供定制化服务有公司进入后，想要保持客户的忠诚度变得更难了。数字化带来的新风险也需要相互保险公司多样化其产品。随着辅助驾驶技术的发展，传统的汽车保险市场将有可能萎缩，而对网络相关保险的需求可能会增加。

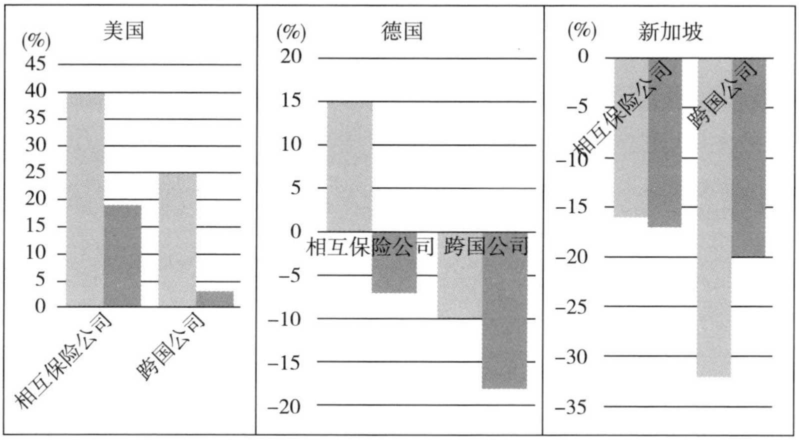

图12－4　不同国家保险公司顾客忠诚度得分情况

1. P2P 保险——未来新的相互保险

新科技引发了新的个人P2P保险规划。通过利用互联网、移动技术和社交媒体，个人至少可以在小规模的风险上吸引其他人形成共同保险池。朋友和同事可能会更好地筛选出高风险的个人，也更可能相互坦诚，使欺诈或夸大索赔变得不太可能。在 P2P 计划中的成员也不可能拼比较小的索赔，因为那样行政成本较高。因此，这些都有助于保持分销和收购的低成本，产生显著的承保效率。

2. 从 P2P 到群体性保险

新的 P2P 风险池可能在规模和能力方面存在取代传统保险自身限制的问题。某些风险可能会超过个人社交网络的总风险吸收能力。在这种情况下，则更需要传统保险模式提供风险资本，以弥补意外的损失。此外，顾客之间有朋友和家人时，在索赔结算时可能会出现限制性情况，特别是涉及疏忽或支付纠纷的时候。

然而一些评论家却认为科技进步将能够拓宽 P2P 保险的范围并增强 P2P 保险的稳定性。区块链技术也可能最终会在广泛分散的个体网络之间形成保险池。随着区块链的进一步优化，互联网中的每一位都会在数据库中有一个记录自己信息的存储器，而不再需要诸如保险公司一类的可信赖的第三方。再加上程序一旦设定便可自动执行的智能契约，从理论上讲，传统保险公司具备的功能都可以通过 P2P 网络平台实现。

具体来说，区块链技术应用的可能会破坏保险的三个核心功能：承销、损失理赔和损失裁决。镶嵌在区块链上的智能合同可能最终会自动承保并产生风险高度相关的自我管理风险池。这么做会促使保险向实时使用保险转换。容易查实的索赔也会通过智能合同进行处理并安全存储在区块链上。最后，索赔纠纷可以通过区块链迅速有效地解决，在成员间达成索赔共识。

尽管极具潜力，但区块链支持的 P2P 保险公司想要成为主流，还有很多障碍需要克服。这种技术仍然是较新且未经验证的。维持保险分类账所需的成本和计算能力仍然是较大的。此外，信息隐私及消费者对新 P2P 技术感受度的不确定性也仍需进一步解决。与区块链应用有关的法律法规架构仍在完善中，这可能会阻碍技术采用的速度和程度。

（四）互惠共生2.0时代

尽管P2P计划将继续完善、发展，但在可预见的未来，传统保险机构（包括股份制和会员制）很可能仍然是保险产品的主要提供者。但是，相互保险公司仍然应做好加入日趋发展的共享经济时代的准备。利用社交媒体、区块链和其他新兴数码设备，这些保险公司可能会更好地对现有和未来的会员进行选择，从而优化风险共担池。

例如，假设监管障碍可以克服且开发成本也不高，互助保险公司可能最终能够建立自己的私人区块链平台，从而能够连接相似但来自不同国家或地区的潜在会员。这将有可能提供更多自然多样化的机会，而近来正是缺乏这些自然多样化的机会阻碍了许多保险公司的发展。新技术将会在相互保险的核心即成员间的相互信任这一本质上再建立起来。更重要的是，客户管理和/或合作的平台，将可以使利润从中介流回成员，而不是给平台。

发展越精细，风险定价就可能意味着更大的风险个体要支付更多保费（即获得的信息越好越精确，不同风险个体之间的交叉补贴越少）。在一些情况下，这可能会增加保险成本。但如果不向外部股东分红，现在的相互保险公司在保持保费负担和某些风险的可保上起着至关重要的作用。一些评论员估计分给股东的分红能占到保费收入的3%。而保留这些资金将会给相互保险公司极大的自由，从而为其顾客谋取利益。

在一定程度上，科技主导的共享经济的兴起增加了对相互支持和合作的信心和忠诚，从而进一步支持相互保险的功能。通过使个人分担风险资本以承保可能影响群体中个别的潜在的不利状况，保险为社会中的不幸或贫困者提供了重要的安全保障。对世界众多政府从社会保险领域退出来说，相互保险变得越来越重要。

第二节　相互保险与区块链技术的契合

一、区块链技术

区块链是分布式数据存储、点对点传输、共识机制、加密算法等计算机技术的新型应用模式。所谓共识机制是区块链系统中实现不同节点之间建立信任、获取权益的数学算法。

（一）区块链概念

区块链（Blockchain）是比特币的一个重要概念，本质上是一个去中心化的数据库，同时作为比特币的底层技术。区块链是一串使用密码学方法相关联产生的数据块，每一个数据块中包含了一次比特币网络交易的信息，用于验证其信息的有效性（防伪）和生成下一个区块。

狭义来讲，区块链是一种按照时间顺序将数据区块以顺序相连的方式组合成的一种链式数据结构，并以密码学方式保证的不可篡改和不可伪造的分布式账本。广义来讲，区块链技术是利用块链式数据结构来验证与存储数据、利用分布式节点共识算法来生成和更新数据、利用密码学的方式保证数据传输和访问的安全、利用由自动化脚本代码组成的智能合约来编程和操作数据的一种全新的分布式基础架构与计算范式。

（二）区块链发展

区块链诞生自中本聪的比特币，2009 年以来，出现了各种各样的类比特币的数字货币，都是基于公有区块链的。

数字货币的现状是“百花齐放”，列出一些常见的：Bitcoin，Litecoin，Dogecoin，OKcoinetc，除货币的应用之外，还有各种衍生应用，如 NXT，SIA，比特股，MaidSafe，Ripple，Ethereum 等等。

可以用区块链的一些领域是：

（1）智能合约；

（2）证券交易；

（3）电子商务；

（4）物联网；

（5）社交通信；

（6）文件存储；

（6）存在性证明；

（7）身份验证；

（8）股权众筹。

我们可以把区块链的发展类比为互联网本身的发展，未来会在互联网上形成一个比如叫作 Finance - internet 的东西，而这个东西就是基于区块链，它的前驱就是 Bitcoin，即传统金融从私有链、行业链出发（局域网），Bitcoin 系列从公有链（广域网）出发，都表达了同一种概念——数字资产（Digital Asset），最终向一个中间平衡点收敛。

区块链的进化方式是：

（1）区块链 1.0——数字货币；

（2）区块链 2.0——数字资产与智能合约；

（3）区块链 3.0——DAO、DAC（区块链自治组织、区块链自治公司）、>区块链大社会（科学、医疗、教育等，区块链 + 人工智能）。

（三）区块链分类

目前区块链可分为三类，其中混合区块链和私有区块链可以认为是广义的私链。

1. 公有区块链（Public Block Chains）

公有区块链是指世界上任何个体或者团体都可以发送交易，且交易能够获得该区块链的有效确认，任何人都可以参与其共识过程。公有区块链是最早的区块链，也是目前应用最广泛的区块链，各大 Bitcoins 系列的虚拟数字货币均基于公有区块链，世界上有且仅有一条该币种对应的区块链。

2. 联合（行业）区块链（Consortium Block Chains）

行业区块链是指由某个群体内部指定多个预选的节点为记账人，每个块的生成由所有的预选节点共同决定（预选节点参与共识过程），其他接入节点可以参与交易，但不过问记账过程（本质上还是托管记账，只是变成分布式记账，预选节点的多少，如何决定每个块的记账者成为该区块链的主要风险点），其他任何人都可以通过该区块链开放的 API 进行限定查询。

3. 私有区块链（Private Block Chains）

私有区块链是指仅仅使用区块链的总账技术进行记账，可以是一个公司，也可以是个人，独享该区块链的写入权限，本链与其他的分布式存储方案没有太大的区别。目前保守的巨头（传统金融）都是想实验尝试私有区块链，而公链的应用如 bitcoin 已经工业化，私链的应用产品还在摸索当中。

（四）区块链的特征

1. 去中心化

由于使用分布式核算和存储，不存在中心化的硬件或管理机构，任意节点的权利和义务都是均等的，系统中的数据块由整个系统中具有维护功能的节点来共同维护。

2. 开放性

系统是开放的，除了交易各方的私有信息被加密，区块链的数据对所有人公开，任何人都可以通过公开的接口查询区块链数据和开发相关应用，因此整个系统信息高度透明。

3. 自治性

区块链采用基于协商一致的规范和协议（如一套公开透明的算法）使得整个系统中的所有节点都能够在去信任的环境下自由安全地交换数据，使得对“人”的信任改成了对机器的信任，任何人为的干预均不起作用。

4. 信息不可篡改

一旦信息经过验证并添加至区块链，就会永久地存储起来，除非能够同时控制住系统中超过51%的节点，否则单个节点上对数据库的修改是无效的，因此区块链的数据稳定性和可靠性极高。

5. 匿名性

由于节点之间的交换遵循固定的算法，其数据交互是无须信任的（区块链中的程序规则会自行判断活动是否有效），因此交易对手无须通过公开身份的方式让对方对自己产生信任，这对信用的累积非常有帮助。

（五）区块链核心技术总结

区块链能够有效实现交易各方的信任机制建立，实现信息与价值的高效和低成本流动，通过强化供需，弱化中介，实现供需匹配效率的优化，是金融“去中心化”的核心技术。可见区块链具备去中心化、开放性、自治性、安全性（信息不可篡改）、匿名性等特点。

区块链主要解决交易的信任和安全问题，因此它针对这个问题提出了四个技术创新：

第一个叫分布式账本，就是交易记账由分布在不同地方的多个节点共同完成，而且每一个节点记录的都是完整的账目，因此它们都可以参与监督交易合法性，同时也可以共同为其作证。不同于传统的中心化记账方案，没有任何一个节点可以单独记录账目，从而避免了单一记账人被控制或者被贿赂而记假账的可能性。另一方面，由于记账节点足够多，从理论上讲，除非所有的节点被破坏，否则账目就不会丢失，从而保证了账目数据的安全性。

第二个叫对称加密和授权技术，存储在区块链上的交易信息是公开的，但是账户的身份信息是高度加密的，只有在数据拥有者授权的情况下才能访问，从而保证了数据的安全和个人的隐私。

第三个叫共识机制，就是所有记账节点之间怎么达成共识，去认定一个记录的有效性，这既是认定的手段，也是防止篡改的手段。区块链提出了四种不同的共识机制，适用于不同的应用场景，在效率和安全性之间取得平衡。以比特币为例，采用的是工作量证明，只有在控制了全网超过51%的记账节点的情况下，才有可能伪造出一条不存在的记录。当加入区块链的节点足够多的时候，这基本上不可能，从而杜绝了造假的可能。

最后一个技术特点叫智能合约，智能合约是基于这些可信的不可篡改的数据，可以自动化地执行一些预先定义好的规则和条款。以保险为例，如果说每个人的信息（包括医疗信息和风险发生的信息）都是真实可信的，那就很容易在一些标准化的保险产品中去进行自动化的理赔。

二、相互保险与区块链技术的契合

（一）区块链在保险中的应用

在过去的两年里，说起科技领域最炙手可热的话题必然离不开区块链技术。这一脱胎于比特币的底层技术，以7年多的稳定运行证明了其高度安全可靠的架构和算法设计，同时凭借分布式账本和智能合约等创新性的技术，为多个行业的产业升级打开了巨大的想象空间。甚至有业内专家预言区块链技术将掀起第二次互联网革命。

金融行业历来对先进技术最为敏感。传统的银行和证券业巨头从2014年就纷纷投身于如火如荼的区块链创业投资中，两年内全球投资总额高达

10 亿美元，其中更不乏像 DAH 的 6000 万美元、Blockstream 的 5000 万美元这样的巨额 A 轮融资。除了资金投入，各大公司更是亲自参与和推动具体的业务应用：如美国纳斯达克证券交易所推出的 Linq 区块链股权交易所已经于 2015 年底开始发行测试；而全球 43 家跨国银行结成的 R3 CEV 联盟也是一直在测试和改进银行间的跨行清算联盟链，动作之快，参与度之高都是前所未有。

近年来，随着云计算、大数据、区块链的飞速发展，保险创新层出不穷。面向未来，区块链与互联网和大数据一起，将成为保险创新的基本和根本动力，同时，区块链以其独特和难以替代的优势，将成为解决保险商业模式创新“最后一公里”的利器。为此，保险行业需要高度重视并加大投入，将区块链作为保险创新的新视角，积极开展基于业务场景和商业模式的思考、探索与实践。

保险行业虽然对于区块链技术的参与相对比较保守，但在学术领域一直进行着积极的探索和研究。2014 年底，由英国著名的 Z/YEN Group 咨询集团发起的欧美保险业论坛推出的长达 50 页的《终身之链》专项研究报告从多个方面讨论了区块链将会给保险业带来创新和变革。2016 年 3 月，阳光保险应用区块链技术推出了名为“飞常惠”航空意外险的产品打造全新保险卡用户体验。

在保险公司的日常业务中，虽然交易不像银行和证券行业那样频繁，但是对可信数据的依赖却是有增无减。因此，笔者认为利用区块链技术，从数据管理的角度切入，能够有效地帮助保险公司提高风险管理能力。具体来讲，主要分投保人风险管理和保险公司的风险监督。

1. 投保人风险管理

在现在的保险经营中，保险公司和投保人的纠纷时有发生，要么是投保人提供虚假的个人信息骗保，要么是理赔的时候对于免责条款的认定发生分歧。而这些问题的关键都在于对投保人的个人信息缺乏一个真实可信的数据采集和存储手段。

而随着诸如医疗信息数字化、个人征信体系等国家系统性工程的推进，越来越多的权威数据源出现，如果能够将这些数据引入并存储在区块链上，将成为伴随每一个人的数字身份，这上面的数据真实可信、无法篡改、实时同步、终身有效，对于投保人的风险管理将带来莫大的益处。

第一，将不同公司之间的数据打通，相互参考，从而及时发现重复投保、历史理赔等信息，及时发现高风险用户。以 2016 年 3 月 4000 万意外伤害险骗保为例，扬州的周某在十余家寿险公司投保，直到人工核保时才查出来。如果在区块链记录了他每一次的投保信息，就可以很快发现并及时采取措施。

第二，将不同行业的数据引入区块链，可以提高核保、核赔的准确性和效率。举一个重疾险的例子，如果能在区块链上查询到投保人所有的就诊记录，甚至是直系亲属的就诊记录，那么对于投保人当前的身体状况、患病史、家族病史就有了一手的资料，能有效地杜绝带病投保。

2. 保险公司风险监督

在保险公司运营过程中，由于各种原因导致的风险时有发生，监管机构只能采取事前审核或者事后约束的措施。但随着保险业务的前端日益开放，参与保险市场的企业越来越多元化，事中监督的需求日益凸显。在笔者看来，区块链技术正是进行事中监督的有效技术手段之一。只要保险公司将日常运营流程搬到区块链上，并向监管机构开发一个记账节点（即使是一个只读的记账节点），监管机构就可以实时观察到保险公司的全部业务动向。例如，资金流向和投资构成、产品的承保和赔付数据、主要的人事和管理操作等，无须等到保险公司事后申报，从而及时发现可能存在的业务风险和违规操作。

在此基础上，监管机构还可以利用大数据技术，对全国的保险市场进行分析和预测，及时发现和预防可能存在的系统性风险，或是发现潜在的保障需求和趋势，从而更好地为老百姓提供保障。

除了通过改变数据存储方式来减少保险公司在承保和监督方面的风险，区块链技术还激活了很多传统的保障模式，如相互保险，以及很多新的保障需求，如临时动态保单。随着科技和保险行业的交流和碰撞日益加深，相信还会有更多新的应用和公司出现。

（二）区块链技术对保险的影响

区块链技术带来了信息的公开性、安全性、去中心化、无须信任系统、去中介化、不可篡改、加密安全等优势。随着区块链技术的日益崛起，保险公司纷纷开启区块链与传统保险业务的融合创新。目前保险公司的业务创新主要集中在技术层面的融合和业务层面的合作创新上。在技术融合方面，保险公司正积极推动将保单信息、客户信息、理赔信息等放到区块链中进行存储，提升数据的安全性，以避免意外事故对数据安全的冲击，从而降低保险公司的经营成本。在业务融合层面，让区块链在保险业务场景化拓展过程中扮演新的角色，如将实行智能合约（即合约程序化）、引入共享经济理念等，推动保险产品服务创新，延伸保险服务链条，从而带来保险价值的提升。

区块链技术的安全性和数据的不可篡改性，将直接影响保险经营的最大诚信原则。保险公司可由区块链技术引入多方验证的公信力模式，借助多节点备份、重复而又独立的计算、数据的不可篡改性等特点，保证多方共同参与验证保险行为的真实性、合法性。可见，区块链技术可以有效识别保险欺诈，防范道德风险和逆向选择，从而降低保险公司的经营成本和赔付支出，显著提升保险公司的经营价值。

由于区块链是基于互联网的分布式存储，随着区块链的广泛应用，保险的覆盖率可以从空间上进行不断地拓展，推动保险服务的全球化。再者，区块链可以让人们跨越空间来交换和转移价值，也可以在同一时间配合各地点的不同个体达成具体需求。通过这种时间与空间形成的双重关系，保险公司可以扩大产品跨地范围，使保险产品能自由调整其覆盖范围和定价。

当然，区块链技术也会给传统保险业带来巨大的冲击。首先，会导致保险公司在社会上的角色和功能的变化。区块链具有去中心化的特点，这会令保险公司在产业链上的地位受到削弱。其次，区块链技术将会导致保险的去中介化，致使保险企业的组织形式发生巨大的变革。未来客户将不再依赖保险中介，仅依靠区块链技术有组织地自行管理风险，形成分布式的“微保险”或“微互助”平台，并根据智能合约的实际执行情况不断实现自动充值和修正，保证模型真实客观地反映实际风险水平，合理调整赔付资金池，确保风险暴露覆盖。未来最终进化为一个去中心化的“自治型保险社会”，市场参与者在各方业务规则下各尽其责，保险业生态系统将可能实现完全自治，打造一个透明、可靠、满意、信任、忠诚的保险社会。此时，保险的社会价值将达到最大化。

（三）区块链与相互保险的融合

目前，阿博茨金融科技公司所创建的区块链互助社区同心社，在国内率先将区块链技术应用在保险和互助行业中，区块链技术在此互助平台中主要解决“建立信任”的问题。未来，区块链技术应用到相互保险中也是完全可能的。

三、相互保险与区块链技术的融合

在我国相互保险的转型过程中，区块链需要回答的问题是：区块链是什么？区块链能够做什么？区块链应当怎么做？

（一）思考一：区块链元素的混合优势难以复制

在未来我国相互保险的发展过程中，区块链将不再是一个配角，而是主角之一，它将扮演并发挥着越来越重要的作用。从战略的角度看，未来企业之间的竞争，在一定程度上是区块链的竞争。因此，从某种意义上讲这种竞争是“成也区块链，败也区块链”。同时，区块链在成就别人、成就行业转型的同时，也成就了自我，实现了自我的转型与升级。

在转型过程中，无论是精细化的管理，还是创新经营，均离不开区块链的支持和保证，同时，通过对区块链的创造性开发与应用，能够实现经营管理模式的再造和创新，变不可能为现实，这不仅能够为企业创造价值，赢得客户，更重要的是能够在未来的竞争中形成一种核心优势，这种全新的优势已经不再是传统意义上经营管理的优势，而是融入大量区块链元素的混合优势，是难以复制的独特优势，谁拥有，或者是先拥有这种优势，谁就能够应对，或者是更从容地应对转型带来的种种挑战，成为最终的赢家。

（二）思考二：区块链正在改变甚至颠覆传统

首先，是对区块链的再认识问题，这就是要回答：区块链是什么？也许大多数人都不认为这是一个问题，但当我们走近这个问题，不难发现随着科学技术的发展，区块链无论是内涵，还是外延均发生了巨大的变化，而且这种变化可以说是突飞猛进、日新月异的。如果我们再把区块链放到企业经营管理，放到行业发展的大环境下来看，我们就更能发现，区块链的发展已经不再是2.0版与2.1版之间的关系，它的作用和影响也已经不再是一种技术支持和实现方式，它已经在改变格局，改变规则，甚至在改变生活和社会，它正在改变，甚至颠覆传统。

对于大多数管理者而言，也许不需要去直接回答“区块链是什么”这个问题，更不需要了解和掌握技术发展的本身。它们不需要了解处理速度问题、架构问题，不需要知道什么是网格技术，但它们必须清楚地认识到在现在和未来区块链将改变，甚至颠覆传统，包括传统的技术、管理模式，乃至观念。因此，企业要想在未来的竞争中赢得主动，就必须将区块链融入企业的战略，并将其作为战略的重要内容和组成，使其成为企业创新与发展的重要引擎。

（三）思考三：区块链与业务的融合是转型的关键

在我国相互保险的转型过程中，一个重要特征是各种矛盾交错复杂，它们之间相互影响，相互制衡，如规模与效益问题，规范与发展问题，服务与成本问题，精细化与创新问题等。从表象上看，这些问题都是业务问题，但实质却不是单纯的业务问题。更重要的是这些问题是难以通过传统的业务方法和技术加以解决的。一个重要途径是通过区块链与业务的融合，创造性地解决这些问题，同时，形成一种新的能力和优势。

在这个过程中，区块链与业务的融合是解决问题的关键。具体来讲就是解决好“区块链的业务化”与“业务的区块链化”问题。就目前行业的情况而言，“业务的区块链化”是主要矛盾，是解决问题的关键。

首先，我们不能孤立地思考业务，或者是区块链问题，既不能就区块链论区块链，更不能把业务解决与区块链解决割裂开来。而应当在转型的大背景下来思考问题，确保区块链与业务的相互关系不是一种简单的“嵌入”关系，而是一种在架构和流程上有机融合的关系。

其次，区块链不应当是仅仅被动地解决转型过程中的各种困难和问题，而应当积极主动地参与到转型中，发挥自身的特点和优势，积极探索通过区块链的创新应用，引导和推动业务发展和经营模式的创新。

最后，区块链与业务的融合需要一个与之相适应的文化和环境，文化的意义在于达成统一的认识，认识统一，这样这种融合的推动与实现才有保证。

（四）思考四：要特别关注区块链效率问题

要解决区块链效率问题，关键是解决观念问题，因为，在企业的区块链建设过程中，人们更多地关注投入问题，却很少关注和研究效率问题，更重要的是在区块链建设方面存在着许多模糊甚至是错误的观念和认识。

我们认为，解决这些问题，一是要树立成本意识。区块链绩效问题存在的根本原因是缺乏或者是缺乏正确的区块链绩效意识。往往是只要能解决问题，就不惜成本，或者是盲目地贪大求洋，其实，就大多数情况而言，没有技术解决不了的问题，关键是解决问题的成本。所以，我们在回答“能不能”之前，要先回答“值不值”的问题。管理者要做的更多是基于效率的一种选择，即解决方案的经济性选择。

二是要导入需求管理理念。需求不清晰、不明确是制约效率的又一重要因素。需求不明确问题的背后是“业务区块链化”问题，只有学会用区块链的眼光去看业务问题，去思考解决方案，才能够获得最佳效果。同时，需求管理的另外一个重要功用就是：通过将需求“货币化”，让需求方能够有机会审视成本问题，思考和回答“值不值”的问题。此外，相对稳定的需求也是提高区块链绩效的重要前提和保障，因此，需求管理的关键是前瞻性和广谱性。

三是要发扬创新精神。在解决转型过程中的各种矛盾和问题时，要注意创新解决方案，而不是墨守成规，用传统的思路和方法解决问题；同时，要关注并利用区块链的前沿技术，在解决过程中创新，通过解决存在的矛盾和问题，实现模式创新，实现流程再造，形成新优势。

参考文献

一、相关法律法规

［1］中华人民共和国保险法.

［2］国务院关于加快发展现代保险服务业的若干意见.

［3］中华人民共和国国民经济和社会发展第十三个五年规划纲要.

［4］中国保险业发展“十三五”规划纲要.

［5］相互保险组织监管试行办法.

［6］德国保险法.

［7］德国股份法.

［8］德国商法典.

［9］日本保险业法.

［10］日本保险业法施行令.

［11］日本保险业法施行规则.

［12］日本商法.

［13］英国友谊会社法（*Friendly Societies Act* 1992）.

［14］英国保险人审慎性审查手册（Interim Prudential Sourcebook for Insurers）.

［15］英国友谊会社法审慎性审查手册（Interim Prudential Sourcebook for Friendly Societies）.

［16］美国加利福尼亚州保险法（*California Insurance Code*）.

［17］美国纽约州保险法（*the New York State Insurance Law*）.

［18］美国马萨诸塞州保险法（*the Massachusetts State Insurance Law*）.

［19］加拿大、芬兰、新加坡等国家法律法规.

［20］美国、英国、德国、日本、加拿大、芬兰、新加坡等国家的相互保险法律法规.

二、相关研究报告

［1］中国保监会．梁涛副主席在相互保险发展与监管国际研讨会上的讲话，2015－11－18.

［2］中国保监会．关于相互保险、网络互助平台等相关的新闻通告、研究报告等，2016.

［3］平安证券公司．保险行业专题报告：相互保险 行进在路上，2015－09－08.

［4］中金公司．相互保险：分享保险行业成长性机会的切入口，2015－07－28.

［5］北京大学金融法研究中心．法律与新金融，2015（8）.

［6］北京大学金融法研究中心．相互保险组织运作及风险管理研究报告［R］.2016.

［7］北京大学金融法研究中心．相互保险公司法律制度研究报告［R］.2016.

［8］众惠财产相互保险社．公司治理、发展规划、可行性研究等相关内部报告［R］.2016.

［9］信美人寿相互保险社、汇友建工财产相互保险社、众安在线财产保险股份有限公司、中国平安保险（集团）股份有限公司等公司的研究报告．

［10］中央财经大学等研究机构发布的研究报告，不再详述。

三、相关书籍

［1］陈辉著．股票连接保险的定价、准备金评估和风险对冲研究［M］．北京：中国财政经济出版社，2011.

［2］陈辉参编．人身保险产品研究——机理、发展与监管中国财政经济出版社，2010.

［3］李晓林，寇业富，陈辉等译．保险学词典［M］．上海：上海财经大学出版社，2010.

［4］寇业富，陈辉，张宁等编著．中国保险公司竞争力评价研究报告（2016）［M］．北京：中国财政经济出版社，2016.

［5］寇业富，陈辉，张宁等编著．中国保险市场发展分析蓝皮书（2016）［M］．北京：中国经济出版社，2016.

［6］奚玉莉，杨芮，陈辉等著．互联网保险新模式［M］．北京：中信出版集团，2016.

［7］［英］维克托·迈尔·舍恩伯格．大数据时代［M］．杭州：浙江人民出版社，2012.

［8］［德］D. 法尼著．保险企业管理学（第3版）［M］．北京：经济科学出版社，2002.

［9］亨斯曼著．企业所有权论［M］．北京：中国政法大学出版社，2001.

［10］覃有土主编．保险法概论［M］．北京：北京大学出版

社，1994.

［11］陈欣著．保险法［M］．北京：北京大学出版社，2001.

［12］李扬，李光荣主编．中国保险业前沿问题研究［M］．北京：中国经济出版社，2005.

［13］肖文著．中国保险业的创新与监管——从开放经济比较视角的研究［M］．北京：中国社会科学出版社，2005.

［14］中国金融出版社本书译编委员会，各国保险法规制度译编［M］．北京：中国金融出版社，2000.

［15］丁昌业译．英国破产法［M］．北京：法律出版社，2003.

［16］于绪刚著．交易所非互助化及其对自律的影响［M］．北京：北京大学出版社，2001.

［17］许谨良主编．保险学原理［M］．上海：上海财经大学出版社，1997.

［18］吴建斌著．现代日本商法研究［M］．北京：人民出版社，2003.

四、相关文献

［1］瑞士再保险，相互保险公司：面临彻底解除的挑战［J］*Sigma*，1999（4）．

［2］瑞士再保险，21世纪的相互保险：回到未来［J］．*Sigma*，2006（4）．

［3］梁涛．保险业供给侧结构性改革［J］．中国保险，2016（16）．

［4］何肖锋，刘俊，凌亮，康意．借鉴国际经验促进相互保险规范健康发展的思考［J］．保险研究，2014（2）．

［5］贲奔，刘俊，凌亮．关于加强相互保险监管和发展的思考［M］．

中国保险报，2014－01－14.

［6］刘越．中国相互保险发展研究［D］．，国家图书馆2006年博士论文．

［7］刘燕，李敏．中国引入相互保险公司面临的挑战［J］．中国保险，2015（12）．

［8］缪若冰．相互保险公司的理念与特色［J］．中国保险，2016（3）．

［9］李晓林．网络互助平台风险不容忽视［N］．中国保险报，2016－11－17.

［10］王和．区块链：互联网技术与保险业的融合［N］．中国保险报，2016－08－16.

［11］张则鸣．浅谈大数据与保险业的未来［J］．上海保险，2014－02.

［12］张伟男．区块链技术和思维未来可能重构保险行业［N］．中国保险报，2016－06－06. n

［13］罗世瑞．国外相互保险制度简介及引入我国保险市场的探讨［J］．江西财经大学学报，2003－04.

［14］袁冰．相互保险公司法律问题研究［D］．国家图书馆2013年硕士论文．

［15］史炳军．借“相互保险”改造股份制保险公司［N］．中国保险报，2000－12－07.

［16］李凡．区块链技术与保险风控［N］．中国保险报，2016－06－07.

［17］丁萌．保险的本质是相互关系——访国际合作与相互保险联盟负责人［N］．中国保险报，2016－08－04.

［18］零壹财经．相互保险系列研究．零壹财经微信公众号，2016.

［19］王森．寿险企业组织问题研究——对日本寿险企业组织的分析和借鉴［D］．国家图书馆1995年博士论文

［20］李明敏．浅谈互联网时代相互保险公司的特点及机遇［J］．现代商业，2016（24）.

五、相关网站

［1］中国保监会网站［EB/OL］. www. circ. org. cn.

［2］零壹财经研究网站［EB/OL］. www. 01caijing. com.

［3］互保未来研究网站［EB/OL］. www. hubaoyun. com.

［4］百度百科网站［EB/OL］. http：//baike. baidu. com.

［5］维基百科网站［EB/OL］. http：//zh. wikipedia. org.

［6］国际研究数据库［EB/OL］. www. lexis. com.

［7］国际法律数据库［EB/OL］. www. westlaw. com.

［8］国际合作与相互保险联盟［EB/OL］. www. icmif. org.

［9］国际保险监督官协会［EB/OL］. www. iaisweb. org.

［10］百度、谷歌等网站以及微信公众号发表的一些文献，不再详述。